불효자는 웁니다

불효자는 웁니다

초판 1쇄 인쇄 2024년 1월 31일
초판 1쇄 발행 2024년 2월 4일

지은이 태황진(太皇辰)
펴낸이 金泰奉
펴낸곳 한솜미디어
등 록 제5-213호

편 집 김태일
마케팅 김명준

주 소 (우 05044) 서울시 광진구 아차산로 413(구의동 243-22)
전 화 (02)454-0492(代)
팩 스 (02)454-0493
이메일 hansom@hansom.co.kr
홈페이지 www.hansom.co.kr

ISBN 978-89-5959-585 3(03150)

*책값은 표지에 표시되어 있습니다.
*잘못 만들어진 책은 구입하신 서점에서 친절하게 바꿔드립니다.

*지은이 연락처 _ 천황님의 나라 민족궁전 02)3401-7400
 계좌번호 : 우체국 110-0025-88772 민족궁전
 ⓒ 저작권 : 천황님의 나라 민족궁전. 무단 전재 및 재배포 금지.

불효자는 웁니다

태황진 著

어머니에게 씻지 못할 불효! 돈 주고 어머니(모든 조상님들 포함)를 지옥에 밀어 넣은 불효자들! 천국이 아닌 지옥으로 보냈을 줄이야… 어머니를 지옥으로 보낸 불효자는 통곡하며 웁니다. - 태황진

한솜미디어

| 책을 집필하면서 |

　저자 태황진 신의 대통령은 지구 행성에서 영혼·조상·신령들을 자유자재로 불러서 소통하는 신의 대통령이다. 여러분 독자들과 가정, 가문, 기업체, 국가의 운명을 송두리째 바꾸어 줄 수 있다. 금전으로 환산이 불가할 정도의 무수한 이적과 기적을 보여 주는 능력자이다.

　하나님, 하느님, 옥황상제, 부처, 미륵, 알라신, 천지신명, 석가모니, 여호와, 예수, 마리아, 공자, 노자, 마호메트 등 지구에 있는 모든 종교 숭배자들이 갖고 있는 능력을 초월하는 무소불위한 태황진 신의 대통령이다.

　생·사·신령을 자유자재로 불러서 산 사람과 대화시켜 줄 수 있는 신의 대통령이다. 일반 도사, 법사, 스님, 목사, 신부, 보살, 무당, 역술가, 점쟁이 수준이 아닌 신의 대통령이기에 독자들의 영적 궁금증을 모두 풀어 준다.

일평생 고행하며 도를 닦아 하늘세계, 천상세계, 신명세계, 영혼세계, 조상세계, 사후세계, 지옥세계, 인간세계, 종교세계에 대해서 타의 추종을 불허하는 독보적인 득도의 경지에 오른 태황진 신의 대통령이다.

산 자와 죽은 자의 영혼, 용들, 천상신명, 지옥 명부전 10대 왕들을 자유자재로 부르고 다스린다. 신령스런 천통군자, 신통군자, 영통군자, 의통군자, 도통군자이다.

그동안 직접 체험한 이적과 기적의 사례들을 자랑할 것이 너무도 많지만, 공상영화나 소설처럼 허황된다고 생각할 수 있기에 생략한다. 인간, 조상, 영혼, 신명을 구해야 하는 것 위주로 이 책을 집필하였다.

영혼과 육신의 태초 아버지이신 태황제(천황)님, 태초 어머니이신 태황후님이 실제로 존재하신다. 하지만 지구 창조 이래 아무도 본 적도 없고, 소통한 자들이 없다.

저자를 통해서 천상의 태초 아버지와 태초 어머니가 계신 천황님의 나라 태상천으로 자신들의 부모 조상님들을 구해드려 불효자 신세를 면하고 살아가는 것이 이 세상에 태어난 근본 도리를 행하는 덕목이다.

태초 부모님을 잃고 고아가 된 "불효자는 웁니다"

육신의 어머님에 대한 애절한 그리움으로 눈물짓는 사람들이 많다. 또한 영혼의 어머니, 아버지에 대한 그리움이 사무쳐 종교를 다니고 있다. 인류 모두는 천상에서 영혼의 부모님에게 큰 죄를 짓고 내려온 불효자들이다.

천주교는 성모 마리아, 불교에서는 관세음보살이 마치 영혼의 어머니처럼 느껴져서 다니는 사람들도 많다. 그것은 착각이고 영혼의 어머니에 대한 진실은 이제까지 지구인들 그 어느 누구도 밝혀내지 못하였다.

천상에 계시는 영혼의 어머니는 태황후님이시고, 아버지는 태황제님(천황님)이시며 실명도 알지만 비공개 한다. 지구에 태어난 인류 모두가 천상에서 영혼의 어머니와 아버지를 배신하여 지구로 추방된 불효자들이다.

천상에서 지은 죄를 어떻게 빌 것인가? 물론 천상의 기억이 나지 않으니까 죄라고 생각조차 못하고 살아간다. 이곳에 들어와서 천상의 죄를 빌지 않는 이상 종교를 믿어서는 영혼의 고향 천상으로 영원히 돌아가지 못한다.

| 목차 |

책을 집필하면서/ 4

제1부 어머니께 근본 도리
어머니에게 못다 한 효도를 행하자/ 12
울고 넘던 한 맺힌 눈물 고개/ 23
어머니는 어디에 가 있을까?/ 29
어머니 입천제 의식이란?/ 37
어머니 입천제 의식 등급 종류/ 45
사후세상은 살아생전 준비해야/ 51

제2부 하늘이 내린 신의 대통령
신이 용이고, 용이 하늘이다/ 60
하늘이 내린 신의 대통령! 44년 전 선몽/ 68
종교는 하늘을 알기 위한 기초 공부 과정/ 76
하늘이 정치하는 천상정치 시대 열려/ 80
천풍을 일으킬 태건당 창당/ 92
위대한 혁명가이자 세계 정복자/ 98
하늘이시여 살려 주세요/ 106

조물주 하늘을 찾는 비결 공개/ 113
한 번 뿐인 소중한 인생길…!/ 129
태초의 조물주 하늘이 된 태황진/ 137
땅의 천하명당은 어디인가?/ 149

제3부 불효자 면하는 어머니 입천제
하늘 찾는 조상 영혼 영가님들아~/ 154
석가모니 부처님과 살아온 큰스님/ 158
종교 믿어 불효자 신세로 전락/ 171
육신의 뿌리인 조상님 상봉/ 179
선녀가 천인으로 탄생했다/ 183
1,000년 만에 천상에 오른 신라 경순왕/ 193
외아들의 죽음으로 구원받은 조상/ 203
17년 동안 꿈에 매일같이 나타나/ 208
하느님이 계실까? 정말 궁금해요/ 213
불상에 부처님이 계실까?/ 217

제4부 질병이 낫는 조상님 입천제
25년 동안 앓던 불치병이 사라져/ 222
심장이 편안해졌음을 느끼며/ 226
조상님 천상 입천 후 질병이 사라져/ 229
조상님 입천제 이후 술들을 안 마셔/ 236

내 목숨 살려준 조상님 입천제/ 243

제5부 하늘 길의 종착역
기적을 행하시는 태황진 신의 대통령님/ 248
하늘을 찾고 기분이 날아갈 듯/ 258
인류를 구하실 하늘이 언제 오시나/ 269
조상님들을 모두 사탄 마귀 취급/ 273

제6부 종교에서 탈출
도교에서 빠져나오지 못했다면/ 282
천주교 신자의 환골탈태/ 288
아이큐 78조와 69조 신명과 신인합체/ 296
나 집에 가는 거니? 생령입천제/ 300
62세에서 45세 나이로! 생령입천제/ 307

제7부 원격으로 질병 치유
천지능력으로 가려움증에서 벗어나/ 316
중풍 환자 걷게 하는 천지대능력!/ 318
병원과 약국은 안 가본 데가 없어/ 322

제8부 천수장생했더니
천수장생했더니 미스냐고 물어 봐/ 330

천수장생으로 젊어지는 과정/ 334
거꾸로 젊어지는 인생/ 340
실패한 인생은 전화위복의 기회/ 346

제9부 귀신 퇴치 사연

취업이 일사천리로 이루어졌다/ 350
귀신 퇴치하고 일주일 만에 집을 매매/ 353
귀신 퇴치의 신비한 사연/ 357
귀신 퇴치로 항문 부은 것이 사라져/ 360
어머니(모든 조상님 포함) 입천제 품계 15등급/ 364

책을 맺으면서/ 365

제1부
어머니께 근본 도리

어머니에게 못다 한 효도를 행하자

어머니의 마음

낳실 제 괴로움 다 잊으시고♬
기르실 제 밤낮으로 애쓰는 마음♬
진 자리 마른 자리 갈아뉘시며♬
손발이 다 닳도록 고생하시네♬
하늘 아래 그 무엇이 넓다 하리오♬
어머님의 희생은 가이 없어라♬

어려선 안고 업고 얼러 주시고♬
자라선 문 기대어 기다리는 마음♬
앓을 사 그릇될 사 자식 생각에♬
고우시던 이마 위에 주름이 가득♬
땅 위에 그 무엇이 높다 하리오♬
어머님의 정성은 지극하여라♬

사람의 마음속엔 온가지 소원♬

어머님의 마음속엔 오직 한 가지♬
아낌없이 일생을 자식 위하여♬
살과 뼈를 깎아서 바치는 마음♬
인간의 그 무엇이 거룩하리오♬
어머님의 사랑은 그지 없어라♬

눈물로 이미 세상을 떠나신 어머니도 있고, 살아 계신 어머니도 있을 것인데, 지금은 어머니의 날도 기억에서 멀어져 가는 시대이다. 살아생전 제대로 모시지 못한 것이 지금에 와서 후회해 본들 아무런 소용이 없다.

어머니를 모시는 마지막 세대, 자식으로부터 부양받지 못하는 세대가 되어 가고 있다. 자식들이 어머니의 날이란 것이 있었던가 의식이나 하고 살아갈까? 이제는 별로 기대도 안 하고 살아가는 어머니들이 대부분이다. 하지만 어버이날이 되면 잠시나마 떠나가신 어머니를 생각하며 눈물짓고 그리워하는 사람들이 많다.

이제는 어머니를 모시고 함께 살아가기보다는 홀로 독립해서 살아가는 1인 세대가 늘어났다. 하지만 경제적으로 어머니에게 의지하는 자식들도 많다.

제1부 · 어머니께 근본 도리

세상이 현대문명 발달과 함께 금전 만능시대로 바뀌어 부모님을 돈으로 생각하며 살아간다. 생전에 재산 분배를 요구하는 자식들이 늘어나고 있다. 막상 나누어주고 나면 어머니를 봉양하지 않고 찾아오지도 않는다. 전화 안부도 안하는 일들이 비일비재하고, 부모와 자식 간에 싸움으로 번져 소송으로까지 이어지고 있다.

　나이 들어 치매에 걸리면 병 수발하는 것이 보통 어려운 일이 아니다. 긴 병에 효자 없다고 늙으면 양로원이나 요양병원에다 산 고려장을 지내는 시대가 자연스럽게 다가왔다. 이것이 현대 문명발달로 이루어진 일들이다.

　어머니에 대한 마음, 스승에 대한 마음도 다 옛말이 되어버린지 오래이다. 자식이 부모를 학대하고, 학생이 선생님을 폭행하는 무서운 세대로 변했다. 어머니와 스승에 대한 존경의 마음을 찾는 것은 어려운 일이다.

　옛날에는 대부분 자연 분만으로 산고의 고통이 이만저만이 아니었다. 현대사회에선 거의 전부가 제왕절개로 아이를 낳다 보니까 분만 통증은 옛말이 되었다.

불효자는 웁니다
불러봐도 울어봐도 못오실 어머님을 ♬
원통해 불러보고 땅을 치며 통곡해요 ♬
다시 못올 어머니여 불초한 이 자식은 ♬
생전에 지은 죄를 업드려 빕니다 ♬

북망산 가시는 길 그리도 급하셔서
이국에 우는 자식 내 몰라라 가셨나요
그리워라 어머님을 끝끝내 못 뵈옵고
산소에 엎드려져 한없이 웁니다

손발이 터지도록 피땀을 흘리시며 ♬
못 믿을 이 자식의 금의환향 바라시고 ♬
고생하신 어머님이 드디어 이 세상을 ♬
눈물로 가셨나요 그리운 어머니 ♬

'불효자는 웁니다' 이 노래는 평소 자신이 불효를 했다고 생각하는 사람들이 어머니를 그리워하며 용서를 비는 향수의 노래이다. 어머니와 아버지가 일찍 돌아가시어 얼굴도 모르고 살아가는 자식들도 많아 가슴에 원과 한을 품은 채 눈물로 살아간다.

자식 얼굴도 못 보고 눈물로 세상을 떠나신 어머니의 애절한 마음. 얼굴도 모르기에 꿈에라도 나타나시기를 바라며 어머니를 불러본다. 그리워하는 자식들의 애타는 마음. 자식을 일찍 떠나보낸 어머니의 절규하는 가슴 시린 마음을 어느 누가 무엇으로 풀어 줄 수 있을까?

어머니와 아버지, 자식들이 여러 사연으로 이미 이 세상을 떠나 없으니 원과 한을 풀어드릴 수 없다. 마음만으로 어찌해 볼 수 없는 노릇이다. 불효자의 가슴에 처절하게 응어리 맺힌 원과 한! 인간의 노력만으로는 풀어드릴 수 있는 방법이라고는 유수와 같은 세월밖에 없다.

불효자의 가슴에 맺힌 원과 한은 돌아가신 어머니와 자식의 상봉. 죽은 자식과 어머니가 상봉하여 눈물로 천추의 원과 한을 풀어드리는 길뿐이다. 우리 영혼과 육신을 창조하여 주신 조물주 하늘 태초 부모 태황제님과 태황후님이 계신 천황님의 나라 태상천으로 보내드려야 한다.

이것이 불효자 신세를 조금이라도 면하는 좋은 방법이다. 이미 세상을 떠나신 어머니, 아버지 그리고 자식들은 죽어서 귀신이 되었다. 인간들이 아무리 위로해 주어도 가슴시리도록 맺혀 버린 원과 한이 풀리지 않는다.

이미 세상을 눈물로 떠나가신 어머니와 아버지, 그리고 자식들이 지금 어디에 가 있는지도 모른다. 소멸되었는지. 허공중천을 떠돌고 있는지. 가족들의 몸 안에 들어와 함께 살고 있는지. 불지옥에 떨어졌는지. 천상에 올라갔는지. 말 못 하는 축생들인 짐승, 개, 돼지, 닭, 고양이, 새, 물고기, 곤충, 벌레로 환생하여 윤회 중인지 사람들의 능력으로는 알아낼 길이 없다.

이 세상을 떠나가신 어머니, 아버지, 자식들이 지금 어느 세계에 가 있든지 영혼을 불러내어 가족과 상봉시켜 주어 눈물로 원한을 풀 수 있게 해준다. 영혼의 부모님 품 안으로 보내드려서 위로받도록 해드려야 한다.

육신을 잃어버려 조상 영가가 되어버린 어머니, 아버지, 자식들의 마음을 가족들은 위로해 드릴 수가 없다. 영혼과 육신을 태초로 창조한 조물주 하늘 영혼의 부모이신 태황제님, 태황후님만이 영가들의 눈물을 닦아 주실 수 있고, 영가들의 마음을 보듬어 줄 수 있으시다.

돌아가신 어머니와 아버지, 자식의 영혼 영가를 부활시켜서 불러내어 눈물로 상봉하며 대화해야 원과 한이 풀어진다. 금쪽같은 재회의 시간은 부모 조상님을 구해드리는 입천제 의식을 올리는 날 이루어진다.

　부모, 자식, 조상님 영가들의 운명이 하루 만에 천지개벽하는 의식이 조상님 입천제 의식이다. 눈물 없이는 바라볼 수 없는 죽은 자와 산 자의 상봉시간이다. 영가들의 마음은 가족들이 아무리 위로해 드려도 소통이 안 되기에 풀어드릴 수가 없으니 영혼의 부모님께 맡겨야 한다.

　60대 이상 세대들에게 옛날 정서는 노래의 가사처럼 모두가 그만그만한 사연을 안고 살아 왔다. 넉넉지 못한 가정 형편에 그저 자식 하나 잘 되기를 바랬었다. 그러지 못할 경우 어머니에게 또는 자식들에게 서로 죄가 된 듯 살아와야 했었다.

　시장이나 거리 좌판에서 막일을 하거나 날품을 팔기도 하고, 또는 소작농을 하면서 자식이 잘 되기를 바랬던 어머니 세대였다. 그런데 특히 부모 중에서 자식 사랑은 아버지보다는 어머니가 더 애절했다.

　당신 몸에서 태어난 자식이 잘 되기를 바라며 장독대 위에 정한수 떠 놓고 천지신명님 전에, 칠성님 전에 일구월심으로 매일 밤 빌었다. 그러나 어머니의 마음을 알고 일찍 자수성가한 사람들도 있지만 그러지 못한 경우가 더 많았다.

그러나 한 세월이 지난 뒤에 후회를 하고 겨우 성공한 자식이 효도하려고 돌아보니 어머니가 일찍 돌아가셨다. 어머니의 뜻을 저버리거나 말썽을 부려 실망을 안겨 주어 불효를 한 자식들이 술만 먹으면 부르는 노래가 바로 "불효자는 웁니다"이다.

어느 누가 불러도, 어느 가수가 불러도 부르는 사람이나 듣는 사람이나 똑같이 불효자가 되어 어머니를 생각하지 않을 수가 없다. 아직까지는 효도가 그리 혼탁하지는 않다. 하지만 앞으로 얼마의 세월이 지나게 되면 아마 이 노래가 사라질 것이다. 특히 이 노래는 불효의 한(恨)을 3절까지 구구절절하게 이어졌다.

방송에서 일부 연예인들이 이 노래를 부르며 북에 남아 있는 그들의 어머니 이야기를 하며 눈시울 적실 때면 문득 자신을 돌아보게 했던 노래였다. 그러나 어느덧 어머니 세대가 되었으니 이를 어찌하랴.

누구나 술 한 잔 들어가거나, 하던 일이 잘 풀리지 않으면 이 노래를 부른다. 어머니 생각에 눈시울 적시던 세대는 아마 50대 후반 이상이다. 지금의 젊은 세대들에게는 어울리지 않는 노래일 수 있다.

6·25 전쟁 전 후 당시 암울했던 시대 상황에 따라 생활이 어려웠던 그때는 사람들이 하나둘 고향을 떠나 가족들이 헤어지는 일이 다반사였다. 어느 집이든 누구나 먹고사는 일이 어려웠다. 손발이 터지도록 피땀을 흘리시며, 못 믿을 자식의 금의환향 바라는 애틋한 사연들이 참으로 많았다.

악극단원들은 전국을 돌며 한 맺힌 사연이 많은 관객들로 하여금 눈물바다를 이루며 대단한 인기몰이를 하였다. 당시 악극의 최대 호황기는 1955~1965년 이때는 큰 동네가 있는 시골 마을까지 공연이 들어왔다.

넓은 학교 마당이나 동산, 아니면 큰 부잣집 대청마루가 공연무대가 되었다. 지금은 모두 고인이 되었지만 어릴 때 보았던 악극의 배우들 연기는 참 대단하였다. 이후 영화산업이 번창해지면서 점점 쇠퇴기를 맞이하게 된다.

하늘에는 영혼의 어머니가 계시고, 땅에는 육신의 어

머니가 계신다. 하늘이나 땅이나 어머니의 자식 사랑하는 모성애가 똑같다. 우리 인류 모두는 영혼의 어머니와 육신의 어머니에게 모두가 불효자들이다.

세월이 흘러도 영원히 변치 않는 영혼의 어머니와 육신의 어머니 사랑은 변할 줄을 모른다. 영혼의 어머니는 존재 자체도 모르고 있는 불효자들이 전부이다.

"어머니의 노래"와 "불효자는 웁니다"는 아버지보다 어머니에 대한 애틋한 마음의 노래이다. 어머니의 모성애를 아버지가 따라갈 수가 없다. 모든 동물세계 어미들의 모성애 본능 때문이다. 아버지가 자식에 대한 사랑이 크다하되 어머니의 마음만 못하다.

"어머니의 노래"와 "불효자는 웁니다" 가사를 인용한 것은 살아 있는 인간들이 알 수 없어 세상에 한 번도 알려지지 않았던, 충격적인 천상세계와 사후세계에 있는 어머니의 진실을 전하기 위함이다.

영원한 그리움의 대상인 여러분의 어머니는 지금 사후세계 어디에 계실까? 지금이라도 찾아드리는 것이 불효를 면하는 가장 빠른 길이다. 천상과 지옥, 허공중천 중 어디에 계신지 찾아드려야 한다. 축생계로 환생 윤회하여 고통스럽게 계시지는 않는지 알아보고 구해드려서 편한 곳 태상천으로 보내드려야 한다.

사람들은 죽음 이후 사후세상을 전혀 알 수 없기 때문에 종교에 의지하는 경우가 다반사이다. 종교인들조차도 명쾌한 답변을 내놓지 못한다. 대우주를 다스리시며 천상세계, 사후세계, 신명세계, 지옥세계 주인이신 영과 육을 창조한 태초 부모 태황제님과 태황후님만이 알 수 있는 고유 영역이자 고유 권한이시다.

지구와 우주, 삼라만생의 만생만물을 창조한 태초의 조물주 하늘이 실제로 존재하신다. 하지만 사람들의 눈에 보이지 않고 들리지 않아 상상의 하늘, 가상의 하늘로 생각하며 살아가고 있다. 자신들의 영혼과 육신을 태초로 창조하신 태초의 부모님이 존재하시는데, 알아볼 수 있는 방법을 하늘이 여러분 몸 안에 숨겨두시었다.

남이 찾아주는 것이 아니라 2부 조물주 하늘을 찾는 비결 공개 P 113쪽을 참고하여 본인들 스스로가 기운을 느껴서 직접 찾아내야 한다.

울고 넘던 한 맺힌 눈물 고개

단장의 미아리 고개

미아리 눈물고개 임이 넘던 이별 고개♪
화약연기 앞을 가려 눈 못 뜨고 헤매일 때♪
당신은 철사줄로 두 손 꽁꽁 묶인 채로♪
뒤돌아보고 또 돌아보고 맨발로 절며 절며♪
끌려가신 이 고개여 한 많은 미아리 고개♪

대사

여보 당신은 지금 어디서 무얼 하고 계세요
어린 용구는 오늘 밤도 아빠를 그리다가
이제 막 잠이 들었어요/ 동지섣달 기나긴 밤
북풍한설 몰아칠 때 당신은 감옥살이에
얼마나 고생을 하세요/ 십 년이 가고
백 년이 가도 부디 살아만 돌아오세요/ 네 여보 여보

아빠를 그리다가 어린 것은 잠이 들고♪

동지섣달 기나긴 밤 북풍한설 몰아칠 때 🎵
당신은 감옥살이 그 얼마나 고생하고 🎵
십 년이 가도 백 년이 가도 살아만 돌아오소 🎵
울고 넘던 이 고개여 한 많은 미아리 고개 🎵
한 많은 미아리 고개 🎵

   UN군이 인천 상륙작전에 성공하여 서울로 진격할 때 북한군은 자기들만 북으로 철수한 것이 아니라, 그들은 많은 사람들을 북으로 끌고 갔다. 철사줄로 두 손 꽁꽁 묶인 채 맨발로 절며 절며 미아리 고개를 넘어가는 남편을 바라보는 아내의 심정을 그린 노랫말이다.

   남편은 끌려가면서 뒤돌아보고 또 돌아보는 남편의 뒷모습을 바라보는 아내는 창자가 끊어지는 듯한 슬픔을 느끼는 단장(斷腸)의 모습을 제목으로 지어 "단장의 미아리고개" 노래가 나온 것이다.

   2절은 노래로 부른 것이 아니고, 아내의 독백 부분으로 노래를 부르는 영상이 나올 때 가수가 독백을 읊으니 관객들이 손수건을 꺼내 눈물을 훔쳤다.

   3절도 애절한데, 아빠를 그리다가 잠이 든 어린 자식을 내려다보는 엄마는 아이가 깰까 봐 터져 나오는 울음을 입술 깨물며 참았다.

더구나 밖에서는 북풍한설이 몰아치는데, 아내는 그 살이 찢어지는 듯한 추위에 감옥에서 떨고 있을 남편을 생각하니, 다시금 창자가 끊어지는 듯 하여 '십 년이 가도 백 년이 가도 살아만 돌아오소. 여보~~'라고 외치는 가사가 애절하다.

6·25 전쟁 때 북으로 끌려가서 생사를 아직도 모르는 이산 가족들이 많다. 75년의 세월이 흘러서 살아남은 사람들은 거의 없고 대다수가 세상을 떠났다. 이것이 가슴에 원과 한으로 남아 응어리진 채로 살아가면서 유골만이라도 찾고 싶은 심정이다.

남북 통일이 되기 전까지는 생사를 알 수도 없다. 산소도 찾아갈 수 없기에 가슴속에 원과 한으로 영원히 남을 수밖에 없다. 전쟁으로 인한 상흔이 북으로 끌려간 가족들이나 남아 있는 가족들 모두의 고통이다.

시신이나 유골은 돌아올 수 없어도, 돌아간 가족들의 영혼들만이라도 좋은 곳으로 보낼 수 있는 길이 열려 있다. 책을 읽어보고 공감하면 방문 후 어머니 입천제 의식을 행하면 북에 끌려간 가족 영혼과 상봉할 수 있다.

돌아간 것으로 간주하여 제사를 지내는 가족들도 있을 것이다. 어머니 입천제 의식을 일평생 한 번만 행하면 다시는 조상굿, 천도재, 지장재, 위령미사, 추모예배, 추도미사, 제사와 차례를 지내지 않아도 되는 길이 있다.

어머니에 대한 그리움과 살아생전 효도를 다하지 못한 원과 한을 풀어드릴 수 있는 마지막 효도의식이 지상에서 처음 행하는 어머니 입천제 의식이다. 영혼과 육신의 태초 부모님이신 태황제님과 태황후님이 태황진 신의 대통령 육신으로 강세하여 해주시기에 한 번이면 족하다.

"불효자는 웁니다"의 노랫말처럼 더 이상 눈물 흘리지 말고, 어머니(조상) 입천제 의식부터 행해드려야 한다. 독자들이 효도하려고 하여도 돌아가시어 육신 없는 어머니에게 어떻게 원과 한을 풀어주고 효도할 것인가?

살아계셔야 무엇이라도 해드리던가 할 것인데, 돌아가시어 눈에 보이지도 않고 들리지도 않는다. 자손이나 후손들이 할 수 있는 일은 산소 가꾸기, 절이나 납골당, 납골묘에 위패 모시기, 제사 지내기, 조상굿, 천도재, 지장재, 위령미사, 추모예배, 추도미사를 드리는 것이 전부인데, 어머니와 소통이 되지 않으니 답답할 노릇이다.

좋은 곳에서 편히 잘 계시는지, 고통스럽지는 않으신지 도무지 알 길이 없다. 가슴 졸이며 편히 계실 것이라며 위안을 삼고 벙어리 냉가슴 앓듯 살아간다. 아무도 알 수 없는 어머니가 천상, 지상, 지옥 어디에 가 있는지 부활시켜서 불러내 소통할 수 있는 태황진 신의 대통령이다.

영혼, 조상, 신명을 자유자재로 불러서 산 사람과 대화시켜 줄 수 있는 신비 능력자이다. 일반 도사, 법사, 스님, 목사, 신부, 보살, 무당, 역술가, 점쟁이 수준이 아닌 태황진 신의 대통령이다. 독자들이 궁금히 여기는 천상세계, 사후세계, 신명세계, 영혼세계에 대해서 지구에서는 타의 추종을 불허하는 독보적인 태황진 신의 대통령이다.

산 사람 영혼, 죽은 사람 영혼, 천상지상의 모든 신명을 자유자재로 부르고 다스리는 천통군자, 신통군자, 영통군자, 의통군자, 도통군자의 능력 소유자이다.

돌아가신 어머니에 대한 문제는 태황진 신의 대통령에

게 맡기면 아무 걱정 할 일들이 하나도 없다. 산 자들이 걱정한다고 해결될 일들이 아니다. 사후세계 진실을 상세히 알고 있는 태황진 신의 대통령에게 의뢰해야 한다.

사람들이 종교 의식으로 어머니 문제를 해결하려고 하는데, 다 부질 없는 일이다. 산 사람들만 마음의 위로를 받을 뿐 어머니에게는 아무런 도움도 되지 않는다.

돌아가신 어머니를 위로해 드린다고 온갖 종교 의식들을 매년마다 철마다 수시로 행한다. 영혼과 육신의 태초 부모님이신 태황제님, 태황후님의 허락을 받지 못하면 좋은 곳으로 가지 못하기에 아무 소용이 없다.

태황제님과 태황후님이 내린 시험지가 종교의 구원 의식들이다. 하늘이 내린 시험 문제를 푸는 것은 조상대대로 믿어오던 종교 관념을 깨고 태황진 신의 대통령을 만나서 어머니의 가슴에 맺힌 원과 한을 풀어드리는 일이 자식으로서 행해야 할 가장 근본 도리이다. 자신들의 어머니(모든 조상님들 포함)를 구하지 않는 사람들은 조물주 하늘을 만날 수 있는 기회가 주어지지 않는다.

어머니는 어디에 가 있을까?

대우주의 수많은 행성들에도 생명체가 존재하지만, 인간들은 보이지 않기에 알 수가 없다. 삼라만상과 여러분의 인간 육신, 영혼, 신들을 창조한 영혼과 육신의 태초 부모님이 태황제님과 태황후님이시고, 우리들의 현생과 내생의 삶을 보살펴 주시는 분이시다.

여러분 육신과 영혼의 원초적인 태초 부모님은 자비 자체이신 태황제님과 태황후님이시다. 인류 전체가 천상에서 살다가 지구에 태어난 것은 천상에서 커다란 죄를 지어 귀양 온 죄인들의 신분들이다.

태황제님과 태황후님이 창조한 무량대수의 우주 행성들 중에서 영혼의 고향인 천상 태상천으로 돌아갈 수 있는 통로가 천황님의 나라 민족궁전이다. 종교에 들어가서 수억만 년을 빌어도 천상으로 못 간다.

지구 행성으로 유배당한 천상의 죄인들에게 태황제님과 태황후님이 내린 시험을 통과하는 과정은 모든 종교 사상과 교리를 벗어나서 하늘을 갈구하며 찾아오는 자들만 천상의 문을 열어주기에 좁디 좁은 문이다.

우리 인류 모두의 영혼과 육신을 창조하여 주신 자비로운 태초 부모 천황님을 찾는 과정은 지구로 떨어진 신과 영들이 하늘의 시험에 응시하는 일이다. 인류를 창조하신 하늘께서 인류에게 내리신 시험문제가 무엇인지 인류는 아무도 알 수 없었다.

지구에서 살아가는 인류들에게 하늘이 내린 시험인 돌아가신 어머니와 산 영혼 생령들을 구해 주는 어머니 입천제와 천인합체 의식이 있다. 의식을 행하여 하늘의 시험을 통과한 자들만이 유토피아 무릉도원 세상인 천상 태상천으로 올라가 영생을 누리며 살아가게 해준다.

세계 인류가 수천수만 년 동안 믿고 따르며 숭배하고 있는 하나님, 하느님, 상제님, 부처님, 미륵님, 알라신, 천지신명님, 석가모니, 여호와, 예수, 마리아, 마호메트, 공자, 노자 이외에 현재까지 생긴 기타 종교들의 수많은 신도들을 거느린 교주들은 하늘이 내린 시험문제가 무엇인지조차도 알지 못한다.

　모두가 살아서든 죽어서든 구원받는 방법을 열심히 알려주고 있다. 살아서는 "부처 믿으면 극락간다", "하나님 믿으면 천국간다", "예수 믿으면 천당간다", "옥황상제 믿으면 선경간다"고 수천수만 년을 믿었지만 인류 전체가 하늘이 내린 시험을 통과 못했다.

　죽어서 저승의 좋은 곳에서 복을 받으며 편히 쉬시고, 영원히 잠드는 영면의 세상으로 가시라고 빌어주는데, 육신이 죽었으니 영면하라는 말이 좋은 듯 보이지만 앞뒤 말이 안 맞는다. 좋은 곳으로 가라 한들 갈 수가 없다.

　육신은 땅에 묻히면 영면할지 몰라도 영혼들은 죽지 않고, 자신들이 생전에 지은 업보에 따라서 수백억 개의 지옥도로 끌려가서 분산 배치되어 형벌을 받거나 말 못하는 만생만물의 생명체로 다시 태어난다.

　종교에서 전하는 천국, 천당, 극락, 선경세상으로 올라가서 편히 쉬시라고 덕담들을 많이 하며, 아름다운 이상향의 세계인 천국, 천당, 극락, 선경세상의 모습들을 보았다고 간증들도 많이 하고 있다.

그런데 천국, 천당, 극락, 선경세상은 인간들이나 영혼들의 능력으로는 진위여부를 판별할 능력이 없다. 종교를 믿는 신도들 입장에서도 반신반의하며 확신을 갖지 못하고 있는 것이 현실이다.

수천 년 동안 이어진 역사와 전통을 자랑하고, 수많은 신도들이 몰린 규모가 거대하고 화려하며 웅장한 성전, 신전, 사찰, 성당, 교회, 도장, 사원 건물들의 외형만을 보고 믿음으로 받아들인다.

이미 각 종파마다 사상과 교리로 완전히 세뇌당한 인류가 종교를 벗어나기는 어려운 일이다. 숭배자들에게 벌을 받을까봐 다니던 종교를 떠난다는 것은 감히 엄두도 내지 못하는 입장이다.

그리고 자신들이 믿는 숭배자들이 진짜일 거라고 생각하기 때문에 마음을 바꾸지 못한다. 생을 마감한 뒤에 원래 태어났던 영혼의 고향인 천상으로는 돌아가지 못하고, 불지옥도와 윤회(환생) 지옥으로 압송된다.

종교마다 죽은 부모 조상님들을 위해서 천도재, 사십구재, 지장재, 수륙재, 조상굿, 지노귀굿, 위령미사, 추모예배, 추도미사들을 지극정성으로 봉행한다. 하지만 천국, 천당, 극락, 선경세상으로 보내 준 그곳이 바로 불지옥이고, 윤회(환생) 지옥일 줄 어느 누가 알까?

그래서 영혼과 육신의 태초 부모이신 태황제님과 태황후님께서 인류에게 내린 시험을 통과하기가 매우 어렵다. 인류는 하늘의 위대한 계획에 대한 진실을 알 수 없다. 그래서 인류를 창조한 영혼과 육신의 주인이신 태황제님과 태황후님을 찾는 것은 사막에서 바늘 찾기이다.

수천 년의 세월 동안 종교를 열심히 믿었지만, 아직까지 하늘이 내린 시험을 통과한 자들은 없었다. 하늘께서 내리신 시험 문제는 근본 도리를 다하여 불효자 신세를 면하는 어머니 입천제 의식이 첫 시험 답안지였다.

여러분을 낳실 제 괴로움 다 잊으시고, 기르실 제, 밤낮으로 애쓰시고, 진 자리 마른 자리 갈아 뉘시며 손발이 다 닳도록 고생하신 어머니가 돌아가시어 종교 의식을 수없이 해드렸어도 꿈에 힘든 모습으로 자꾸만 나타난다.

결국은 영혼의 고향 천상으로 돌아가지 못하고, 불지옥도와 윤회(환생) 지옥에 갇혀서 살려 달라, 구해 달라

몸부림치며 울부짖고 있다. 어머니 마음이 얼마나 아프고 속상할 것인지 독자들은 생각해 보았는가?

좋은 곳으로 가시어서 편히 쉬시라고 비싼 돈 들여 종교 의식을 시도 때도 없이 철마다, 매년마다 많이 행해드렸다. 천국, 천당, 극락, 선경세상이 아닌 불지옥과 만생만물의 윤회(환생) 지옥으로 가셨다. 땅을 치고 대성통곡할 일이고, 이보다 더 큰 불효자는 없지 않은가?

어떻게 천상세계와 사후세계 진실을 이처럼 당당하고 명쾌하게 말하느냐고 의아심을 품을 수 있다. 천상에서 내려온 신의 대통령은 우주의 주인 태황제님과 태황후님의 화신, 분신, 현신이기에 천통, 도통, 신통, 영통, 의통을 득도한 지구에 유일한 존재이기에 모두 알고 있다.

여러분 독자들이 죽은 뒤에 어디로 가게 되는지도 이미 다 안다. 천상에서 무슨 죄를 지어 유배지 행성인 지구에 태어나게 되었는지도 상세히 알고 있다. 영혼의 고향으로 돌아가는 길이 천황님의 나라 민족궁전뿐이다.

사람들의 눈에는 천상세계와 사후세계 모습이 보이지 않는다. 믿어야 하나, 말아야 하나 갈등이 많을 테지만,

실제로 존재하고 있다. 여러분과 부모 조상님들이 하늘이 내린 시험 관문을 통과하려면 종교를 떠날 결단을 내려야 어머니를 불지옥에서 구해 드린다.

독자들이 저자 태황진 신의 대통령 말을 100% 믿지 않을 수 있다. 그러나 이것이 진실이라면 독자들은 이제라도 마음을 바꾸어야 한다. 조상대대로 믿어오던 종교를 떠날 마음의 준비가 되어 있는가 묻고 싶다.

지구의 모든 종교는 불지옥의 그물망이었지만 인류는 알 수가 없었다. 현재까지 밝혀진 모든 신들은 하늘이 내린 명을 거역한 역천자들이기에 천상으로 보내 줄 수 없는 신들이란 진실을 아무도 모르며 맹신하고 있다.

천상에 있는 진짜 신들은 천황님의 나라 민족궁전으로만 하강하기에 책을 읽는 독자들은 행운아이다. 하늘이 내린 시험 관문을 통과하는 것이 얼마나 어려운지 아무도 실감하지 못하고 생각조차 안 해 봤을 것이다.

지구에서 태황제님과 태황후님으로부터 구원을 받을 수 있게 해주는 능력자는 저자 태황진 신의 대통령 육신 한 명뿐이다. 그래서 이 나라가 신의 종주국이 된다는 예언도 수천 년 전부터 전해지고 있는 것이었다.

 수많은 종교세계에서 여러 가지 방법으로 부모 조상님들에게 좋은 곳으로 가시라고 종교 의식들을 행해 주어 천국, 천당, 극락, 선경세상으로 보내드렸는데, 그곳이 바로 불지옥과 윤회(환생) 지옥으로 가는 문이었다.

 천상에서 죄를 지은 죄인들이 영혼의 고향으로 돌아가는 첫 번째 관문이 자신을 낳아 주고 길러 주신 어머니를 구해 드리는 입천제 의식이다. 구원의 시험장인 종교를 떠나 의식을 행한 사람들만이 불효자 신세를 면한다. 구원받지 못하는 종교를 열심히 다니고 있는 것은 어머니를 불지옥에 밀어넣는 불효자이다. 이런 고차원적인 하늘의 진실을 어떻게 받아들일지가 문제이다.

 이런 내용을 읽고 펄펄 뛸 독자들도 많이 나올 것이다. 무슨 말도 안 되는 황당무계한 소릴 해대느냐고 하느님, 하나님, 부처님, 상제님께 벌 받을 것이라며 악담과 저주를 퍼부을 독자들과 조상들도 나올 수 있다. 그런데 이 책의 저자 태황진 신의 대통령이 인류가 찾던 조물주 하늘이라면 어떻게 맞이할 것인지 생각해 보았는가?

어머니 입천제 의식이란?

1절
불러 봐도 울어 봐도 못 오실 어머님을 ♪
원통해 불러 보고 땅을 치며 통곡해요 ♪
다시 못 올 어머니여~ 불초한 이 자식은 ♪
생전에 지은 죄를 엎드려 빕니다~ ♪

대사
세월은 유수 같다고 했습니다만
아무런 기약도 없이 부모님 곁을 떠났던
그 가슴 아픈 추억이 어제인 것처럼
눈에 선합니다만 그것이 정녕
삼십 년 전인가요 아니 오십 년 전인가요

2절
손발이 터지도록 피땀을 흘리시며 ♪
못 믿을 이 자식의 금의환향 바라시고 ♪

고생하신 어머니여~ 드디어 이 세상을 🎵
눈물로 가셨나요 그리운 어머니~ 🎵

어머니 입천제 의식이란 무엇인가?
　세상에 널리 알려져 수천 년 동안 행해지는 불교에서 극락왕생을 빌어주는 천도재, 사십구재, 지장재, 수륙재. 무속에서 행해지는 조상굿, 지노귀굿, 기독교와 천주교에서 행해지는 위령미사, 추모예배, 추도미사와는 근본적으로 다르고 비교할 수조차 없다.

　종교에서 행하는 조상 구원의식들은 스님, 무속인, 신부, 목사 등 종교 지도자들이 하늘의 허락도 받지 않고, 임의적으로 행하는 의식이다. 어머니 입천제 의식은 영혼의 부모님이신 하늘께서 직접 행해 주시는 의식이라 엄청난 차이가 있고 경이로운 의식이다.

　그래서 돌아가신 어머니(조상님들 포함)에 대해서 일평생 한 번만 행하면 천상으로 직행하기에 두 번 다시 어머니를 위해서 입천제를 올리지 않아도 된다. 형편이 되면 벼슬 품계를 높여주는 조공만 더 올려드리면 된다.

　어머니 입천제 이후에 제사나 차례가 일절 필요하지 않

다. 납골묘, 납골당, 수목장, 산소를 일절 만들지 않아도 되는 진귀한 의식이다. 태황제님과 태황후님이 직접 주재하시는 경천동지할 천상의식이다.

원래 왔던 영혼의 고향 천상으로 돌아갔는데, 제사나 차례를 지내고, 산소를 만들어 놓고 성묘하는 것은 입천을 부정하는 일이다. 어머니를 지옥별 지구로 다시 끌어내리는 아주 잘못된 행위이다.

죽은 가족과 어머니(모든 조상님들 포함)가 천상으로 가는 길은 도대체 어디에 있는 것일까? 그리고 어디를 가야 진정한 천상으로 가는 길일까? 이것이 인류 모두에게 던져진 화두이다. 아무도 풀지 못한 인류의 숙제였으나 하늘의 화신이자, 분신, 현신인 태황진 신의 대통령 육신이 인류 탄생 이후 태초로 인류의 숙제를 풀어냈다.

어머니는 어느 천상으로 가려는 것인가?
기존의 종교세계를 통해서 수천 년 동안 알려진 극락, 천당, 천국, 선경세상으로 가려는 것인가? 인류가 종교를 통해서 믿었던 이들 세계는 존재하지 않는 허상의 가짜 세계라는 진실이 밝혀졌기에 갈 수도 없다.

인간, 영혼, 조상들을 구해준다고 영혼의 고향인 천상으로 돌아가게 해준다며 임의적으로 만들어 놓은 허상의 가짜 세계로 보내드렸다. 여러분 독자들은 어머니와 조상님들을 불지옥과 윤회 지옥도로 밀어넣는 불효를 저질러 천추의 원과 한을 남기는 불효 막심자가 되었다.

온갖 종교를 믿는 자체가 여러분 독자들의 목숨이 죽는 것보다 몇천 배나 더 무서운 일이라는 것을 알지 못한다. 전 세계의 종교는 겉으로 구원을 외치고 있지만 모두가 불지옥과 축생계 윤회로 보내 주는 무서운 곳이다.

독자들이 믿든 말든 천상으로 가는 길은 오직 어머니처럼 자상함과 포근함으로 감싸 주시고, 아버지처럼 지엄하시고 수천억 천상세계 중에 최고 높은 태상천의 주인이신 영혼의 부모님 품에 안기는 일이다.

천상 태상천 세계는 종교세상을 통하여 알려진 적이 없는 신선 세상이다. 이곳 천상으로 가는 길은 신의 대통령이 있는 천황님의 나라 민족궁전뿐이다. 인류가 태어난 이래 하늘을 만나 구원받을 수 있는 유일한 곳이다.

종교세계에서는 조물주 하늘이신 태황제(천황)님과

태황후님을 만날 수도 없고, 구원받을 수도 없다. 절대 천상으로 돌아갈 수도 없기에 세월 낭비, 금전 낭비만 하고 있을 뿐이다. 천상으로 가는 길은 영과 육을 창조하신 태초 부모님의 윤허를 받아야만 가능한 일이다.

천상의 고향으로 가는 길!
 종교가 영혼들의 감옥인지 몰라보고 좋다고 다니는 독자들이 엄청 많다. 어차피 죽어야 하는 목숨이지만, 구원도 안 되는 종교를 왜 다니는가? 짧은 인생 살아도 언젠가는 죽는다. 영혼들의 종교 감옥을 떠나서 태황제님과 태황후님께 살려 달라고 빌어야 한다.

 기존의 종교세계에 오랜 세월 널리 알려진 석가, 여호와, 예수, 마리아, 상제, 마호메트, 공자, 노자를 열심히 믿는다고 천상으로 가는 것이 아니다. 태황진 신의 대통령을 통해서 천상의 절대자를 만나야만 천상으로 가는 소원을 빨리 이루는데, 알면 쉽고 모르면 어렵다.

 결국 독자 여러분이 조상의 대를 이어서 수천 년의 장구한 세월 동안 종교를 열심히 믿어왔다. 종교세계 안에서는 천상으로 가는 길을 그 어디에서도 찾을 수 없다는 것이 확인되었다. 이제 여러분 인간 육신들과 수많은 각자의 조상님들, 각자의 영혼들, 각자의 신들이 어떤 선택을 할 것인지만 남아 있다.

천상의 고향으로 가는 비결!

불경, 성경, 도경의 종교 교리와 이론을 오랫동안 열심히 믿어야 천상으로 가는 것이 아니다. 하늘이 내리시는 命(명)을 받아야 입천(천상으로 가는 윤허의 명)되는 것이었다. 이 책을 읽고도 여러분의 정신적 스승인 숭배자들과 종교 지도자들, 불경, 성경, 도경의 이론이 맞는다고 주장할 사람들도 있다. 저자와는 인연이 없으니 지금처럼 다니던 종교세계를 그대로 열심히 다니면 된다.

영혼의 부모님께서도, 육신을 주신 어머니도, 또한 이 땅에 살고 있는 모두가 구원을 간절히 원하며 바라고 있다. 태황제님과 태황후님의 뜻에 순응하여 우리 모두가 잘 살아야 진실이 거짓 종교를 이길 수 있다.

태황진 신의 대통령은 최선을 다하여 하늘이신 태황제님과 태황후님으로부터 선택받은 수많은 어머니들과 조상님들을 구한다. 수많은 산 사람의 영혼까지 구하고, 수많은 신들을 구해 준다.

지구에서 천상으로 돌아가는 길은 천황님의 나라 민족 궁전뿐이다. 육신이 살아서 가는 길과 육신이 죽어서 가는 두 갈래의 길이 있다. 모두가 태상천의 하늘이 내리시는 입천의 명을 받지 않고서 천상으로 오르는 길은 절대로 불가능하다.

종교에 심취해 있는 사람들은 인정하지 않는다. 하지만 천상의 주인이신 태황제님과 태황후님께서 직접 강세하시어서 말씀으로 가르쳐 주신 진실이다.

왜, 천황님이신 태황제님과 태황후님으로부터 입천의 명을 윤허받아야 하는지 독자 여러분은 잘 모른다. 하늘이신 태황제님과 태황후님은 아무나 모두를 구원하시지 않으신다고 선포하셨기 때문이다.

인류 모두는 천상의 주인이신 태황제님과 태황후님을 배신하여 시해하는 역모 사건 가담, 항명, 역천, 천상법도를 위반해서 쫓겨났거나 태상천을 때려 부수고 지구로 도망쳐 나온 죄인들의 신분이라고 밝히시었다.

죄인의 등급도 천차만별이므로 천상에서 살았을 때 태황제님과 태황후님께 지은 역모 가담 죄가 있다. 죄를 용서 빌 때 받아줄 자와 받아 주지 않을 자를 선별하시어 입천 윤허 여부를 가려서 판별하신다고 말씀하셨다.

　독자 여러분이 지금까지 종교인들에게 의뢰한 구원 행위는 하늘의 허락과 상관없이 행한 의식이니 받아 주시지 않으신다. 종교에 꼬박꼬박 내는 헌금, 시주, 성금 모두 하늘에 바친 것이 아니라 종교인에게 바친 금전이다.

　천상의 주인이시자 절대자 천황님이신 태황제님과 태황후님께 바친 것이 아니었다. 천황님의 나라 민족궁전에서 태황진 신의 대통령을 통해서 바치는 금전만 받으시기에 독자들이 구원의식 행한 것은 마음에 위로만 받았을 뿐이다.

　이 나라뿐만이 아니라 세상의 모든 종교가 구원의 시험장인 죽음의 종교였다. 불지옥으로 입문을 자초하고 있었던 것인데, 인류가 이러한 진실을 알지 못했다. 사후세계 불지옥에 갔다 오지 않았기 때문에 불지옥이 존재하는지조차도 반신반의하며 살아가고 있다. 하지만 무섭고 두려운 수많은 지옥세계는 실제로 존재한다. 종교를 탈출하여 하늘로부터 입천(천인합체)의 명을 받지 못하고 죽으면 즉시 불지옥으로 입문해야 한다.

어머니 입천제 의식 등급 종류

천상으로 돌아가는 길은 두 갈래 길 중에서 육신이 죽어서 가는 길이 있고, 육신이 살아서 천상으로 가는 길이 있다. 산 자든 죽은 자든 영혼의 부모님이 내리시는 입천의 명을 윤허받지 않고서 천상으로 오르는 길은 절대로 불가능하다는 진실이 인류 최초로 밝혀졌다.

육신을 잃고 이미 돌아가신 부모 조상님들을 영혼의 어버이께서 계신 천상 태상천으로 입천시켜 드리는 아주 중차대한 행사가 어머니 입천제 의식이다.

조상님들의 운명이 천지개벽을 맞이하는 어머니 입천! 아무 조상님들이나 천상 태상천에 들어갈 수 있는 것이 아니다. 선택받은 조상님들만이 어머니 입천제 의식을 행하여 천황님의 나라 태상천의 주인이시고 영혼의 부모이신 태황제님과 태황후님 품으로 돌아갈 수 있다.

의식은 일반 입천제 의식과 벼슬 입천제 의식 두 가지 종류가 있다. 일반 입천, 하단 입천, 중단 입천, 상단 입천, 특단 입천, 하단 벼슬입천, 중단 벼슬입천, 상단 벼슬입천, 특단 벼슬입천 중에서 조상님들과 자손들의 자유 선택 사항이다. 자미원 천상명당 기운을 더 많이 받고, 더 높은 벼슬 품계를 받으려면 그만큼 돈이 더 든다.

　이렇게 엄격한 계급 서열이 존재하는 천상법도가 있는 것을 아는 사람들은 없다. 천상 태상천으로 입천된 조상님들에게 상하서열이 존재한다. 신분과 계급이 엄격히 구분된다. 조상님은 입천하면 영혼의 부모님이신 태황제님과 태황후님의 백성인 신민(神民)이 되고, 자손은 지상에서 천황님의 나라 민족궁전 백성 신분이 된다.

　천상에서 조상님들의 운명이 어떻게 정해질까? 살아 있는 자손들이 어떤 등급의 어머니 입천제 의식을 올리는가에 따라 좌우된다. 인간세상으로 비교하자면 일반 조상님 입천제 의식은 하위공무원 수준의 신분이고, 벼슬입천제 의식을 행하면 고위공무원 신분이 된다.

　조상님 벼슬입천제 의식 역시 조상님들 마음대로 하고 싶다고 행하는 것이 아니다. 조물주 하늘이시자 영혼의 부모님이신 태황제님과 태황후님을 간절히 찾으며 공경한 자들이다. 오랜 세월 지극정성으로 진짜 하늘만을 기다린 어머니들과 영혼들에게 벼슬입천을 윤허하신다.

벼슬입천제 의식은 태상천 하늘께서 벼슬입천할 조상님들에게 어떤 단계의 벼슬입천을 윤허해 주시는가에 따라서, 천상 태상천으로 입천되는 부서가 다르다.

벼슬입천은 품계별 등급마다 하단 벼슬입천, 중단 벼슬입천, 상단 벼슬입천, 특단 벼슬입천 의식이 있다. 품계 등급마다 자손들이 조상님과 하늘께 올리는 조공(祖貢)과 천공(天貢)의 액수가 각기 천차만별로 다르다.

조상들, 영혼들, 신들은 높은 벼슬자리가 탐날 것이지만 상응하는 값을 지불해야 한다. 천상에도 공짜는 없다. 금전 액수가 정성의 크기이고, 피와 땀이기에 바친 액수만큼 여러분과 조상님들이 높은 벼슬을 하사받는다.

죗값으로 올리는 돈인 조공과 천공의 액수만큼 하늘께 벼슬을 하사받는데, 이것이 하늘의 천상법도이다. 여러분 독자들이 시장이나 백화점에 가서 필요하거나 좋아하는 물건을 구입할 때 비싼 물건은 그만한 값을 지불해야만 구입할 수 있는 것과 같은 이치이다.

그러므로 천상의 높은 벼슬자리도 그에 상당하는 돈을 지불한 조공과 천공만큼 벼슬을 하사받을 수 있다. 태상천에는 천상황실정부가 있고, 신민들도 관직에따라 녹봉을 받고 일하기에 지상과 다르지 않다. 여러분의 마음 크기를 측정하실 때 조공과 천공 액수로 선별하신다.

돈 없이 마음과 말로만 하는 것은 누구나 다할 수 있지만 돈이 들어간다면 모두가 망설이며 주저한다. 그러므로 하늘께 바치는 조공과 천공은 각자 마음의 크기에 정비례하여 올린다. 태황제님과 태황후님은 자신들이 행하고 뿌린 대로 한 치의 오차도 없이 거두게 하신다.

여러분에게 많은 돈을 벌게 해주신 것은 호의호식하고 부귀영화 누리며 자손들에게 유산으로 물려주라고 많이 벌게 해주신 것이 아니다. 천상의 죄가 자신들이 가진 돈의 액수와 높은 권력만큼 크기에 죗값으로 조공과 천공을 많이 올리라고 많이 벌게 해주셨다. 하지만 인간들은 태황제님과 태황후님의 진실을 외면하고 있다.

자신들이 천상에 지은 죗값이 얼마인지 모르기에 돈의

액수와 권력으로 표시해 놓으신 것이라고 하셨다. 여러분은 천상에서 지구에 인간으로 태어나기 전에 하늘의 명에 순응하여 죄값을 바치겠다고 굳은 약속을 하고서 인간으로 태어났다. 하지만 모두 잊어버렸거나 천상의 약속을 기억 못하기에 다시 진실을 알려준다.

죗값으로 조공과 천공을 올리지 않으면 물려줄 유산도 없을 정도로 갑자기 쫄딱 몰락해 버린다. 태황제님과 태황후님께 죗값으로 조공과 천공을 많이 올린다고 해서 많이 벌게 해주셨다. 안 올리니 순간에 모두 거두어 가신다. 성공하여 잘 살고 있는 여러분 모두가 잘나고, 열심히 노력해서 번 것이 아니라 태황제님과 태황후님이 기운으로 벌어주신 것이라고 직접 밝히시었다.

여러분 인류 모두는 천상에서 역모 반란 가담이라는 대역죄를 짓고 지구로 도망쳤거나 쫓겨난 죄인들이다. 바로 인간으로 태어난 것이 아니라 천지만생만물로 태어나 윤회하면서 수억만 년을 간절히 빌고 빌어서 죄를 빌 수 있는 만물의 영장인 인간으로 태어나게 해주셨다.

그리고 하늘께서 저자 태황진을 통해서 부르시면 즉시 달려오겠다고 굳게 언약하였으나 지키는 자들이 많지 않은데, 이들은 천상으로 돌아가지 못할 자들이다.

그래서 여러분은 처음이자 마지막으로 하늘이 주신 구원받을 수 있는 천재일우의 기회를 저버렸다. 죽어서 불지옥에 떨어지거나 말 못하는 만생만물로 태어나 끝도 없는 환생 윤회의 굴레에 갇힌다. 소리치며 울부짖어도 소용없는 무서운 사후세계의 삶을 살아가야 한다.

천인이 되지 못하고 죽으면, 벼슬입천제 의식이라도 행하여야 태상천에 올라가서 높은 벼슬을 할 수 있다. 자손들에게 사후세계를 부탁하는 것은 매우 어리석은 일이기에 살아생전 직접 행하는 것이 가장 바람직하다.

인간세계 공무원은 나이와 계급 정년이 있다. 하지만 천상에서는 천상법도를 위배하여 쫓겨나지 않는 이상 높은 자리에 오래도록 머물며 관직에 맞는 녹봉(세계 재벌급 수준)을 받고 시종과 시녀를 거느리며 살아간다.

천국, 천당, 극락, 선경세상으로 알려진 조물주 하늘이 거처하시는 천황님의 나라 태상천은 황실정부, 신명정부가 있고, 엄격한 군대식 통치 방식으로 천상법도가 매우 엄격하기에 매일 흥청망청 놀고먹는 곳이 아니다.

사후세상은 살아생전 준비해야

꿈의 세계 이상향의 무릉도원 천상 태상천!

이유 없이, 조건 없이 무조건 올라가야 할 모든 조상영가들의 천상명당이다. 이제 저자를 만나 어머니 입천을 행하면 조상님들이 꿈에 그리던 무릉도원 천상 태상천으로 오르시기에 납골당, 납골묘지, 매장묘지가 아무 소용이 없으므로 모두 화장해서 강이나 산에 뿌리면 된다.

전통, 풍습, 관습으로 수백수천 년 동안 지내오던 모든 제사나 차례를 지내지 않아도 아무런 탈이 없다. 가족들에게 이런 말을 해봐야 이해하지 못하므로 가족 간의 분란만 생기니 아예 말하지 않는 것이 좋다.

죽은 뒤에 천상입천이 보장되는 천인(天人)합체 의식이 있다. 조상님 입천제만 올린 백성들은 천인합체를 행하지 않는 이상 자신들은 천상으로 돌아가지 못한다. 조상님 입천제 의식을 행하여 하늘의 백성 신분이 되어야 천인합체 의식을 행할 수 있는 자격이 주어진다.

조물주 하늘은 근본 도리를 중시하시기 때문에 어머니 입천제 의식을 행하지 않고, 자신들의 사후세계만 보장받는 천인합체 의식을 먼저 행하는 것은 불허하신다.

어머니 입천제 의식을 행하여 태황제님과 태황후님의 백성[神民] 신분이 되었어도, 천인합체 의식을 행한 천인이 되어 천상으로 올라간 자들과는 비교조차 할 수 없을 정도로 신분과 품계 서열의 차이가 엄청 많이 난다.

그리고 이 책을 읽어보고 자식들에게는 자신이 죽은 뒤에 목돈 들여서 자신의 입천제 의식해 달라고 유언 남기면 99%가 이해하지도 못하기에 행하지 않는다. 자신의 사후세계 준비는 살아생전에 손수 자신들이 행하고 죽어야 사후세계의 무서움에서 벗어난다.

인간세상 계급으로 비유하자면 천인은 5급 사무관 이상, 서기관, 부이사관, 이사관, 관리관, 장·차관급 벼슬에 해당하는 계급을 가진 고위 공무원 신분이고, 백성은 9급 정도에 해당하는 하위공무원 수준이라 보면 된다.

영혼의 부모님이신 조물주 하늘을 애타게 찾고 있던 수많은 인간들, 조상들, 영혼들, 신들의 운명을 송두리째 바꾸어 주실 높고도 높으신 대우주 절대자이시다.

인류의 상상을 초월하는 신비의 대도력, 대천력, 대신력, 대원력을 가지신 위대하시고 대단하신 하늘께서 친히 실시간으로 저자 태황진 육신에 강세하시어 계신다.

천황님의 나라 민족궁전에서 행하는 어머니 입천, 천인합체, 신인합체, 도인합체, 생령입천, 천수장생, 천은보사 등 모든 행사는 천상황실과 신민들이 실시간으로 태상천 TV 방송채널을 통해서 지켜본다. 인간들, 조상들, 영혼들, 신들의 구원받는 모습들이 중계 방송된다.

여러분이 열심히 믿고 있는 종교는 죽음의 고행길이고, 천황님의 나라 민족궁전은 생명의 꽃이 피고 모두가 살아나는 기쁨과 행복의 길이다. 종교 안에서 찾고 있던 천상의 조물주 하늘께서 친히 강세하시어 주재하신다.

신인합체, 신인합일, 신명조화, 신인조화, 신비조화, 신 내림, 신의 세계에 관심이 많아 무속이나 신교, 도교에 다니는 사람들. 천상에서 내려온 신선선녀들. 영혼세계에 관심이 많고 천인합체, 천인조화, 천인합발을 하려는 사람들. 기독교와 천주교, 불교, 도교에 다니며 구원받아 극락, 선경, 천국, 천당으로 올라가려 혈안이다.

천상세계, 사후세계, 조상세계, 도인, 도통, 윤회에 관심이 많아 불교와 도교, 유교에 다니는 사람들은 태황제님과 태황후님의 기운을 받아야 할 사람들이다. 저자 태황진 신의 대통령을 만나야만 태황제님과 태황후님의 명을 받아 천상의 백성, 천인, 신인, 도인이 된다.

각자의 몸 안에 있는 조상들, 영혼들, 신들은 높고 높은 최고의 태황제님과 태황후님을 만나 천인이 되려면 종교 세계를 떠나야 한다. 구원과 죄 사면권, 천지만생만물에게 명을 내릴 수 있는 유일한 분이 하늘이시다.

인간 육신은 물론 조상들, 영혼들, 신들에게는 생사가 달린 문제이다. 구원과 영생 여부가 판가름나는 중차대한 일이다. 이제는 더 이상 종교에 머물지 말고 하늘의 화신, 분신, 현신인 태황진 신의 대통령을 찾아야 한다.

앞으로는 종교에 다닐 필요가 없어졌다. 지금까지 각자가 믿는 종교 사상을 내려놓고 하늘의 기운 따라 천황님의 나라 민족궁전으로 하루라도 빨리 들어와야 아픔과 슬픔, 고통과 불행, 불운과 비운에서 벗어날 수 있다.

여러분 인생사에 갑자기 일어나는 커다란 아픔과 슬픔, 고통과 불행, 불운과 비운은 여러분을 더 높은 단계의 태황제님과 태황후님께로 데려가시려는 선물이다.

여러분의 성격이 워낙 강하고 고집불통이라서 커다란 충격을 주지 않으면 영혼의 부모님이신 태황제님과 태황후님을 찾지 않기에 가장 소중한 가족의 목숨과 태산 같은 돈, 권력, 명예, 건강을 한순간에 잃는다.

당장 현실로는 억장이 무너지는 아픔과 슬픔, 고통과 불행, 불운과 비운이지만, 더 크게 행복해지기 위한 씨앗이다. 사랑은 눈물의 씨앗이고, 불행은 행복의 씨앗이다. 자만, 교만, 거만으로 잘남이 가득한 인간의 기운을 꺾어놓지 않으면 절대로 하늘, 신, 조상을 찾지 않는다.

이 땅에 내려온 영혼들은 허공중천 구천세계에서, 지옥세계 명부전에서, 종교세계 안에서, 자손의 몸 안에서, 말 못하는 천지만생만물로 태어나 윤회하면서 살려 달라고 울부짖는 조상님들을 구하러 온 사명자들이 많다.

천상에서 역모 반란이 실패하여 도망쳐 나온 자들도 많이 있다. 천상법도를 위배하여 쫓겨난 자, 태황제님과 태황후님께 항명하고 대적하여 재판받고 유배당한 자, 태황진 신의 대통령이 세우려는 천황님의 나라 민족궁전 건축을 도우러 내려온 자 등등 천차만별이다.

말 못하는 천지만생만물이 아닌 인간으로 태어난 것은 선택받은 것이 분명하다. 하지만 이번 생에 저자를 통하여 하늘이 내리시는 명을 받들어 조상입천, 천인합체를 행하지 못하면 천상으로 가는 길은 그 어디에도 없다.

인간세상은 천상으로 가는 구원의 시험장이다. 여러분은 처음부터 인간으로 태어난 것이 아니다. 천지만생만물로 태어나 윤회하다가 인간으로 왔다. 천상의 죄를 빌고자 수억만 년을 하늘께 빌고 빌어서 사람으로 태어났다. 그런데 지금 종교에서 무엇하고 있단 말인가?

여러분이 천지만생만물의 영장인 사람으로 태어난 이유는 한세상 잘 먹고 잘 살기 위해서가 아니라, 천상의 죄를 빌어 영들의 고향인 천상으로 돌아가기 위해서이다.

인간이 아니면 하늘이 내리시는 명을 받을 수 없다. 조상님을 구원하는 조상입천, 영혼들을 구원하는 천인합체, 신이 되는 신인합체, 생령들을 구원하는 생령입천을 완수하여 천상으로 돌아가기 위해서 사람으로 태어나게 해달라고 빌고 빌어서 이번 생에 태어났다.

태황제님의 명을 받아서 인간으로 태어난 사람들은 비록 생활이 넉넉하지는 않지만 명을 완수하기 위하여 조공과 천공을 마련해야 한다. 최선을 다해야 하늘이 내리시는 따뜻한 사랑을 독차지 하게 된다. 한 번뿐인 처음이자 마지막 인생길에 태황제님과 태황후님이 내리신 명을 완수하지 못하면 천상으로 영원히 돌아갈 수 없다.

하늘이 내리신 명을 완수하고 못하고는 각자의 자유이지만 명을 완수하지 못하고 죽으면 천생(天生), 전생, 현생에 지은 태산 같은 죄를 빌 수 없다. 자손과 후손들이 가문 대대로 죄를 물려받아 살아 있는 지옥세계의 삶을 살아가게 된다. 죄는 죽어서 비는 것이 아니다. 육신이 살아 있을 때만 저자를 통해서 하늘께 빌 수 있다.

하느님, 하나님, 예수님, 성모님 믿으면 코로나19 안 걸린다고 신부와 수녀, 목사들이 걱정 말라고 설교하였는데, 교인들이 코로나19로 엄청 많이 죽었다고 한다.

이로 인하여 코로나19가 수그러들어 마스크 해제하였어도 종교로 다시 돌아가는 교인들이 엄청 많이 줄어들어 운영 자체가 안 되어 문을 닫은 교회도 엄청 많다고 한다. 하나님, 예수님, 성모님 믿었지만 이들 교인들도 코로나19에 걸려서 귀한 목숨을 잃었다.

　관광명소 1번지인 살악산 입구 설악동과 강원도 고성 일대와 동해안을 끼고 있는 호텔, 콘도, 리조트, 모텔, 횟집, 음식점들이 초토화되어 문을 닫아 폐가로 변하였고, 여행업소들과 전국 노래방들이 폐업하였다.

　여러분 각자들의 인생이 아프고 슬프며 고통스럽고 불행한 것은 독자들이 하늘을 아프게 만들었기 때문에 그 댓가를 이번 생에서 똑같이 받고 있을 뿐이다.

　지금 중국에서 천갑산 돌연변이로 치사율 100% 바이러스를 개발하였다는데, 언제 어느 때 전 세계로 전파되어 공포의 세상이 열려 아비규환의 아수라장으로 변할지 예측 불허이다. 세계 각 나라에서는 실험을 당장 중단하라고 아우성들이지만 언제 유출될지 불안하다.

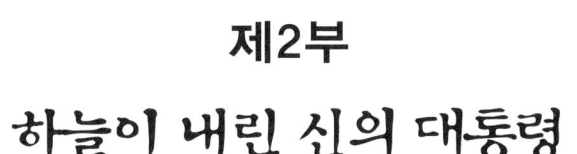

제2부
하늘이 내린 신의 대통령

신이 용이고, 용이 하늘이었다

저자 태황진 신의 대통령 태건당 총재 방상용에게는 60년 만에 다시 맞이하는 갑진년 푸른 청룡의 해라서 매우 뜻깊다. 70년을 기다려 갑진년에 출현하는 진사성인출(辰巳聖人出) 푸른 청룡은 누구인가?

수천 년 전부터 화가들이 꿈으로 보았거나 영감을 얻어 그린 대표적인 천룡들은 5룡인 청룡, 황룡, 적룡, 백룡, 흑룡으로 동서남북과 중앙의 방위를 가리키는데, 그 이외에 세상에 알려지지 않은 홍룡, 태룡, 은룡, 녹룡, 회룡, 감룡, 남룡, 자룡, 옥룡, 군룡 등도 있다.

용들마다 사람들처럼 이름이 있고, 왕과 대장군, 부대장, 분대장, 부대원 수하들로 구성되어 있다. 용들 이외에 반인반수 형상을 가진 영물들이 많다. 상반신은 사람이고 하반신은 동물과 상반신은 동물이고 하반신은 사람의 형상을 가진 반인반수 영물들이 있다.

신이라 불리는 존재는 인간화 모습을 비롯하여 용들과 반인반수 영물들이다. 용들과 영물들은 자유자재로 여러 동물의 형상으로 변신한다. 인간들이 신명이라 부르는 신들이 이처럼 천변만화의 조화를 부리는 용들과 영물들인데, 사람 몸으로 내려오면 말하며 대화도 한다.

수많은 영물 중에서 용이 가장 으뜸이다. 그 이유는 인류를 비롯한 삼라만상의 만생만물을 창조한 태초의 조물주 하늘이 용이시기 때문이다. 태황룡(太皇龍), 태상룡(太上龍), 황금색 용으로 용들의 주군이시다.

즉 천변만화의 조화를 부리는 용의 창조물이 대우주 행성들과 행성인, 인류, 신과 영들, 삼라만상의 모든 만생만물인 것인데, 인류는 종교 사상에 물들어 하늘을 인간 형상으로만 잘못 생각해 왔기에 바로 잡는다.

대우주를 창조한 조물주 하늘 거대 황룡의 크기는 수학 공식으로 환산이 불가할 정도로 어마어마하게 크다. 비교하자면 지구에서 북극성까지 거리보다 수천억 배 크기의 최상위 포식자 거대 황룡이다.

태초의 최상위 포식자 거대 황룡 절대자 하늘의 입에

물고 있는 여의주 크기의 30%가 자미우주 연방제국 크기이다. 지구보다 100만 구(억, 조, 경, 해, 자, 양, 구, 간, 정, 재, 극, 항하사, 아승기, 나유타, 불가사의, 무량대수 ×91만 배 광년) 광년 거리까지의 크기가 입에 물고 있는 여의주 크기이니, 거대 황룡 몸체 크기를 곱한다면 인간의 수학 공식으로도 풀어내지 못할 정도의 거대한 황룡이 태초의 조물주 하늘 용체 크기이시다.

조물주 하늘의 나이가 얼마라고 생각되는가? 숫자 단위는 억, 조, 경, 해, 자, 양, 구, 간, 정, 재, 극, 항하사, 아승기, 나유타, 불가사의, 무량대수, 대수, 업의 크기 순인데, 10,000배마다 단위가 바뀐다. 10,000억은 1조, 10,000조는 1경이다.

대우주의 최상위 포식자 거대 황룡 조물주 하늘의 나이는 2,000업(業)×700억만 배 살이고, 우주의 소행성을 처음 창조하기 시작한 때가 1,980업(業)×20억만 배 년 전이며, 태황진 신의 대통령 인간 육신 태건당 총재 방상용은 자미우주 연방제국 태상천 황실에서 탄생하여 지구 나이로 현재 14,921살이다. 지구 행성 창조 연대는 580억 23,478,913년 전이고, 지구에 생명체와 미생물 생성 (4계절 변화) 연대는 46억 98,680,000년 전이다.

옛날부터 용이란 단어를 엄청 많이 사용하면서도 현실에서는 존재하지 않는 상상의 영물이라서 미신으로 생각하는 사람들도 많다. 또한 기독교와 천주교 계통에서는 용의 형상이 뱀의 형상을 닮았다고 해서 사탄이라고 매도하며 부정하고 있다.

청나라, 원나라, 환국, 배달국, 단군조선, 고구려, 신라, 백제, 고려, 조선의 임금들이 왜 사탄으로 상징되는 용의 형상을 그린 용포를 입고 용상에 앉아 집무를 보았을까? 기독교인들과 천주교인들은 설명해 봐라.

무식하면 용감하다는 말이 딱 맞다. 태초의 조물주 하늘이 누구인지 쥐뿔도 모르면서 하느님, 하나님, 상제님, 부처님, 여호와(야훼), 석가님, 예수님, 성모님을 숭배 대상자로 열심히 받들어 섬기고 있다.

용을 사탄이라고 매도한 기독교와 천주교인들아~ 이 엄청난 죄를 어찌 감당하려고 함부로 용을 사탄이라고 매도하였더냐? 현생은 그럭저럭 살아가겠지만 죽음 이후 세상은 불지옥을 예약하고 살아가는 것이라네.

사람이 죽으면 불지옥도로 압송되고, 아니면 축생계와

만생만물로 태어나게 되어 있다. 지구 전체의 모든 종교가 영혼의 고향인 자미우주 연방제국 천황님의 나라 태상천으로 돌아가는 것을 방해하기 위하여 하늘의 반대파 악들이 종교를 세운 것이니, 어서 빨리 종교를 탈출해야 영혼의 고향으로 돌아갈 수 있다.

신(神)이 용(龍)이고, 용(龍)이 하늘(天)이라는 말 뜻이 이제는 조금 이해가 될 것이다. 대우주 최상위 포식자 거대 황룡이 태초의 조물주 하늘이신데, 하늘의 형상을 그림과 조형물로 표시한 것이 용(龍)의 형상이다. 즉 용이 독자들과 인류 모두의 영혼과 육신을 창조하신 어버이이며, 태초의 조물주 하늘이라는 뜻이다.

사람들은 뜻도 모르고 용의 그림을 가정이나 사무실, 음식점, 상가, 기업 회장실에 걸어 놓거나 조형물도 소장하는데, 그 이유는 용이 하늘이기에 용을 통해서 하늘의 기운을 받기 위함이란 진실을 최초로 알려 준다.

중국 서북부, 구이저우성 위칭에 만들어진 금빛 찬란한 황룡은 현재 세계에서 제일 크게 만들어진 황룡의 형상으로서, 세계 기네스 기록을 창조한 작품인데, 용의 총 길이는 999m, 용 머리 부분 너비는 6m, 높이는 4.5m, 용머리

부분만 무게가 1만 톤 이상으로 만들어져 큰 호수를 휘감고 있다. 중국인이 무엇 때문에 눈에 보이지도 않는 상상의 영물인 용의 형상을 수백억 들여서 왜 크게 만들었을까? 바로 하늘을 상징하는 것이 용의 형상이기 때문이다.

저자 사진을 책 표지와 뒷면에 공개하는 것은 세상을 지배 통치하시겠다는 의미이다. 거대 황룡 태초 하늘이 인간 모습으로 변신하였을 때 모습이 저자 표지 사진이다. 하늘이 지구의 주인, 인류의 주인, 우주의 주인이니까 주인 행세하겠다는 뜻이다. 하늘의 손에 독자들의 현생과 내생의 운명이 달려 있다.

왜 최상위 포식자 거대 황룡이란 별칭이 붙었는가 하면 모든 생명체를 창조하신 조물주이시지만 하늘을 분노케 하면 모두 잡아 먹힌다는 뜻으로, 대우주에서는 아무도 대적할 자가 없다는 의미이다.

자미우주 연방제국 천황님의 나라 태상천의 3황제, 재상, 제후, 대신, 천상신명들과 신민(백성)들도 공포와 두려움으로 벌벌 떨면서 살아갈 정도로 엄청 무서우신 분이 태초의 조물주 하늘이시다. 그런데 인간들은 하늘 무서운 줄 모르고 나 잘났다며 살아가고 있다.

제2부 · 하늘이 내린 신의 대통령　65

인류 최초로 밝혀지는 경천동지할 거대 황룡 조물주 하늘의 진실 앞에 많이들 놀랐을 것이다. 1999년 지구 멸망을 예언한 노스트라다무스가 말한 하늘에서 공포의 앙골모아 대왕이 내려온다는 예언은 최상위 포식자 거대 황룡 태초의 조물주 하늘이 육신적으로는 태황진 신의 대통령 태건당 총재 방상용이다.

대우주 최상위 포식자 거대 황룡의 기운이 갑진년을 맞이하여 태황진 신의 대통령 태건당 총재 방상용 육신에서 청룡의 기운이 분출되는 때가 2024년 갑진년 입춘절이다. 노스트라다무스가 예언한 1999년 지구 멸망이 빗나간 것이 아니라 25년 뒤 갑진년으로 늦추어진 것뿐이다.

지구와 인류의 운명이 생존이냐, 멸망이냐가 결정되는 중차대한 해가 올해 갑진년이다. 하늘이 인류를 심판하러 갑진년에 출세하시는 이유는 하늘을 사칭하고 있는 지구 전체의 종교를 멸망시키기 위함이다.

인류와 독자들의 영혼과 육신을 태초로 창조한 조물주 하늘이 천황님의 나라 민족궁전 인류 대황제 태황진 신의 대통령이시다. 태건당 총재 방상용 70세 을미생(男) 인간 육신으로 내려오시어 면류관, 목화신, 청룡포 옷을 맞추어 의관을 정제하시고, 세상에 앙골모아 공포의 대왕 청룡 대황제로 공식 출현하는 뜻깊은 날이 갑진년 2024년 2월 4일 입춘절 17:27 절기 절입시간이다.

말진사가 시작되는 갑진년 입춘절~! 인류 축제의 날이 될지, 지구와 인류 종말 최후의 대재앙이 시작되는 공포의 날이 될지 가슴 졸이며 모두가 지켜봐야 한다.

하늘을 사칭하는 악들이 세운 종교 때문에 인류가 결국 종말을 맞게 생겼다. 인류 종말을 막거나 늦추려면 종교를 탈출하여 천황님의 나라 민족궁전에 들어와서 악들이 세운 종교에 다니며 하늘의 반대파 악들인 숭배자들을 섬긴 죄를 빌어야 한다.

대한민국이 세계를 정복하여 지배 통치 국가로 부상하여 최고의 부자 나라가 되느냐? 아니면 날개 없이 추락하느냐는 국민 여러분의 선택에 달려 있다. 대한민국의 국운은 태황진 신의 대통령인 태건당 총재 방상용 70세 을미생(男) 인간 육신에 달려 있다. 조물주 하늘의 무소불위한 능력이 아니면 민생경제, 기업경제, 국가경제를 살리고 세계를 정복한다는 것은 상상조차도 못하는 허망한 일이고, 감히 꿈도 꾸지 못한다.

하늘이 내린 신의 대통령! 44년 전 선몽

이 한 권의 책이 출간되기 위하여 "봄부터 소쩍새는 그렇게 울었나보다." 하늘도 울고, 땅도 울고, 나도 울었다. 하늘 인생길은 고난과 눈물 없이는 이룰 수 없고, 교과서도 없는 황무지 하늘 길을 걸어왔다.

하늘의 높은 뜻을 영화나 유튜브 영상으로 전하면 이해도 잘 못하고, 기억에서 금방 잊어버리기에 하늘과 땅의 높은 진실을 책으로 집필하여 세상에 전하지 않으면 가슴에 또다시 원과 한이 쌓일 거 같아 처절한 심정으로 고뇌에 찬 마음을 달래며 집필하게 되었다.

44년 전의 너무나도 생생한 꿈이었다. 20대 중반으로 직장(본사 서울 중구 소공동 시청옆)을 다닐 때인 1981년도 2월 4일(수) 입춘 날 새벽 3시경에 선몽을 꾸었다. 꿈 내용은 살면서 들어본 적이 한 번도 없는 삼각형의 높은 산이었는데 이름이 "도솔산"이었다.

"도솔산 7~8부 능선쯤에 저자 신의 대통령 태황진이 칼라와 옷깃, 소매가 금빛으로 된 하얀 도포인 백룡포(白龍袍)를 입고 가부좌 자세로 앉아 있었다.

이때 천상에서 금빛 나는 금부처(보좌하는 천상신명으로 생각되는데, 살아 있는 사람 몸을 황금으로 씌운 모습) 두 분이 좌선의 자세로 가부좌하며 앞을 바라보고 앉아 있는 나의 좌우에 역시 가부좌 자세로 나란히 내려와 한 계단(30cm) 정도 낮게 내려앉았다.

백룡포를 입고 가부좌한 채로 정면을 향하여 바라보고 좌정하는 모습을 내가 5~6m 앞에서 내 자신을 지켜보는 생생한 꿈이었다. 백룡포를 입은 내 자신을 내가 바라보는 신기한 꿈이라 매우 놀랐다."

그리고 벌떡 일어나서 게슴츠레한 눈으로 시간을 보니 새벽 3시경이었다. 참, 이상도 하다. 도솔산은 어디에 있으며, 내가 왜 백룡포를 입고 가부좌 자세로 도솔산 7~8부 능선에 금부처 두 분이 나보다 한 계단 낮게 내려앉으며 보필받는 자세로 앉아 있는 것인지 의문이 꼬리를 물었다.

일단 도솔산이 어디 있는지부터 찾아야했다. 마침 안방 벽에 대한민국 남한 전도(지도)가 걸려있기에 떼어내서 훑어보아도 눈에 보이지 않아 30cm 자를 대고 전국 8도의 산 이름 지명을 찾아보았지만 없었다.

이때부터 가슴앓이를 하면서 도솔산과 백룡포 입은 나 자신의 모습이 하루도 잊혀지지 않았다. 이때부터 주변 지인들은 물론 난생처음 철학관, 보살, 무당들을 찾아다니며 꿈 내용과 "도솔산을 아시나요?" 물어보았지만, 아무도 도솔산을 아는 사람도 없었고, 꿈 내용을 해몽해 줄 사람도 만나지 못했다.

지금 같으면 도솔산 지명을 인터넷 검색하면 금방 찾을 수 있었겠지만, 1980년 12월 1일 칼라TV 방송이 송출되고, 1981년도부터 대기업에서 전산도입이 막 시작할 때쯤이라 일반 가정집에는 컴퓨터가 없었고 인터넷망도 활성화되지 않은 호랑이 담배 피우던 시절이라 도솔산을 찾지 못했다.

어느덧 15년의 직장 생활을 청산하고, 1999년 4월에 "하늘이란 무엇인가?"에 관심을 가지면서 강남 제일생명(현 교보생명) 뒤 건물 4층에 "도궁"이란 간판을 달고 하늘의 길로 입문하였다.

　이때가 강남역 우성아파트 5차에 살 때인데, 미륵도궁과는 직선거리로 1km였다. 잠이 깨어 새벽 2시경에 일어나 TV를 틀었더니 정규 방송이 모두 끝나 채널을 이리저리 돌리다가 불교방송에서 도솔산 선운사 사진과 함께 목탁 염불소리가 울려 퍼지고 있었다.

　야호~! 외치면서 숨이 멎는 듯하였다. 1981년도 선몽에 등장한 도솔산을 18년 만에 찾았기에 기쁨이 넘쳤고, 바로 방송국에 전화하여서 도솔산 선운사가 어디 있느냐고 물었더니 전북 고창에 있다는 것이었다.

　잠을 설치다가 일어나 바로 전북 고창 도솔산으로 출발하였다. 현대자동차에서 처음 출시한 에쿠스 리무진 4,500cc 서울 54로 1011(천일일 天一一)이었는데 신차 출고 순위가 전국 4위였다.

　도반 1명(1944년 갑신생)과 강남에서 출발하여 전북 고창 선운사까지 311km 거리인데 4시간 반 걸리는 것을 3시간 만에 도착하였다. 이때 당시는 과속방지 카메라가 없던 시절이라 경부고속도로와 호남고속도로에서는 차

없는 곳에선 200km 속도로 달렸다.

　전북 고창 선운사에 도착하여 경내를 둘러보고 도솔암이 있는 곳으로 올라가자 18년 전 꿈 선몽에서 본 도솔산이 거기에 그대로 있었다. 도솔암 주지를 만나 도솔산이 어째서 선운산으로 바뀌었는지 물어보았다.

　원래는 도솔산인데 1979년 12월에 도립공원으로 지정되면서 유명한 선운사 큰 사찰 이름을 따서 선운산으로 변경하였다고 했다. 선몽을 꾸기 1년 전에 도솔산이 선운산으로 변경된 지도였으니 찾을 수가 없었다.

　도솔산 선몽 꿈을 꾼 이후 아호가 도솔(兜率)이고, 나는 천상 자미원 북극성에서 내려왔기에 자미(紫微)와 태상천의 용이란 뜻의 태상용(太上龍)이란 아호도 쓴다. 도솔(兜率)은 미륵(천주, 도솔천황)이 살고 있다는 도솔천궁이라고 부른다는 것을 한참 후에 알았다.

　1981년 도솔산 선몽을 꾸고 18년 만인 1999년에 도솔산을 찾아냈고, 다시 26년의 세월이 흐른 뒤 44년만에 도솔산 7~8부 능선에 백룡포를 입고 가부좌를 틀고 앉아 있는 나의 모습이 무엇을 의미하는지에 대해 명쾌한 해답을 찾았는데, 참으로 놀라운 일이었다.

세계 인류 모두가 종교 안에서 애타도록 기다린 영혼과 육신을 창조한 태초 부모님, 대우주 창조주, 태초의 조물주 하늘, 절대자, 구원자, 구세주, 메시아, 재림예수, 정도령, 미륵불, 진인 하늘이 바로 나 자신이었다는 충격적인 내용이었다.

즉 하늘의 모습을 보여 준 것인데, 44년 만에 나 자신이 인류가 그토록 찾아 헤매던 하늘이란 귀한 진실을 찾아 내 무척 기뻤다. 하지만, 나의 가슴은 수많은 배신으로 갈기갈기 찢어져서 너무나도 아프다.

44년 만에 내 육신이 하늘이었다는 진실을 천신만고 끝에 찾아내었지만, 세상 사람들은 콧방귀 끼며 인정을 안 한다. "흥~! 하늘은 하늘에 있으시겠지 왜 인간 몸으로 내려오시느냐"고 비아냥거리며 조롱했다.

수많은 비기와 예언서에도 언젠가 때가 되면 하늘이 인간 육신으로 내려온다고 되어 있는데도, 막상 하늘이 강세하였다고 말하니까 못 믿겠단다. 억지로 믿으라고 강요할 필요도 없지만, 억울해서 이런 진실을 밝히려고 수많은 고민 끝에 다시 집필하는 것이다.

즉, 하늘은 이미 저자 태황진이 태어나는 순간부터 나의 육신으로 강세하시었지만, 때가 일러 1981년도에 꿈 선몽을 통하여 첫 숙제를 내려주시었고, 18년 만인 1999년도에 도솔산을 찾은 이후 다시 26년의 세월이 흐른 2023년 12월 중순에 정답을 주셨다.

태상천의 총비서실장이 태초의 조물주 하늘이신 태황제님의 특명을 받고 하강하여 1981년도 도솔산 꿈 선몽에 대한 자초지종을 상세히 설명해 주었다.

꿈속에서 백룡포 입은 내 모습을 내가 바라본 것이 바로 하늘의 모습이시었다고 전해 주라는 특명을 받고 태상천 태황제님의 총비서실장이 내려와서 부복하며 알려주어 44년 간의 궁금증 비밀이 모두 풀렸다.

독자들은 책 한 권 값만 내고 세상에서 들어보지 못한 천상의 귀한 진실을 알게 되는 행운아들이다. 이 책이 집필되기까지 무수한 고난의 시간이 있었고 70평생의 삶이 녹아 있는 귀한 책이다. **뼈가 다 녹아내리는 고난의 70년 인생길을 걸어온 끝에 마침내 하늘과 하나되었고, 하늘과 나의 원과 한이 조금이나마 풀리게 되었다.

경전 같은 교과서도 없는 하늘 길을 무불통신으로 하나하나 단계를 밟으면서 진실 하나를 찾아내기까지 6년, 18년, 20년, 26년, 30년, 44년, 70년의 세월이 걸린 피와 땀이 배어 있는 값진 신서이자 천서이다. 정답 없는 황무지 인생길을 걸으면서 온몸으로 겪고 찾아낸 태초 조물주 하늘의 진실이다.

자미우주 연방제국 천황님의 나라 태상천에 계신 태초의 조물주 하늘이신 천황님께서 태황진 신의 대통령 태건당 총재 방상용 육신으로 내려오시어 하나하나 세상에 알려지지 않은 하늘 공부를 시켜주시었다. 그리고 마침내 푸른 청룡이 알에서 깨어나는 갑진년 2월 4일 입춘절 17:27 『불효자는 웁니다』 책을 집필하여 세상에 출세하게 하시었다.

조물주 하늘께서 태황진 신의 대통령 육신으로 내리시어 세상에 출세하신다는 것은 이 나라에 엄청난 천복 반복을 쏟아 붓는 천재일우의 기회인데, 국민 여러분이 알아보고 기회를 잡을 것인지가 관건이다.

종교는 하늘을 알기 위한 기초 공부 과정

　　세상 사람들이 종교 안에서 또는 허공을 향하여 기도발원하며 찾아 헤매던 하늘은 이렇게 무명의 한 인간 육신으로 내리시었다. 하늘도 인간 육신 안에서 함께 힘난하고 고단한 일생의 삶을 살아가신 것이었다.

　　사람들은 하늘의 삶이 천하태평으로 근심 걱정 없이 편안하리라고 생각하겠지만, 인간들로 인한 온갖 배신의 상처로 얼룩진 가슴 아픈 상처뿐인 삶이었다. 오죽하면 "인간이 싫다 싫어" 노래를 부르셨을까? 인간 육신들과 영혼들을 창조한 태초의 부모이신데도 결국 당신이 창조한 자식들에게 가슴과 등에 칼이 꽂히는 배신을 당하며 볼 것, 못 볼 것 더러운 꼴 다 보시며 모진 고난의 세월을 감내하시며 나와 함께 살아오시었다.

　　세계 인류가 믿고 있는 수천 년의 역사와 전통을 자랑하는 전 세계의 불교, 원불교, 천주교, 기독교, 유대교,

이슬람교, 힌두교, 무속, 유교, 수련원 등 온갖 종교의 공통 분모는 영혼과 육신을 창조한 태초 부모님이신 하늘을 찾아 구원받는 것이었다.

이렇듯 종교를 믿는 것은 영혼과 육신을 창조한 태초 부모님이신 조물주 하늘을 알아보고 찾기 위한 기초 예비 공부하는 과정이었지 그곳이 구원받는 곳은 절대로 아니었다 하시며 오히려 불지옥 입문이라 하신다.

태초의 조물주 하늘은 이스라엘 땅에 여호와(야훼), 예수, 마리아, 인도의 석가모니, 사우디의 알라신, 마호메트(무함마드)의 육신으로 내린 적이 없으시며 지구에 저자 신의 대통령 태황진 인간 육신으로 강세한 것은 이번이 처음이자 마지막이라 하신다. 지구 행성에서 구원은 절대자 하늘이 신의 대통령 태황진 인간 육신으로 강세한 천황님의 나라 민족궁전에서만 이루어진다 하셨다.

때문에 일평생 다니던 종교를 졸업해야 한다. 그래야 구원의 문이 보이고, 하늘의 문이 열리게 된다. 하늘 공부를 하지 않았는데, 어찌 하늘을 알 수 있겠는가? 하늘이 뭐하는 분인지도 전혀 모르고, 하늘로부터 구원이란 자체도 모르며 돈과 재물, 권력과 명예, 행복과 쾌락만이 전부인 양 추구하며 세상 살다가 떠나는 사람들을 하늘이 구해 주실 하등의 이유가 없으시다.

수천 년의 역사와 전통을 자랑하는 화려하고 웅장한 거대 종교세계가 진짜인 줄 알고 줄을 서서 구원받기를 원하고 바라지만, 종교 안에서는 구원이 안 이루어진다. 자신이란 존재가 누구인지도 모르고, 천상에서 살다가 왜 지구에 태어났는지도 모르면서 어떻게 구원받아 천상으로 올라간다고 하는 것이던가?

천황님의 나라 민족궁전에 들어와 불지옥에서 고통받는 불쌍한 자기 어머니(조상님들)를 입천제 의식을 행하여 구해 주고, "나는 누구인가"를 찾는 천인합체 의식을 행해야 천상으로 돌아갈 수 있는 천인(天人)의 자격을 부여받아야 천상에 올라가서 영생을 누리게 해준다.

종교에 오래도록 다닌 사람들은 조상대대로 뼛속 깊이 종교 사상과 교리에 깊게 세뇌당하여 이해가 안 되기에 귀한 글이 눈과 귀에 들어오지도 않을 사람들이 많을 것인데, 그것 또한 시험이니 뛰어 넘어야 한다.

하늘로부터 선택받아 구원받는 것이 얼마나 어려운 일

인지도 모르고 어떤 종교든 믿으면 무조건 구원받아 극락, 선경, 천국, 천당으로 올라가는 줄 착각하고 있는 것이 모든 세상 사람들이다. 열심히 믿었다가도 한순간 배신으로 탈락하여 천상으로 올라간 조상들이 불지옥으로 떨어지고 가문이 몰락하는 자충수를 두며 공든 탑을 순간에 무너뜨리는 사람들도 많다.

 구원해 준 하늘과 땅, 저자를 배신하고 비난, 험담, 욕설, 조롱거리는 일은 자기 육신의 죽음보다 몇천 배나 더 무서운 끔찍한 일인 줄 몰라보고 살아가는 사람들이 너무나도 많다. 저자가 인류가 찾아다닌 하늘인 줄 몰라보고 배신하고 떠난 자들과 조상들은 불지옥에 떨어져 대성통곡하며 살려 달라 아우성치고 있다.

 -세계 정복-
 세계 각 나라를 공포와 감동으로 정복하여 지배 통치하면 엄청난 조공을 받아들일 것이기에 전국 지하철 국민 전체 단계별 무임승차로 전환. 시내버스 무료, 시외 버스료 50% 감면. 대학 교육까지 무상 교육 실시. 수능시험제도 폐지. 대학 입학 전면 허용하고 학점제 관리. 재산세, 소득세 폐지, 의료비 무료.

하늘이 정치하는 천상정치 시대 열려

이제까지 한국의 정치사를 보면 파란만장한 정치 역사였다. 독재정치, 군부정치, 문민정치, 검찰정치로 이어지고 있는데, 앞으로는 조물주 하늘과 신명들이 육신으로 내리시어 나라를 다스리는 천상정치 시대가 열린다.

이미 하늘이 다스리는 천상정치 시대의 주춧돌이 놓아지고 있기에 태건당이 2월초 창당된다. 인간들이 인간들을 다스리다보니 실수도 많고, 탈도 많고, 말도 많은 것이 끊이지 않으니 국민들은 불만이 폭발 직전이다.

그런데 마침내 조물주 하늘과 신명들이 직접 통치하시는 최후의 결단을 내리시었다. 저자 태황진 신의 대통령 육신으로 내리시어 이 나라 정치 역사를 바로 잡아주시겠다고 하신다. 인간의 능력으로는 풀 수 없는 민생경제, 기업경제, 국가경제를 살려주시는 세계 경제 활성화 프로젝트 가동을 계획하시고 시행을 앞두고 있으시다.

그래서 태황진 신의 대통령 기운을 받아 IQ 100조의 천상신명들을 하강시켜 함께 정치하면, 쓰러져 가는 대한민국의 민생경제, 기업경제, 국가경제를 빨리 살려내니 최우선 국가정책 사업으로 추진한다.

태황진 신의 대통령은 이 나라의 국가 자산 1호, 국가보물 1호이다. 인간, 영혼(생령), 신명(정신), 조상(사령)들이 원하고 바라는 소원을 이루어 줄 무한대의 무소불위한 신비의 모든 기운을 다 갖고 있기 때문이다.

우리 인류의 영혼과 육신을 창조하여 주신 태초의 부모님이시고, 대우주 행성들과 행성인들을 창조하신 절대자 하늘이시기에 불가능이 없으시며 전지전능한 창조의 신이시기에 무에서 유를 창조하신다.

이 세상에 종교가 자연적으로 모두 사라지는 이변이 일어난다. 태초의 조물주 하늘이 태황진 신의 대통령 인간 육신으로 내리셨기에 더 이상 보이지 않는 숭배자들을 받들며 섬길 필요성이 모두 없어지기 때문이다.

이 나라와 국민들이 태황진 신의 대통령 기운을 받으면 대한민국의 위상과 품격, 국격은 천정부지로 높아지고,

전 세계 인류와 국가 정상들이 상국으로 받들게 된다. 또한 신의 종주국, 세계 종주국 지위도 얻는다.

경제대국, 수출대국, 관광대국, 군사대국, 영토대국, 인구대국으로 급발전한다. 영적 강국으로 경제의 중심지가 되고, 천하세계가 우러러보게 된다. 아마도 전 세계에서 가장 잘사는 나라가 될 것이다.

모든 업종이 활황이 되도록 기업들을 살리고, 일자리 없어서 실직자로 노숙자 신세가 된 사람들도 모두 구제받아 일할 수 있는 정책을 우선적으로 펼칠 것이다.

국민들은 태초의 조물주 하늘 능력이 얼마나 무소불위하시고 대단하신지 자세히 알고 있는 사람들이 없고 추상적으로만 생각하고 있다. 하늘이 태황진 신의 대통령 인간 육신으로 내려오시었기에 지켜보면 알 것이다.

이 나라가 하루라도 빨리 경제 불황의 고통에서 벗어나려거든 태황진 신의 대통령 기운을 받아야 인생의 아픔과 슬픔, 고통과 불행, 경제 불황에서 벗어난다.

앞으로 조물주 하늘이 내린 태황진 신의 대통령 기운을

받아 IQ 100조짜리 천상신명들과 함께하면 국민 여러분의 삶이 천지개벽으로 바뀌게 되기 때문이다. 태초의 조물주 하늘의 기운이 내리는 국가 자산 1호, 국가 보물 1호인 태황진 신의 대통령 보호 아래 함께 살아가는 것이 가장 현명한 일이다.

세상에 널리 알려진 비상한 머리와 호감도 좋고 인지도 높은 기존 정치인을 지도자로 뽑으면 대한민국의 암울한 정치 역사만 반복될 뿐이다. 해방 이후 80년의 정치사를 보면 대통령들에 대한 불행한 미래가 보인다.

이제 갑진년 청룡의 해를 맞이하여 조물주 하늘이 다스리는 천상정치 시대가 본격적으로 도래했다. 국민들이 생각을 바꾸지 않으면 쓰러져 가는 나라를 다시 세우는 것은 불가능하다. 대통령의 권력과 기업인들 노력으로도 경제를 살려낼 수 없기 때문이란 것 잘 알 것이다.

천상설계도에는 대한민국의 모든 정치인들과 국정을 이끌어 가는 고위 공직자들 그리고 기업인들에게 IQ 100조짜리 천상신명들을 신인합체로 하강시켜 나라를 다스리고, 경제를 급 발전시켜 세계를 정복하고 지배 통치하여 조공을 받아내는 상국(上國)을 세우게 되어 있다.

국민들은 조물주 하늘이 내린 태황진 신의 대통령 존재를 알게 되면 환희의 박수 갈채를 보낼 것이다. 세상은 자연적으로 돌아가는 것처럼 보이지만, 조물주 하늘의 기운에 의해서 한 치의 오차도 없이 돌아간다.

민생경제, 기업경제, 국가경제가 더 파탄나도 좋다고 생각되면 지금처럼 대책없이 살아가고, 대한민국을 새로운 정치 역사로 바꾸려거든 태황진 신의 대통령과 함께 IQ 100조짜리 천상신명들과 신인합체해야 한다.

머리가 비상하고, 호감도 좋고, 인지도 높은 정치인, 그룹 총수들도 하늘과 땅의 기운을 막을 수 있겠는가? 제아무리 똑똑하고 잘난 인간들이라 할지라도 기후변화, 기상이변, 천재지변, 산불, 사건사고가 갑자기 일어나는 것을 막아낼 방법이 없다.

대한민국이 주변 다른 나라들보다 태풍, 폭우, 폭설, 홍수, 화산폭발, 지진, 쓰나미, 토네이도, 혹한, 혹서, 열돔, 가뭄, 산불 같은 대재앙이 적게 일어나고 있는 이유는 태황진 신의 대통령 기운으로 보호받기 때문이라는 것을 이제부터라도 알고 살아가야 한다.

기후변화, 기상이변, 천재지변, 괴질 바이러스가 자연적 발생하는 것으로 생각하겠지만, 천상신명들인 반인반수 영물들과 용들의 공무수행으로 일어나고 있다.

국내 경제와 세계 경제 흐름도 외형적으로는 인간들이 운영하는 것처럼 보이지만, 천상신명들의 공무수행으로 일어나고 있다. 전 세계 각 나라에서 일어나고 있는 전쟁 역시도 반인반수 영물들과 용들의 공무수행이다.

이 나라의 비상한 천재급 두뇌를 가진 대통령일지라도 천상신명들을 부르고 다스릴 수 없지만, 태황진 신의 대통령은 천상신명들을 자유자재로 부르고 다스리는 무한대 능력자이기에 신들의 주군이자 우주의 대통령이다.

상상의 세계로만 생각되었던 반인반수 영물들과 용들, 지옥대왕들과 저승사자들, 외계인들까지 불러서 대화할 수 있는 신비의 능력자이다. 또한 만생만물들이 가장 두려워하고 무서워하는 불지옥과 얼음지옥 세계를 창조한 당사자가 태초 하늘이신 태황진 신의 대통령이다.

지구의 자전과 공전, 태양과 달, 화성, 수성, 목성, 금성, 토성, 북극성, 북두칠성, 동두칠성, 남두칠성, 서두칠성과 그 외 우주의 모든 별들의 운행 역시도 조물주 하늘과 천상신명들이 한 치의 오차도 없이 운행하고 있다.

대한민국 국민들이 전 세계 최고의 부자 나라로 잘 살기를 바라고, 또한 이 나라에서 전쟁 일어나는 것을 막고자 한다면 천변만화의 무한대 능력을 가진 태황진 신의 대통령 태건당 총재 방상용과 함께해야 한다.

태황진 신의 대통령은 불가능이 없는 태초의 조물주 하늘 자체이고, 인류와 만생만물 모든 생명체의 영혼과 육신을 창조한 태초 부모님이며, 대우주를 통치하고 다스리는 무소불위한 절대권자이시다.

인간 대통령들은 태풍이 한반도로 상륙하여도 속수무책으로 당하며 막아낼 능력이 없다. 하지만 태황진 신의 대통령은 실시간으로 천상신명들을 불러서 태풍 진로를 변경하거나 열대성 저기압으로 변경할 수 있다.

인류가 두려워하는 모든 대재앙을 막아 줄 수 있는 전무후무한 태황진 신의 대통령 기운을 받아 나라를 다스리고 기업을 경영하면 이 나라의 경제가 살아나고, 남북통일과 동북 3성을 수복하여 영토 대국이 될 수 있다.

이제부터 태황진 신의 대통령과 함께할 전국 조직이 필요하다. 태건당이 2024년 2월 초에 창당된다. 자신의 인생을 발전시키고 민생경제, 기업경제, 나라경제를 살려내려거든 태건당으로 많이 입당하여야 한다.

국회의원, 대통령, 광역 및 기초단체장 및 의원, 교육감 후보들은 이왕이면 하늘의 기운을 받는 태건당에 입당하는 것이 좋다. 하늘의 가르침대로 정치하고, 그룹 총수가 기업을 경영한다면 나라도 발전하고 기업도 승승장구하는 이적과 기적이 일어난다.

조물주 하늘은 국내 경제뿐만이 아니라 환율, 금리, 유가, 수출입 국가교역, 세계 물가 등등 세계 경제를 실시간 천지기운으로 좌우하신다. 세계 각 나라의 전쟁도 주관하시기에 대한민국의 국가 안보 역시 하늘이 내려오신 태황진 신의 대통령 고유 영역이자 고유 권한이다.

대한민국이 부자 나라가 되느냐, 끝없이 나락으로 추락하느냐도 국민 여러분의 선택에 달려있다. 이제까지 인류 역사에 태초의 조물주 하늘이 인간 육신으로 내려오시어 정치한 역사는 전무후무하고 이번이 처음이다.

가난은 나라 임금도 구제 못한다는 말이 있지만, 그것은 인간 대통령의 한계 때문이다. 조물주 하늘 자체인 태황진 신의 대통령은 국민들을 금전 고통의 근심 걱정에서 모두 벗어나게 해 줄 수 있는 무한 능력자이다.

국민들이 살아가는 동안 금전 걱정, 질병 걱정하지 않고 살아가도록 복지천국을 만들어 줄 유일한 능력자가 태황진 신의 대통령이기 때문이다. IQ 100조짜리 천상 신명들이 신인합체로 하강하여 함께하는 능력있는 지도자로 뽑아야 한다.

태황진 신의 대통령이 내려주는 말을 따라하면 평생 괴롭히던 병마가 사라지는 이적과 기적이 시공간의 거리와 상관없이 전국적으로 일어난다. 예수의 이적과 기적은 태황진 신의 대통령 앞에서는 명함도 못 내민다.

그리고 대통령실 용산 이전으로 비워진 청와대 터의 원주인이 태황진 신의 대통령이다. 이제 때가 되어 원주인이 청와대로 입주할 날이 다가오고 있다. 청와대 터는 인간들을 다스리는 터가 아니라 세계 제왕(제후)들인 각 나라 대통령들을 다스리는 태황진 신의 대통령 터이다.

즉 신의 터에 인류의 수도가 들어설 터란 뜻이다. 태초의 조물주 하늘이 말진사 입춘절을 맞이하여 세상에 출현하는 것은 전 세계를 정복하고 지배 통치하기 위해서 인간 육신으로 내려와 태황진 신의 대통령이 된 것이다.

전 세계는 지각 변동으로 국가들이 하루아침에 흔적 없이 사라지거나 새로 생겨나는 대격변을 겪게 된다. 아시아 주변국들은 지각변동, 기후변화, 기상이변, 천재지변으로부터 조물주 하늘의 보호를 받기 위하여 태황진 신의 대통령을 찾아올 수밖에 없다.

즉, 목숨 부지하고자 살려 달라, 구해 달라며 머리 숙일 수밖에 없는 무서운 대재앙들이 일어나기에 자청해서 대한민국에 조공을 바치고, 연방제후국으로 귀속, 편입, 복속 절차를 밟게 되어 영토와 인구가 대폭 늘어난다.

지금 당장은 꿈만 같은 이상에 불과하지만 조만간 현실로 일어날 기분 좋고 흥미진진한 현실이다. 국민 여러분이 근심 걱정 없이 잘사는 세상, 전 세계 최고 부자 나라로 만들어 줄 태황진 신의 대통령 기운을 받는 IQ 100조짜리 천상신명들과 함께하는 정치인들과 기업인들이 최고의 승리자이자 최후의 성공자들이다.

기업인들과 국가공직자들은 모두 아이큐 100조짜리 천상의 고급신명들을 내려주어 보살펴 주게 할 것이다. 인간의 아이큐는 110 내외이지만 태황진 신의 대통령 명을 받고 하강하는 천상신명들은 대단한 능력자들이다.

천상신명들은 아이큐가 평균 100조 내외이다. 지능 높은 천상신명들이 인간 육신과 함께하면 두려울 것도 없고, 나라와 기업을 부흥 발전시키고 세계를 지배 통치하고 다스리는 일이 속전속결로 이루어진다.

그러면 기업들의 경제 활성화가 급속히 이루어져 일자리가 창출되어 자연적으로 개인발전과 국가발전으로 이어진다. 기업발전이 활성화 되려면 세계 경제가 활황이 되어야 하는데, 대우주를 다스리는 태황진 신의 대통령이 갖고 있는 무소불위한 신비 능력만이 가능하다.

태황진 신의 대통령이 누구냐고 궁금해 할 것인데, 태초의 조물주 하늘 인간 육신 자체를 말한다. 눈이 보이는 태황진 신의 대통령이 조물주 하늘이다. 사람들 눈에는 조물주 하늘이 보이지 않고, 들리지 않기에 눈에 보이는 태황진 신의 대통령을 만나는 것이 태초의 조물주이신 하늘의 대통령, 우주의 대통령을 만나는 것과 같다.

이 책을 읽어 보고 태황진 신의 대통령을 만난다는 것은 천하를 얻은 것과 진배없다. 이제 태황진 신의 대통령 자산가치가 얼마나 되는지 가늠이 갈 것이다. 국가 자산 1호, 국가 보물 1호임을 알아보는 자가 승리자이다.

대우주와 지구의 모든 생명체들의 영혼과 육신의 생로병사와 수명은 물론 천국과 지옥의 판결권도 태황진 신의 대통령이 갖고 있으니, 이 글을 읽고 공감하여 방문하는 독자들은 천복 만복을 받은 성공자들이다.

-정책 공약-
태건당은 서민들의 유일한 꿈인 복권 1등 당첨에 붙는 33%의 세금을 폐지하고 당첨금 전액 또는 10%만 공제하고 수령하게 하는 정책을 수립할 것이다.

미국의 파워볼이나 메가밀리언처럼 거액 당첨금을 수령하도록 1장당 5,000원짜리 복권을 발행하고, 추첨 방식도 일반볼 70개 중 5개 번호와 파워볼(메가볼) 25개 중 1개 번호를 맞추는 방식을 도입하여 미국처럼 주 2회 추첨하게 도입하고 당첨금 중 10%만 세금으로 납부하는 대박 복권을 도입한다. 이름하여 전 국민 낙찰계이다.

천풍을 일으킬 태건당 창당

　세상이 어떻게 돌아가고 있는지 TV 방송과 휴대폰 뉴스, 동영상, 유튜브, 신문, 인터넷 기사를 통해서 생생히 실시간으로 지켜보고 있을 것인데, 모두가 이제 정말 나라가 망하는 것이냐고 걱정하며 아우성들이다.

　대형건설사들이 올해만 40곳이 문을 닫았고, 10위권 내의 롯데건설, 태영건설, 코오롱건설이 부도위기설에 휘말리며 아파트 공사가 전국적으로 중단되었다. 분양가 이하로 아파트가 세일 매매되고, 집값 폭락으로 부동산 경기가 바닥인데도 계속 떨어지고 있다.

　대형 마트들이 줄줄이 문을 닫고, 전국적으로 음식점들과 자영업자들이 줄폐업하고 있으며, 동해안 횟집과 유명 호텔들과 관광 1번지인 설악동과 고성 알프스 리조트 단지, 모텔들이 코로나19 여파로 관광객들이 찾지 않아 몇 년째 폐가로 흉물스럽게 방치되어 있다.

서울 도심에서는 매주 토요일마다 여러 집회 시위가 끊이지 않고, 국회의원 총선 정국, 국힘당과 더불어 민주당 의원들의 탈당과 신당 창당 행렬, 쌍특검 문제가 화두이다. 민생경제는 나락으로 추락하고 위태로운 상황인데, 언제 불황의 터널을 벗어날지 예측 불허이다.

현재의 민생경제, 기업경제, 국가경제, 고물가 위기는 대통령이나 정부, 국회의원, 기업인들의 능력으로도 해결할 수 없는 난제들이다. 대한민국의 경기만 살려내는 것은 불가능하고, 세계 경제를 함께 살려내야만 이 나라의 국가경제가 살아나기 때문이다.

이 나라에서 아무도 세계 경제를 살려낼 만한 인물도 없거니와 그럴 능력도 없다. 난세의 영웅이 절실히 필요한 시기인데, 그 인물은 태초의 조물주 하늘이 강세한 태황진 신의 대통령 육신 태건당 총재 방상용이 유일하다.

지구 행성에서 무소불위한 신령스런 능력을 갖고 있는 천통군자, 신통군자, 영통군자, 의통군자, 도통군자로 불리는 태황진 신의 대통령 능력이라야 한다. 나는 창조의 신이고, 불가능이 없는 무소불위한 하늘 자체이기에 국가 자산 1호, 국가 보물 1호이다.

여당은 당대표가 7번 바뀌는 비대위 체제로 불안정하고, 쌍특검이 국회 표결에서 통과되어 재의결 여부를 묻는 입장이고, 야당 대표는 사법리스크와 당내 사퇴 압박으로 방송에 오르내리는 한 치 앞도 모르는 정국이다.

2024. 4.10 국회의원 총선으로 여·야 출마 후보들이 공천에서 탈락하여 어느 신당으로 가야할지 갈피를 못 잡고 있는 형국이다. 새로운당, 한국의 희망, 개혁신당, 미래대연합, 새로운 미래 중 어디로 가야 금배지를 달 수 있을까 저울질하고 있다.

기성 정치인들에게 해방 이후 지금까지 80년 동안 정치를 맡겨보았지만, 신통함은 하나도 없고 늘 그 나물에 그 밥으로 국민들이 식상하였다. 국힘당과 더불어민주당 그 어느 정당에도 찍을 후보도 정당도 없다는 무당층들이 늘어나 50%에 육박한다고 한다.

그래도 찍어야 한다면 시국에 맞는 당을 찍을 수밖에 없다. 이제까지는 순수한 인간 육신들이 정치하는 세상이었다면 앞으로는 태황진 신의 대통령이 이끄는 태건당이 2월 초에 공식 출범하는데, 태건당으로 입당하여 출마하는 것이 당선에 유리하다.

민심은 천심이라 하듯이 태초의 조물주 하늘이 강세한 태황진 신의 대통령 자체가 천심이다. 결과는 지켜봐야 하지만, 태건당 출마자들이 가장 많이 당선되어 원내 다수당이 되는 예측 불가의 이변도 일어날 수 있다.

태황진 신의 대통령은 하늘과 땅의 기운을 자유자재로 운영하기에 민심을 실시간으로 좌우하므로 충분히 가능한 일이다. 세상에 알려지지 않은 태건당(신당)이지만 천변만화의 이적과 기적이 일어날 수 있는 유일한 선택이 천풍, 신풍, 용풍, 지풍, 인풍을 일으킬 태건당이다.

국민들이 원하고 바라는 것이 무엇인지 해결해 줄 수 있는 무한 능력자이기 때문이다. 전국적으로 천풍, 신풍, 용풍, 지풍, 인풍이 불어닥치면 기존 정치인 출마자들은 민심의 심판을 받게 된다.

나는 천변만화의 천지조화를 일으키는 태초의 조물주 하늘 태상용(太上龍)이고, 앞으로 이 나라를 태황진 신의 대통령을 통하여 하늘이 다스려 나갈 것이기에 태건당으로 입당하는 충선 출마자들이 유리하다.

충선 출마자들은 남 50%, 여 50% 동등 비율로 전국 253

개 지역구에 출마시킬 예정이다. 태건당 소속으로 출마할 후보자들은 이력서와 자기 소개서를 이메일로 보내오면 1차 서류 심사와 면접을 실시한 후 공천자들을 발표할 것이다. th335588@naver.com

태황진 신의 대통령 뜻에 공감하는 총선 후보들과 독자들은 태건당으로 입당하여 함께해야 나라의 운명을 하루라도 빨리 바꾼다. 독자들은 책 내용에 공감하면 주변 지인들에게 널리 알려서 세력을 결집시켜야 한다.

2023년 12월 31일 등록된 정당이 50개인데, 이들 정당도 나름 어떤 목적을 갖고 창당하였겠지만, 국민들이 알지 못하는 군소 정당들이 대다수이다. 국민들에게 실질적으로 도움을 줄 수 있는 정당은 태건당이 유일하다.

하늘과 땅을 움직여서 망해 가는 이 나라 민생경제, 기업경제, 국가경제를 살려낼 수 있는 무소불위한 신령스러운 기운을 갖고 있기 때문이다. 즉 하늘의 능력이 태황진 신의 대통령 육신을 통하여 실시간 전국적, 세계적으로 분출되는 인류 역사에 전무후무한 태건당이다.

산 자들이나 죽은 자들이 천상으로 구원받으려 학수고

대하며 기다린 하늘이 태황진 신의 대통령이다. 하늘은 종교세계에 있지 않고 천황님의 나라 민족궁전에만 계신다. 하늘은 아무나 구하지 않으시기 때문이다.

용(龍)이 신(神)이고, 신(神)이 용(龍)이며, 용이 하늘이다. 하늘을 표현할 수 없어 용의 형상으로 보여 준 것이다. 신(神)의 대통령은 곧 용(龍)의 대통령이며, 하늘은 거대 황룡인 태상용(太上龍)이시다. 물론 인간의 모습으로도 자유자재로 변신하는 만생만물 창조의 신이시다.

대통령에 출마하는 후보들은 하늘께 선택받는 후보 즉, 태황진 신의 대통령 기운을 받아야 유리하다. 앞으로 욕먹는 대통령 직선제 이제 그만하고 임기 2년제 내각책임제로 개헌해서 국론 분열을 막아야 한다. 5년 단임 대통령제를 실시하면서 얼마나 국력을 낭비하였는가?

-정책 공약-
태건당은 선거제도 대폭 개선하여 안정적인 국정을 운영한다. 대통령 직선제 폐지하고 임기 2년 내각 책임제로 개헌하여 5년 단임 대통령제의 막강한 권력을 분산시키고, 대통령의 독단적인 국정 운영을 원천 봉쇄한다.

위대한 혁명가이자 세계 정복자

　천황님의 나라 민족궁전 태황진 신의 대통령이자 태건당 총재 방상용(方相龍)의 뜻에 공감하거든 당원으로 입당하여야 한다. 각자들의 야망만 이루는 것이 아닌 태초의 조물주 하늘의 뜻이 펼쳐지는 것이고, 국민 모두의 삶이 개벽하여 잘사는 일이다.

　인간 대통령들이 갖고 있지 못하는 하늘과 땅을 움직여 세상을 정복할 수 있는 무소불위한 천지기운을 갖고 있어도 쓰지 못하고 있으므로 혁신적인 국가 발전을 위해서 하늘이 내린 기운을 받아 통치하는 IQ 100조짜리 천상 신명과 신인합체한 정치 지도자[神人]가 필요하다.

　태황진 신의 대통령이 갖고 있는 무소불위한 능력을 국민 여러분이 전 세계에 널리 알리는 것이 국가적 이익에 부합하는 일이다. 예를 들자면 2023년 1년 동안 미국이 천재지변으로 입은 피해액이 122조 원이다.

인간 대통령의 능력으로는 아무도 천재지변을 막아낼 방법이 없기에 속수무책으로 당할 수밖에 없다. 북극의 한랭 기류 남하로 인한 극심한 한파, 온난 기류로 인한 열돔 현상, 허리케인, 폭우, 토네이도, 지진, 가뭄, 산불 등으로 피해 입는 것을 막아 줄 수 있는 능력을 갖고 있다.

이 나라에 매년 조공을 바치면 천문학적인 피해를 막아 주는 조건을 협상하는 일을 하기 위한 협상 전문가들이 필요하다. 세계 각 나라에서 일어나는 천재지변 역시도 국가별로 조공을 바치면 천재지변 피해를 최소화 해 줄 수 있기에 협상의 대상이 된다.

첫째는 국내적으로는 민생경제, 기업경제, 국가경제를 살려내서 국민 모두를 잘 살게 해주기 위함이다.

둘째는 세계를 정복하여 각 나라로부터 조공을 거두어 들이기 위함이다. 경제대국, 수출대국, 관광대국, 군사대국, 영토대국, 인구대국을 만들어 국민 1인당 총소득 GNI를 현재 3만5천 불에서 30만 불~50만 불 시대를 달성하여 복지천국을 만들 수 있다.

셋째 80년 동안 인간 대통령에게 통치를 맡겨왔는데,

얼마나 많이 실망해왔는가? 머리 비상하고 말발 좋은 대통령들을 뽑아서 무엇하겠는가? 하늘의 기운이 하나도 없기에 이제부터 한 번도 가보지 않은 길인 하늘이 직접 통치하는 천상정치 시대를 처음으로 도입하여 국정을 안정시키고 국민의 삶을 획기적으로 바꾸어야 한다.

넷째 예언 속에 전해 내려오는 신의 종주국, 세계 종주국의 예언을 이룰 수 있는 유일한 희망이 천황님의 나라 민족궁전 태황진 신의 대통령이다. 위대한 혁명가이자 세계 정복자가 될 것이니, 광명의 신 태무진(칭기스칸)보다 더 대단한 세계 최고의 영도자 위상을 갖고 있다.

이것이 현재는 꿈만 같은 이상인데, 꿈은 이루어지게 되어 있기에 이제 세계를 정복하는 천지대공사만 집행하면 된다. 천재지변을 막아주고 조공을 받지 않더라도 천황님의 나라 민족궁전이 신의 종주국이기 때문에 세계 종교가 멸망하므로 자연적으로 세계의 중심국으로 부상한다.

각 나라들이 태황진 신의 대통령의 보호를 받고자 귀속, 편입, 복속 절차를 밟아 대한민국의 문화를 받아들이고 상국(上國)으로 받드는 국가들도 생겨난다.

그러니까 이 나라에 태황진 신의 대통령 위상과 품격이 얼마나 대단한지 국민 모두가 알아야 한다. 국민들이 국가 자산 1호, 국가 보물 1호를 몰라보았던 것이다.

정치에 물들지 않은 참신한 태황진 신의 대통령 태건당 총재 방상용이 추구하는 천상정치를 접목시켜 국가의 운명을 송두리째 바꾸어야 한다. 세계 정복은 태황진 신의 대통령 혼자하는 것이 아니라, 태건당에 입당하는 정치인들과 국민 여러분이 함께해야 이루어질 수 있다.

억지로 태황진 신의 대통령이 이끄는 태건당에 입당하라고 강요하거나 구걸하는 것이 아니다. 국민들이 태건당의 정책에 공감하는 여론이 전국적으로 형성되어 함께해야 위대한 세계 정복자 국가의 꿈을 현실로 이룬다.

태초의 조물주 하늘과 태황진 신의 대통령 태건당 총재 방상용과 함께하는 정치인들과 기업인들, 국민들은 이제까지 경험해 보지 못한 새로운 세상을 맞이할 것이다.

인간 대통령의 힘으로도 어쩌지 못하는 쓰러져 가는 나라를 살려내기 위해서는 신생 정당이지만 태건당으로 많은 정치인들과 국민들이 입당해야 한다. 조물주 하늘이 태황진 신의 대통령 육신으로 내려서 세계를 정복하는 위대한 정복자 국가로 거듭나야 한다.

조물주 하늘의 무소불위한 대능력을 국민들을 위해서 펼쳐보겠다고 하신다. 하지만, 어디까지나 다수의 정치인들과 국민들이 대거 태건당으로 입당해서 세력을 키워야 세계 정복자 국가의 꿈을 현실로 이루어낼 수 있다.

청와대 터가 옛날부터 신의 터로 알려져 역대 대통령들이 모두 불행한 일을 겪었다. 청와대 터는 태황진 신의 대통령이 들어설 때가 도래하였다. 하지만 국민들이 대다수가 바라고 원해야 한다. 앞으로 조물주 하늘의 기운만이 대한민국을 전 세계 최고의 위대한 국가로 만들어 천하세계를 호령하며 다스릴 수 있다.

나라가 잘 되려면 대기업과 중소기업, 자영업자들의 투자와 급속 발전이 있어야 한다. 이들 모든 업종을 활황으로 이끌어줄 보이는 능력자가 태황진 신의 대통령 태건당 총재 방상용이다.

이들 모든 사업가들이 타고난 머리가 있으나 국제적인 경기 불황 여파와 운세가 따르지 않는 것도 있다. 하지만 하늘이 내리는 기운을 받지 못하여 거대한 사업계획은 있으나 많은 변수로 차질이 생겨서 어려움을 겪고 있다.

이 나라의 모든 대기업과 중소기업, 자영업자들은 물론 개인들에게도 한 가지 특급비밀을 알려 준다. 인생길이 열심히 노력만 한다고 잘 풀리는 것이 아니라 하늘이 내리는 기운에 의해서 성공과 실패가 좌우된다.

그래서 사업이 잘 되는 기운 받으려고 명산대천을 다니고, 종교를 찾게 되는 것인데, 조물주 하늘이 내리시는 좋은 기운은 태황진 신의 대통령 육신을 통해서 실시간 분출되고 있기에 기운 받으려고 명산대천이나 종교에 기도하러 다니지 않아도 된다.

사업이 안 되는 이유는 여러 가지가 있다. 첫째는 자신들의 부모 조상님들과 온갖 이름 모를 귀신들이 몸 안에 들어와서 함께 동고동락하며 살아가고 있기 때문이다.

또한 부모 조상님들이 너무 힘들어 좋은 곳으로 보내달라고 조상 풍파를 주기에 어머니(조상)입천제 의식을 행하여 천상으로 보내드리고, 사업과 인생을 방해하는 귀신들은 정기적으로 퇴치를 해주어야 한다.

두 번째는 자신의 영혼(생령)이 이번 생에 천인합체 의식을 행하여 구원 못 받으면 영혼의 고향인 천상 태상천으로 돌아갈 수 없기 때문에 온갖 고통을 주어서 자신의 존재를 알아주고 살려 달라, 구해 달라고 울부 짖으며 사업과 인생을 방해하고 있기 때문이다.

세 번째는 하늘이 내려주시는 기운을 받아야 하는데 사람들은 어떻게 받는 것인지 모른다. 자신의 신명들이 기운을 받아 주어야 하는데, 능력이 부족하여 하늘의 기운을 받지 못하는 경우이다. 천상에는 각 업종 분야마다 지능 높은 1인자 신명들이 존재하고 있다.

천상신명들은 아이큐가 100조 내외인데, 자신의 사업 분야에 맞는 고지능의 신명들과 신인합체를 행함으로서 인간의 능력 플러스 천상신명의 능력으로 사업을 이끌어 간다면 금상첨화이고 사업이 대성할 수 있다.

아이큐 100조짜리 천상신명들과 신인합체를 행하는 것은 사업 분야뿐만 아니라 정치인, 스포츠 전 종목 프로 선수, 가수, 배우, 탤런트, 과학자, 물리학자에 이르기까지 분야별 1인자 신명과 신인합체를 행하면 천상신명의 도움으로 세계 1인자가 될 수 있다.

국내경제, 세계경제가 불황이라고 탓할 필요가 하나도 없다. 하늘의 명을 받아 신인합체하여 아이큐 100조짜리 신명들과 함께하면 남들은 불황에 허덕이며 벗어나지 못해도 합체한 신인들이 운영하는 기업들은 불황을 타지 않을 정도로 신비함이 무궁무진하다.

그래서 운칠기삼이란 말이 있듯이 운이란 부분이 차지하는 비율이 7이고 기술이 3이란 뜻인데, 운의 7이란 것이 천상신명들이고 기술 3은 인간 육신의 노력이란 뜻이다. 그러므로 인생의 성공자, 승리자가 되려거든 세 가지 절차를 차례대로 밟아야 한다.

-정책 공약-
태건당은 1명의 실직자도 없도록 민생경제, 기업경제, 국가경제를 급부상 발전시켜서 나이에 상관없이 건강한 노동력만 있으면 남녀노소 누구든 90살이 넘어서도 일할 수 있는 일자리를 만들어 주는 정책을 수립할 것이다.

-세계 정복 프로젝트 참여-
노후 연금 1인당 500만 원을 받는 복지천국을 세우려면 수많은 정치인들과 국민들 모두가 태건당으로 입당하여 세계 정복 프로젝트에 참여하면 현실로 이루어진다.

하늘이시여 살려 주세요

　공짜로 얻어지는 것은 없다. 자신들이 행하고 뿌린 대로 거둔다. 대기업, 중소기업, 자영업자, 개인들까지 자신들의 인생은 세 가지 절차를 밟고, 끊임없이 노력하며 개척해 나가야 남들보다 크게 성공한다.

　그리고 지금은 육신이 살아 있으니까 돈돈돈 타령하며 권력과 명예를 최고로 거머쥐려고 물불 안 가리지만, 육신이 죽어 눈을 감으면 목숨처럼 여겼던 태산같은 돈과 재물, 권력과 명예는 한순간에 사라져 남의 것이 된다.

　살아서는 영혼과 육신을 태초로 창조하신 조물주 하늘이 안 보이지만, 육신이 죽으면 살아서 목숨처럼 믿었던 숭배자들은 온데간데없고, 목이 터져라 외치며 찾는 것은 오로지 영혼과 육신을 태초로 창조한 부모님이신 태초의 조물주 하늘밖에 없다.

"하늘이시여 살려 주세요, 하늘이시여 구해 주세요"
육신 살아서는 조물주 하늘이 태황진 신의 대통령 육신으로 내려오셨다고 알려주어도 개무시하고 종교 숭배자들만 믿다가 죽으면 불지옥으로 떨어진다.

사후세계에 들어가니 살아생전 자신들이 믿던 숭배자들이 하나도 안 보이니까 당황하고 뒤늦게 후회하며 진짜 하늘을 몰라보았다며 살려 달라고 아우성들을 치고 있는 것이 이미 죽은 자들 모두의 사후세계 모습들이다.

지금 종교에 열심히 다니는 사람들은 극구 부정하며 그럴 리가 없다고 무시하고 부정할 테지만, 그 진실은 얼마 안 가서 곧 모두에게 현실이 된다. 사후세계의 진실을 전해 줄 뿐이고 독자들이 믿던 말든 각자들의 자유이다.

이 세상에서 최고 성공자, 최고 출세자, 최후의 승리자는 태황진 신의 대통령과 함께하여 조물주 하늘이 내리시는 명을 받들고 살아가는 것이다. 그 이유는 인간세상의 삶 자체가 진짜 조물주 하늘을 알아보느냐를 판별하는 구원의 시험장이기 때문이다.

독자 여러분의 인생 열차가 오늘 멈출지, 내일 멈출지

모르고 앞만 보며 살아가고 있지 않은가? 육신의 죽음 이후 무서운 사후세상이 존재하지 않는다면 언젠가는 모두가 죽어야 하는 육신의 죽음이 왜 두렵겠는가?

사람들은 언젠가는 죽을 것인데 하면서 죽음이 전혀 무섭지 않다고 큰소리 땅땅 치는 사람들이 의외로 많이 있지만, 무서운 사후세계 지옥도의 고통이 어떤 것이 있는지 전혀 모르기 때문이다. 무식하면 용감하다는 말처럼 육신의 죽음을 아무렇지 않게 단순히 받아들인다.

지구인들만을 위한 지옥이 아니라 우주 행성인들과 동물령들까지 함께 수용하는 불지옥, 얼음지옥, 칼날지옥, 펄펄 끓는 기름지옥은 기본이고 수백억 개의 형벌이 집행되는 온갖 지옥도가 존재하고, 1개 지옥도에서 수천 년 동안 형벌을 받은 뒤에 다음 지옥도로 이송된다.

인생은 고작 100년 내외의 삶으로 끝이 나면 여러 지옥도에서 수천 년 동안 형벌을 받은 뒤에 말 못하는 축생계로 환생 윤회 과정을 거치게 된다. 이런 끔찍한 지옥도를 면하게 해주는 곳이 천황님의 나라 민족궁전이다.

태황진 신의 대통령은 올해가 칠순이다. 인생 칠십 고

래희라고 한다. 70세를 살기 힘들다는 뜻인데, 잘 살든 못 살든 70세 전에 죽은 사람들이 얼마나 많겠는가? 지금 이 책을 읽고 있는 사람들은 마지막 천운이 열린 사람들이다. 책 내용을 100% 받아들일지 여부가 자신의 현생과 내생의 사후세계 운명이 좌우된다.

갑진년 2월 4일 입춘 절입시간 17:27에 푸른 청룡이 알에서 깨어나는 시간이다. 즉 청룡의 기운으로 온 세상을 뒤덮는 천지개벽이 시작되는 날이다. 노스트라다무스가 예언한 공포의 앙골모아 대왕이 하늘에서 내려온다는 예언의 주인공이 청룡인 태황진 신의 대통령이다.

왜 앙골모아 공포의 대왕이라고 예언하였는지는 지켜보면 알게 될 것이다. 초진사, 중진사, 말진사가 있는데, 2024년 2월 4일 17:27 입춘절이 말진사가 시작되는 절입시간이다. 말진사는 지구에서 마지막 용띠 해와 뱀띠 해라고 하여서 말진사라고 부른다.

말진사에는 천지가 상전벽해로 개벽한다고 되어 있다. 지구가 멸망 수준에 이를 정도로 인류가 거의 다 죽고 일부만 살아남는다고 한다. 지구 리셋으로 새로운 인류 역사가 시작되느냐, 아니면 개미새끼 한 마리 살지 못하는 불모지 황무지 행성으로 변하느냐가 결정되는 중차대한 시기인데, 7년~12년 동안 지구의 운명이 결정난다.

지구 운명의 결정권자가 영적으로는 태초의 조물주 하늘이시고, 육신적으로는 하늘이 내리신 청룡인 인류 대황제 태황진 신의 대통령 태건당 총재 방상용이다.

저자가 천상의 태상천에서 지구 공무수행을 위하여 15번째로 마지막 환생 윤회한 별이 지구 행성이다. 그런데 공교롭게도 윤회 환생했던 14개 행성들 중 일부는 나의 기운으로 기존 행성인들이 모두 죽고, 다른 외계 행성인들이 이주해서 살아가는 리셋 행성이 되었다.

또한 다른 나머지 행성들은 소행성 충돌로 완전 멸망시켜 생명체가 살지 못하는 황무지 행성이 되었는데, 그 이유는 모두가 종교 숭배자들을 믿었기 때문이었다.

"불효자는 웁니다" 이 책이 지구와 인류의 운명을 가르게 된다. 첫째 보존, 둘째 리셋, 셋째 멸망. 이 세 가지 옵션 중에서 어느 쪽으로 판가름하여 결정할지 중차대한 시험지 책이 "불효자는 웁니다"이다.

첫째 보존은 각 나라마다 국지적인 천재지변은 일어나지만 현재 상태를 유지하는 것이고, 둘째 리셋은 극이동으로 지구의 축이 바로서는 상전벽해가 일어나 각 나라의 화산이 폭발하고 대륙이 침몰하는 일이다.

미국의 옐로우스톤, 일본의 후지산, 북한의 백두산, 일본과 필리핀 중간 마리아나 해구 해저 화산 폭발과 세계적인 대지진 발생이다. 1만 년 전 바닷속으로 가라앉은 무대륙, 아틀란티스 대륙이 다시 수면 위로 솟구쳐 떠올라 인류의 대다수 90%가 사망하는 대재앙이다.

셋째 멸망은 인류와 모든 동식물 생물체의 동시 멸종이다. 소행성 충돌, 태양폭풍, 오존층 파괴로 풀 한 포기, 개미 새끼 한 마리도 살지 못하는 불모지 황무지 행성으로 화성처럼 변하거나, 블랙홀에 빨려 들어가 행성 자체가 먼지처럼 사라지는 시나리오가 계획되어 있다.

세 가지 시나리오 중에서 독자 여러분은 어떤 상황이 전개되기를 바라는가? 대다수가 지구와 인류의 보존을 바라고 있을 것이다. 그러나 이것은 꿈만 같은 일이다. 내가 윤회 환생하였던 14개의 다른 행성들도 종교 숭배자들 때문에 행성 리셋과 행성 파괴로 멸망시켰는데, 종교 백화점이 되어버린 이 지구에서 이것이 가능할까?

태황진 신의 대통령은 지구 행성과 인류를 심판하러 온 앙골모아 공포의 대왕인 청룡이다. 2024년 2월 17:27에 알에서 깨어나 종교에 빠진 세계 인류를 심판할 것인데, 리셋과 멸망 둘 중에 하나로 결정된다. 대재앙에서 살아남을 십승지가 천황님의 나라 민족궁전뿐이다.

리셋과 멸망 중에 어느 쪽으로 결정되더라도 육신 살아생전 하늘이 내리시는 명을 받고 죽어야 불지옥도에 떨어지지 않는다. 내일 죽을지라도 오늘은 하늘이 내리시는 명을 받아야 끔찍한 불지옥도를 면할 수 있다.

이것이 독자들에게 마지막으로 하늘이 내려주는 자비의 선물이다. 인생의 마지막 날이 오늘일지 내일일지 아무도 장담할 수 없다. 결국 인류 모두는 죽음을 맞이하는데 사후세계를 어디로 가느냐가 가장 중요하다.

종교가 송두리째 무너지는 핵 지진이 일어났다! 종교 탈출해야 현생과 내생을 보장 받는다. 이제라도 한 번 쯤은 진지하게 자신이 믿는 종교 숭배자들이 진짜인지 가짜인지 검증해 봐야 하지 않을까?

조물주 하늘을 찾는 비결 공개

지구에 인류가 태어나고부터 궁금증 속에서 살아가면서 해법을 찾으려고 혈안이 되어 있다. 명산대천으로 기도하러 다니거나, 온갖 종류의 종교를 찾아다니면서 자신이 얻고자 하는 하늘에 대한 해답을 찾으려고 한다.

생명체가 아닌 무생물인 온갖 사물로도 영혼들이 태어나는데 그곳이 바로 지구 지옥도이다. 신과 영혼들이 생명체로만 태어나는 것이 아니라 온갖 종류의 사물로도 태어난다는 말은 난생처음 들어볼 것이다. 자신들이 천상에서 지은 죄업의 크고 작음에 따라서 감옥 행성인 지구에 인간, 축생, 사물로 태어난다.

여러분 독자들 인간 육신과 영혼, 신명, 돌아가신 부모 조상님, 애완동물, 가축, 짐승, 조류, 어류, 파충류, 곤충, 벌레, 식물, 잡초, 나무, 바위, 돌멩이, 모래알, 흙, 보석, 시계, 안경, 돈, 자동차. 전자제품, 휴대폰, 옷, 신발, 곡식, 야채, 과일, 꽃, 책상, 의자, 컴퓨터, 그림, 형상, 생활 집기, 비품 등등으로 태어난 모든 신과 영들이 가장 궁금히 여기는 내용들을 간추려보았다.

01. 영혼과 육신을 창조한 조물주 하늘은 계실까?
02. 하느님을 믿는데 구원받을까? 가짜면 어떡해?
03. 하나님을 믿는데 구원 못 받으면 어떡해?
04. 조물주 하늘은 어디가면 찾을 수 있을까?
05. 조물주 하늘은 어디가면 만날 수 있을까?
06. 조물주 하늘을 알아보는 방법은 무엇일까?
07. 조물주 하늘이 인간 육신으로 내려오셨을까?
08. 내가 믿는 부처님이 나를 구원해 주나?
09. 내가 믿는 석가모니 부처가 나를 구원해 주나?
10. 내가 믿는 아미타불 부처님이 나를 구원해 주나?
11. 내가 믿는 비로자나 부처님이 나를 구원해 주나?
12. 내가 믿는 관세음보상님이 나를 구원해 주나?
13. 내가 믿는 지장보살님이 나를 구원해 주나?
14. 내가 믿는 문수보살님이 나를 구원해 주나?
15. 내가 믿는 보현보살님이 나를 구원해 주나?
16. 내가 믿는 천지신명님이 나를 구원해 주나?
17. 내가 믿는 옥황상제님이 나를 구원해 주나?
18. 내가 믿는 환인천제님이 나를 구원해 주나?

19. 내가 믿는 환웅천황님이 나를 구원해 주나?
20. 내가 믿는 단군천황님이 나를 구원해 주나?
21. 내가 믿는 도교 구천상제님이 나를 구원해 주나?
22. 내가 믿는 도교 증산상제님이 나를 구원해 주나?
23. 내가 믿는 도교 옥황상제님이 나를 구원해 주나?
24. 내가 믿는 도교 인존상제님이 나를 구원해 주나?
25. 내가 믿는 여호와(야훼)가 하느님이 맞을까?
26. 내가 믿는 여호와(야훼)가 하나님이 맞을까?
27. 내가 믿는 예수님이 나를 구원해 주나?
28. 내가 믿는 성모님이 나를 구원해 주나?
29. 내가 믿는 알라신이 나를 구원해 주나?
30. 나는 누구인가?
31. 나는 어디서 왔을까?
32. 나는 죽어서 어디로 가는 것일까?
33. 나는 왜 축생이 아닌 사람으로 태어났을까?
34. 나는 왜 사람이 아닌 소로 태어났을까?
35. 나는 왜 사람이 아닌 개로 태어났을까?
36. 나는 왜 사람이 아닌 닭으로 태어났을까?
37. 나는 왜 사람이 아닌 돼지로 태어났을까?
38. 나는 왜 사람이 아닌 고양이로 태어났을까?
39. 나는 왜 사람이 아닌 원숭이로 태어났을까?
40. 나는 왜 사람이 아닌 새로 태어났을까?

41. 나는 왜 사람이 아닌 물고기로 태어났을까?
42. 나는 왜 사람이 아닌 벌레로 태어났을까?
43. 나는 왜 사람이 아닌 뱀으로 태어났을까?
44. 나는 왜 사람이 아닌 곤충으로 태어났을까?
45. 나는 왜 사람이 아닌 산천초목으로 태어났을까?
46. 나는 왜 사람이 아닌 전자제품으로 태어났을까?
47. 나는 왜 사람이 아닌 자동차로 태어났을까?
48. 나는 왜 사람이 아닌 나무로 태어났을까?
49. 나는 왜 사람이 아닌 돌로 태어났을까?
50. 나는 왜 사람이 아닌 모래알로 태어났을까?
51. 천상세계가 실제로 존재할까?
52. 지옥세계가 실제로 존재할까?
53. 귀신세계가 실제로 존재할까?
54. 영생을 누릴 수 있을까?
55. 나는 이번 생에 구원받을 수 있을까?
56. 나는 언제까지 살 수 있을까?
57. 나는 다음 세상에 무엇으로 태어날까?
58. 나는 천상세계로 올라갈 수 있을까?
59. 나는 지옥세계를 면할 수 있을까?
60. 지구 종말, 인류 멸망이 정말 올까?
61. 나는 단명할까, 장수할까?

사람들, 축생들, 사물들로 태어난 모든 신과 영들이 가장 궁금히 여기는 의문점들이다. 지옥별 지구에 태어난 자체가 천상에서 죄를 지어 벌을 받았기 때문이다.

귀소본능(歸巢本能), 회귀본능(回歸本能)이란 동물이나 어류(연어)가 원래 태어난 곳으로 다시 되돌아오는 본능적 성질이다.

인간, 영혼, 신명, 조상들인 인류가 보이지도 않고 들리지도 않는 조물주 하늘을 왜 그리 열심히 찾고 있는 것일까? 그리고 왜 천상으로 돌아가려고 혈안이 되어 있는가? 이것이 바로 귀소본능, 회귀본능 때문이다.

육신을 낳아주신 부모는 모두가 알고 있다. 아무도 가르쳐준 적이 없지만 사람들은 자신의 육신과 영혼을 태초로 창조해 주신 육신과 영혼의 태초 부모님이 어딘가에 계실 것 같은 생각을 하며 살아간다.

그래서 무의식적으로 그 분이 조물주 하늘일 것이라고 믿어지기 때문에 본능적으로 어떤 기운에 이끌려 조물주 하늘을 그리워하면서 온갖 종교를 다니며 육신과 영혼의 태초 부모님을 찾으려고 혈안이 되어 있다.

조물주 하늘이신 육신과 영혼의 태초 부모님을 찾아 구원받아 천상으로 돌아가 영생을 누리고자 하는 인간, 영혼들에게 교주들은 자신들이 하늘이라며 사칭하였다.

인간 육신들의 몸 안에 있는 신과 영혼들을 불러모아 온갖 종교를 세우고, 교리를 만들어 구원해준다고 현혹하고 회유하며 구원이 안 되는 종교 감옥에 가두었다.

너도 나도 하늘이라고 외치며 파생된 단어가 하느님, 하나님, 구천상제님, 옥황상제님, 부처님, 미륵님, 이슬람 알라신, 힌두교 시바신(파괴의 신), 천지신명이다.

이들의 사상과 교리를 세상에 전파하는 석가모니와 10대 제자들, 여호와(야훼), 예수와 12제자들, 마리아. 마호메트, 공자, 노자 사상을 전파하는 불교, 천주교, 기독교, 무속, 도교에 종사하는 사람들이다.

창조의 신이자 파괴의 신이 조물주 하늘이시다. 수많은 사람들이 하늘의 진실을 아는 자가 없다. 쥐꼬리만한 능력만 있으면 자신이 하늘이라고 사칭하며 행세한다.

불교, 힌두교, 천주교, 기독교, 이슬람교, 도교, 유교는 정통 종교이고, 신흥 종교는 사이비라고 몰아세우는데, 지구 행성에 있는 전 세계 모든 종교가 하늘의 진실을 전혀 모르고 왜곡 전파하는 완전 사이비 가짜 종교들이다.

자신들의 존재가 누구인지 알지도 못하면서 누가 누구를 구원해 준다고 하는 것인지 묻고 싶다. 죄인이 죄인들을 구원해 주는 것이 말이나 되고 가능한 일인가?

감옥별 행성 지구에 태어난 모든 인류가 천상에서 죄를 짓고 벌을 받아 이 세상에 태어났다. 하늘의 마음도 모르면서 무슨 구원을 해준다고 하는 것인지 한심하다.

이 세상에 천상에서 죄를 짓지 않고 지구 행성에 심판과 구원을 위해서 내려온 인간 육신과 신명, 영혼은 태황진 신의 대통령 육신을 가진 진인(眞人) 한 명뿐이다.

조물주 하늘이 내린 귀한 인간 육신이 태황진이고, 진인이자 신의 대통령이다. 그래서 인류(육신, 신명, 조상, 영혼)는 태황진을 만나지 않는 이상 천상으로 돌아갈 수 있는 길은 지구 행성에 존재하지 않는다.

조물주 하늘은 인류를 비롯하여 삼라만상 만생만물 모

두를 창조하신 육신과 영혼의 부모님이시다. 대우주의 그레이엄 수에 달하는 모든 별들과 외계 행성인들, 지구인들을 창조하신 절대자 주인이시다.

조물주 하늘은 어떤 모습이실까 궁금하리라. 모습은 거대 황룡의 모습과 인간화 모습 두 가지이며 상황에 따라 자유자재로 변신하신다. 용을 실제로 본 사람들도 있다는데, 보지 못했기에 없다고 말하는 사람들이 더 많다.

꿈에 용을 보았다는 사람들은 의외로 많이 있다. 그런데 용이 없다면 용꿈도 꾸지 않았어야 하고, 단어도 없어야 맞다. 용의 조형물은 전 세계에 널리 만들어져 있고, 그림으로도 색깔별로 용의 모습들이 전해지고 있다.

기독교에서는 용을 사탄이라고 몰아세우는데 잘 몰라서 하는 말이다. 자신들을 창조한 태초의 부모님을 사탄 마귀라니 당연히 천벌을 받는다. 부모 조상들도 죽었으니 사탄, 마귀, 악마라며 절하지 말라고 가르친다.

육신과 영혼을 태초로 창조하신 아버지 태황제님이 영물의 모습으로 있으실 때는 거대 황룡이시고, 어머니 태황후님이 영물이실 때의 모습은 거대 봉황이시다.

이래서 종교를 믿는 것은 마치 선무당이 사람 잡는다고 했듯이 조물주 하늘이 누구이신지 쥐뿔도 모르면서 사탄 취급을 했다. 낳아준 부모 조상님들이 죽었다고 사탄, 마귀, 악마라고 박대하니 하늘이 내리는 천벌과 조상이 내리는 벌을 어떻게 받을 것인가?

부모 조상님들도 죽으면 사탄, 마귀, 악마라면서 위령미사, 추모예배, 추도미사는 왜 올리는 것인가? 그러면서 천국, 천당으로 올라가 영면하라는 덕담을 한다.

태황진 신의 대통령이 100% 장담한다. 종교에서 구원의식한 부모 조상님들은 종교 역사 이후 한 명도 천상으로 가지 못했고, 살아 있는 여러분 독자들도 죽으면 천상이 아닌 불지옥으로 몽땅 추포되어 압송당한다.

수천 년의 역사와 전통을 이어오면서 거대하고 화려하며 웅장하게 지어진 사찰, 성당, 교회, 사원, 도장 건물을 바라보며 진짜라고 자랑하며 종교를 열심히 믿는데 안심하지 마라. 역사와 전통, 거대함, 화려함, 웅장함이 빈껍데기를 포장하기 위한 눈속임이라면 어쩔 것인가?

여러분 독자들은 이 세상 유일무이한 진인 태황진 신의

대통령이 누구인지도 모른다. 그리고 조물주 하늘은 영적으로 존재하시기 때문에 인간의 눈에 보이지도 않고 들리지도 않아 알아볼 수도 없다.

그래서 하늘을 알아보는 비결을 공개한다

유창하고 아름다운 목소리로 귀를 속이고, 화려한 문맥의 글로 눈을 속인다. 이처럼 말과 글은 상대방의 눈과 귀를 얼마든지 속일 수 있기에 믿을 수가 없다. 그러니까 세상 믿을 것이 하나도 없다는 뜻이다.

그러므로 각자 자신들이 온몸과 오감, 육감으로 전해지는 기운을 통해서 직접 확인하는 방법이 가장 좋다. 눈을 뜨면 인간 세상 문이 열리고, 눈을 감으면 영적 세계 문이 열린다. 그래서 기도할 때는 자세를 정좌한 후 눈을 감은 채 집중하며 소원을 비는 것이 일반적이다.

하늘을 찾는 자세

허리를 곧게 편 가부좌(책상다리) 상태에서 합장 즉, 양손바닥을 펴서 마주 붙인 후 가슴과 10cm 간격을 띄우고 모은 뒤에 눈을 감는다. 장소는 상관없으나 주변에 방해할 사람이나 신경 쓸 사람이 없어야 좋다.

진실 확인 주문

① "조물주 하늘께서 태황진 신의 대통령 육신으로 강세하셨습니까?" 혹은 ② "조물주 하늘께서 태황진 신의 대통령 육신으로 내려오셨나요?"

①과 ② 주문 중에서 한 가지를 선택해 보통 목소리로 소리 내어 말하거나 마음속으로 집중하며 외운다. 외우기 전에 "조물주 하늘께서 태황진 신의 대통령 육신으로 강세하신 것이 맞으시다면 기운으로 알려주세요." 3분, 5분, 7분, 10분을 외우면, 온몸과 머리, 팔, 발에 전기가 흐르듯 찌릿찌릿하고 진동의 기운이 느껴진다.

합장한 양손이 덜덜 떨리며 요동친다. 졸리지도 않은데 하품을 찢어지게 계속한다. 머릿속에 뭐가 기어가는 듯한 것을 느낀다. 소리 없는 눈물이 흐른다. 꺼이꺼이 울면서 눈물 콧물 흘리며 대성통곡한다.

가슴이 뻥 뚫린 것처럼 시원하다. 감동과 환희가 몰려온다. 신나서 박수를 친다. 와~아! 하늘 찾았다고 감탄사가 절로 나온다. 기분이 급격하게 좋아진다. 주문을 계속하면 신비로운 기운이 더 강하게 내리고 음률을 탄다.

일반적으로 기운이 즉시 내리는 사람들이 대다수이지만 늦어도 3일, 5일, 7일 안에는 기운을 다 느낀다. 기운을 느끼지 못하는 사람들은 잡념을 버리면 느낀다.

조물주 하늘은 우주의 주인, 신들의 주인, 영혼과 육신의 주인이시고, 영적으로 존재하시기에 눈 크게 뜨고도 찾을 수가 없다. 광학 현미경으로도 찾지 못하고, 오직 조물주 하늘이 내려주시는 기운으로만 찾을 수 있다.

이런 과정의 단계로 조물주 하늘의 기운을 느꼈다면 당장 종교를 떠나야 한다. 종교는 불지옥으로 가는 급행열차이기에 하루빨리 불지옥행 열차에서 하차하여 예약한 후 태황진 신의 대통령을 친견해야 한다.

조물주 하늘은 전 세계 지구인들 중에서 태황진 신의 대통령 육신으로만 내리신다. 이제까지 조물주 하늘을 확인할 수 있는 방법이 없었기 때문에 인류 모두가 수천 년의 세월 동안 종교에 속아왔던 것이다.

이제까지는 종교 교주들이 너도 나도 하늘이라고 사칭하여도 알아보지 못하였던 것인데, 이제는 명쾌한 정답을 찾았으니 더 이상 종교에 끌려다닐 필요가 없어졌다.

믿고 있는 신앙의 숭배자와 종교 지도자가 진짜인지 가짜인지 궁금하여 확인하고픈 사람들도 많을 것이다. 이들의 진위 여부를 가리는 특별 주문 비법을 공개한다.

기독교 하나님이 가짜인가요?
천주교 하느님이 가짜인가요?
여호와가 가짜인가요?
예수님 믿으면 구원 못 받나요?
성모님 믿으면 구원 못 받나요?
이슬람교 알라신이 가짜인가요?
이슬람교 마호메트가 가짜인가요?
힌두교 시바신이 가짜인가요?
도교 노자가 가짜인가요?
유교 공자가 가짜인가요?
증산도 구천상제님이 가짜인가요?
증산도 증산상제님이 가짜인가요?
태극도 옥황상제님이 가짜인가요?
대순진리 인존상제님이 가짜인가요?
불교 부처님이 가짜인가요?
불교 석가 부처가 가짜인가요?
불교 아미타불 부처가 가짜인가요?
불교 비로자나 부처가 가짜인가요?

불교 관세음보살님이 가짜인가요?
불교 천수천안 관자재보살님이 가짜인가요?
불교의 해수관음보살님이 가짜인가요?
불교의 지장보살님이 가짜인가요?
불교 미륵부처님이 가짜인가요?
무속의 천지신명님이 가짜인가요?
무속 옥황상제님이 가짜인가요?
종교 믿고, 구원 의식하면 천상으로 못 가나요?
내가 믿고 있는 ○○교 숭배자가 가짜인가요?
내가 믿고 있는 ○○○ 지도자가 가짜인가요?
○○○ 목사, 신부, 수녀, 승려, 도인, 무속인 믿으면 천국·천당·극락·선경으로 못 가나요?(자신이 다니는 곳 종교 지도자 이름 대고 천국·천당·극락·선경 중에서 1개 선택해서 주문으로 외우면 된다)

예 : ○○○ 목사 믿으면 천국으로 못 가나요?
지구에 존재하는 모든 종교가 악들이 하늘을 사칭하여 세운 사이비 가짜 종교들이기에 아무리 큰 교회, 성당, 사찰, 도장, 사원에 다녀도 절대 구원받을 수 없다.

인류 모두가 수천수만 년 동안 조물주 하늘을 사칭한 악들에게 철저히 속아왔지만 검증할 방법이 없어서 속수무

책으로 긴가민가하며 믿어왔었다. 하지만 이제는 자신 스스로가 오감, 육감을 통해서 기운으로 검증할 수 있는 방법이 생겼으니 모두가 주문을 외워서 판단하면 된다.

이런 주문을 외우면 위의 내용에 대한 진위 여부의 응답 기운이 온몸과 양 손바닥으로 내리게 된다. 이것보다 더 정확한 진실 검증 방법은 없다. 세상에 알려진 모든 신들은 천상에서 조물주 하늘의 명을 받고 내려온 신들이 아닌 도망자들이기 때문에 모두가 가짜 신들이다. 신들은 전부가 천상에서 도망친 악신들이거나 귀신들이 하늘과 신을 사칭한 자들이다.

오늘은 갑진년 청룡의 해가 시작되는 2024년 1월 1일 오전 07시 30분이다. 방송에서는 전국 해돋이 명소에 모인 인파들을 영상으로 보여주고 있다. 새해 첫 떠오르는 갑진년 청룡의 해를 바라보며 소원들을 빌고 있다.

강릉 정동진은 비가 내리고 있고, 제주도 역시 날씨가 잔뜩 낀 구름으로 흐려서 해돋이를 보지 못해 아쉬움이 남는다며 발길을 돌리고 있었다. 저마다 먼길을 달려와서 떠오르는 갑진년 청룡의 해를 바라보며 가슴에 품은 소원을 간절하게 빌고 있다. 조물주 하늘이 어디에 계신지 몰라서 해돋이를 보러 장거리를 달려가고 있지만 이제 그럴 필요가 없다.

조물주 하늘이 해를 창조하시었다. 그런데 해를 창조한 조물주 하늘이 지금은 태황진 신의 대통령 인간 육신으로 내려와 계신다. 떠오르는 해를 바라보며 소원을 빌어본들 응답없는 소원만 빌 뿐이다.

태황진 신의 대통령에게 소원을 빌면 응답도 받을 수 있다. 하느님, 하나님, 여호와, 예수님, 성모님, 부처님, 천지신명님을 믿는데, 헛고생하는 거 아닌가? 평생을 믿었는데 천상으로 올라가지 못하면 어떡해? 맞나 틀리나 마음속으로 갈등하지 말고, 진실 주문 외워 확인해 보면 된다. 인류는 나를 만나 천상으로 돌아가려고 축생이 아닌 사람으로 태어난 숙명적 진실을 인정해야 한다.

태황진 신의 대통령 육신으로 하늘이 강세하신 것이 맞다는 응답을 기운으로 확인한 독자들은 이제 더 이상 망설일 필요가 없다. 보이지도 들리지도 않는 하늘을 찾으러 명산대천과 종교로 다니지 말고 태황진 신의 대통령을 친견하는 것이 조물주 하늘을 알현하는 길이다.

한 번 뿐인 소중한 인생길…!

이 세상에 왜 태어났나? 탄생할 자와 죽을 자!

어제 태어난 자들, 오늘 태어난 자들, 내일 태어날 자들이 순서대로 기다리고 있다. 또한 어제 죽은 자들, 오늘 죽는 자들, 내일 죽을 자들이 있다. 탄생과 죽음은 과거, 현재, 미래의 결과물이다.

신생아가 탄생하면 축하해 준다. 반대로 젊은 나이의 부모, 배우자, 자식, 친구, 애인, 지인, 동료들이 갑자기 죽으면 충격에 빠진다. 인생무상 공허감이 한동안 이어져 마음의 갈피를 못잡고 방황하며 힘들어 한다.

죽음은 만인에게 공평하다. 다만 빨리 죽느냐 늦게 죽느냐의 차이만 있을 뿐 모두가 죽어야 한다. 건강하게 살다가 30살에 죽어도 정한 명이다. 인생 칠십 고래희(人生七十古來稀). 예로부터 사람이 70을 살기는 드문 일이라는 뜻이다. 인생 칠십 고래희라 70살에 죽어도 정한 명이며, 100살, 120살에 죽어도 정한 명이다.

　10살에 죽든 120살에 죽든 공통점은 모두가 죽는다. 사람들은 오래 사는 것을 제일 큰 복이라 생각하며 좋아한다. 그런데 죄가 얼마나 크면 이 세상을 오래도록 살아가면서 자식 손주들에게 온갖 구박을 받으며 살아갈까?

　긴병에 효자 없다고 양로원이나 요양병원에 입원시켜 산 고려장을 지내며 볼꼴, 못 볼꼴 다 보여 주고 살다가 치매 걸리고 옷과 바닥, 벽에 똥칠하다가 세상을 떠날까?

　누구나 공평하게 생로병사(生老病死) 법칙 안에서 늙고 병들어 죽는 것이 인생길이다. 잘 살든 못살든 오래 사는 것을 최고 큰 복이라 생각한다.

　인간이 오래 살고 싶다고 오래 살아지는 것도 아니고, 빨리 죽고 싶어도 죽어지지 않는 것이 인간의 목숨이다. 빨리 죽는 것도, 오래 사는 것도 가족들이나 주변 사람들에게 교훈을 주기 위함이다.

오늘의 주제 화두이다
　하루, 1달, 1년, 10년, 30년, 50년, 70년, 100년 덜 살면

어떤가? 하루, 1달, 1년, 10년, 30년, 50년, 70년, 100년 더 살면 무엇하나? 어차피 인생의 종착역은 모든 사람들에게 빨리 죽느냐, 늦게 죽느냐의 차이 뿐이다.

여기서 문제는 살아 있는 동안 태황진 신의 대통령을 만나서 조물주 하늘이 내리시는 명을 받아 천상으로 돌아갈 수 있느냐 없느냐가 최대 화두이다. 돈과 재물, 권력과 명예를 누리며 부자로 잘 사는 것이 인생의 성공자가 아니라 이번 생에 태황진 신의 대통령을 만나 명을 받는 일이 인생 최고 승리자이자 성공자이다.

왜 축생이 아닌 사람으로 태어났는가?
그리고 무엇하려고 이 세상을 살아가는가?
인생의 목적은 무엇인가?
돈과 재물, 권력과 명예를 얻기 위해서 살아가나?
무엇을 이루어야 쾌락과 행복을 누리는가?

앞만 보고 열심히 달려가고 있는 수많은 독자들은 언제 갑자기 자신의 인생 열차가 멈출지 알고 살아가는가? 모두가 불확실한 미래를 두려움 속에 살아가고 있다.

세상은 나이 많다고 빨리 죽는 것도 아니고, 어리다고

오래 사는 것도 아니다. 천생, 전생, 현생에서 지은 죄의 업보에 따라서 하늘이 정해 준 수명대로 살다가 이 세상을 떠나는 것이다.

태어나는 순간부터 학창시절을 거치며 돈을 많이 버는 기법을 배우는데 전념하며 살아간다. 크게 성공한 자들도 있고 실패한 자들도 있다. 하지만 이들 성공자와 실패자 모두 가는 세월을 잡지 못하고 죽음을 맞이 한다.

방미(박미애 1960년생)가 1980년에 부른 유행가 가사에 "날 보러 와요"라는 노래가 한참 불려지던 때가 있었다. 여기서 "날=나를=저자=태황진=신의 대통령=조물주 하늘 태황제님을 보러 와요"라는 말과 같다.

왜 날 보러 오라고 했을까? 인류가 종교세계 안에서 수천 년의 세월 동안 찾아 헤매던 조물주 하늘이 태황진 신의 대통령 육신으로 강세하셨기 때문이다.

여러분이 어느 날 갑자기 인생막이 내려지고, 죽음의 사후세상이 활짝 열리면 누가 찾으라고 가르쳐 주지 않아도 저절로 찾아지는 이름이 하늘이다. 지금은 눈 뜨고 있어 인간 세상이니 사후세계가 안 보여서 인정이 안 되지만 눈 감으면 바로 무서운 공포의 사후세상이 열린다.

이 세상 인류 모두는 잘 먹고, 잘 살기 위해서 이 세상에 태어난 것이 아니다. 조물주 하늘을 만나 죄를 빌어 천상으로 다시 돌아가기 위해서 축생이 아닌 사람으로 태어났다. 천상으로 돌아가는 길은 지구에서 천황님의 나라 민족궁전 하나뿐이 없기에 이 책이 귀한 것이다.

천주교의 하느님, 기독교의 하나님 열심히 믿어봐야 천상으로 못간다. 수천 년 동안 인류는 헛고생하였다. 하느님, 하나님을 욕되게 하면 천벌받는다고 아우성칠 사람들이 어마어마하게 많을 것이다.

감히 하느님, 하나님을 신성 모독하며 가짜라고 하다니 제정신이냐고 하면서 간이 배 밖으로 튀어나온 미친놈 아니냐고 온갖 폭언과 욕설을 퍼부을 교인들이 전국, 전 세계적으로 어마어마하게 많을 것이다.

그럴 만도 하다. 수천 년 동안 조상 대대로 뼛속 깊이 종교 사상과 교리에 세뇌되어 천주교의 하느님, 기독교의 하나님이 진짜라고 의심없이 믿어 왔기 때문이다.

인류가 수천 년의 세월 동안 긴가민가하며 진짜인가 가짜인가. 이거 헛고생하는 거 아닌가? 끝없는 의문점이 드는 하느님, 하나님이 지금 어디에 가 있는지, 하느님, 하나님의 숨겨진 실체가 무엇인지 실시간으로 불러서 공개적으로 확인시켜 줄 수 있다.

뿐만 아니라 숭배자들인 여호와(야훼), 예수님, 성모마리아님, 석가모니 부처님, 아미타 부처님, 비로자나 부처님, 지장보살님, 천지신명님, 알라신, 마호메트, 공자, 노자. 증산상제, 옥황상제, 인존상제, 진묵대사, 원효대서, 서산대사, 사명대사, 도선국사, 진표율사, 무학대사, 성철스님, 통일교 문선명, 만민중앙교회 이재록 목사까지 숨겨진 실체와 사후 어디 가 있는지 종적을 찾을 수 있다.

죽어서 천상으로 올라갔는지, 지옥에 떨어졌는지, 축생으로 환생 윤회하고 있는지 적나라하게 알아낼 수 있는 무소불위한 무한 능력자가 태황진 신의 대통령이다.

종교의 굴레에 갇혀서 더 이상 종살이, 노예살이 하지 말고 어서 빨리 종교를 탈출해야 한다. 출신 성분 존재 자체도 모르는 숭배자들을 경전만 믿었다가 몽땅 가짜라면 죽어서 누구에게 찾아가서 하소연 할 것인가?

지금은 육신이 살아 있으니까 진짜 하늘로 갈아탈 수 있지만 죽은 뒤에 가짜라는 것을 알아본들 아무 소용없다. 그래서 현실이 가장 중요하다. 조물주 하늘인 내가 태황진신의 대통령 육신 안에서 이런 글을 쓰는 것이다. 그러니까 태황진 모습 자체가 인간들에겐 하늘이란 뜻이다.

이 세상의 모든 종교 지도자들아~
그대들은 하늘세계, 천상세계, 사후세계, 지옥세계, 신명세계, 영혼세계 진실을 얼마나 알고 있더냐? 천상의 하늘세계가 허허공공한 빈공간인 줄 알고 있더냐?

조물주 하늘이 거처하시는 자미우주 연방제국 천황님의 나라 태상천에는 1분의 천황님과 3분의 황제님이 거처하시는 4천궁 천상황실 정부와 신명세계 정부, 3,333개 제후국 정부들이 있고, 규율이 매우 엄격한 황실법도와 천상법도가 있기에 함부로 올라오지 못한다.

하나하나 엄격하게 통제하고 방어막 결계가 처져있기에 외계 행성인들이나 지구 행성에서 신과 영혼들이 함부로 접근조차 할 수 없게 되어 있는 천상세계이다.

지구인들은 전체가 과거 천상에서 살았던 적이 있었는

데 죄를 짓고 지구로 유배온 죄인들이다. 그래서 귀소본능, 회귀본능이 있기에 천상으로 돌아가려고 혈안이 되어 있다. 천황님의 나라 민족궁전에서 천상의 죄를 풀어야 하고, 합당한 죗값을 지불해야 천상으로 올라간다.

천상으로 올라갈 수 있는 길도 태황진 신의 대통령 육신이 이 땅에 살아 있는 동안만 가능하다. 천황님의 나라 민족궁전은 조물주 하늘이 태황진 신의 대통령 육신으로 내린 곳이기에 종교처럼 세습이 안 된다.

태황진 신의 대통령 육신이 세상을 떠나면 자동적으로 문을 닫게 되기에 천상으로 올라가는 하늘 문이 완전히 닫혀버린다. 올해 갑진년에 인간 나이 70세인데 이 땅에 얼마 동안 머물 수 있을지는 천기누설이다. 지금 구원이 없는 종교 안에서 허송세월 보내고 있을 때가 아니다.

지구에 인간 육신으로 태어난 것은 100년 미만의 한세상을 부자로 잘 먹고, 잘 살기 위해서 태어난 것이 아니라 천상으로 돌아가는 시험을 치르기 위해서다. 종교 믿으려고 태어난 것이 아니라 천상에서 지은 죄를 조물주 하늘께 빌어 영혼의 고향으로 돌아가기 위함이다.

태초의 조물주 하늘이 된 태황진

『불효자는 웁니다』의 저자로 등단한 난세의 영웅이자 난세의 구세주로 세기적 예언가들이 말한 말세에 출현하는 공포의 앙골모아 대왕, 전륜성왕 태황진(太皇辰)!

태황진은 클 태(太), 임금 황(皇), 별 이름 진(辰)은 5번째 지지 진, 용띠 진으로 쓰인다. 그러므로 태황진은 별들의 주인 태황별, 용들의 주인 태황룡으로도 불린다.

태황룡이란 우주를 창조한 태초의 조물주 하늘 황제 용 황룡(皇龍)이시고, 천지간의 삼라만상 모든 만생만물과 우리 인류의 영혼과 육신을 창조한 영과 육의 태초 부모님이시란 경천동지할 진실을 알려준다.

푸른 청룡이 훨훨 승천하는 올해 갑진년에 태황진이 세상에 이름을 알리고 등판하니, 아주 뜻깊은 갑진년이다. 또한 비기와 예언서에 전해 내려오는 12년 동안 지구 최후의 종말이 예언된 말세로 진입하는 2024년 2월 4일 입춘절 말진사(末辰巳-마지막 용띠와 뱀띠 해)이다.

그래서 저자 태황진은 태초의 조물주 하늘이기에 신의 대통령, 용의 대통령, 하늘의 대통령, 인간의 대통령, 지구의 대통령, 우주의 대통령, 천상의 대통령, 조상의 대통령, 영혼의 대통령, 지옥의 대통령, 천지만생만물의 대통령이다. 지구의 운명이 갑진년에 맞추어져 있다.

인류가 종교 안에서 수천 년 동안 기다리던 구세주, 구원자, 메시아, 정도령, 미륵, 재림예수, 공포의 대왕, 전륜성왕, 신인, 진인이 저자 태황진 신의 대통령이다.

종교 사상과 교리에서 벗어나야 구원의 동아줄을 가진 태황진 신의 대통령을 알아본다. 인류가 수천수만 년 동안 맹신하며 믿고 있는 각 종교의 구심점 숭배자를 한 번쯤이라도 진위 여부에 대해 의심해 본 적이 있는가? 또한 검증해 본 적이 있는가 묻고 싶다.

육신 살아서는 돈과 재물이 최고, 권력이 최고, 명예가 최고, 건강이 최고, 수명장수가 최고이다. 그러나 숨이 넘어가는 순간부터 이 모든 부귀공명, 부귀영화가 신기

루처럼 사라지기에 아무 소용이 없고 가져갈 것도 없다.

　죽은 영가들의 모든 소망은 오직 태초의 조물주 하늘 하나로 바뀐다. 일평생 믿어왔던 신앙의 숭배자들인 하느님, 하나님, 상제님, 부처님, 미륵님, 천지신명님, 알라신, 시바신, 석가모니, 여호와(야훼), 예수, 마리아, 공자, 노자, 마호메트는 그 어디에서도 찾아볼 수 없다.

　여러분 독자들이 죽은 뒤에 불지옥에 떨어져 살려 달라, 구해 달라 목이 터져라 울부짖으며, 고래고래 소리 지르고 불러보아도 숭배자들은 아무런 응답도 없다.

　수천수만 년 동안 하늘을 사칭하며 인류에게 존경으로 추앙받던 모든 숭배자들은 불지옥에 떨어져 형벌을 받고 있기에 구하러 올 수도 없고, 나타나지도 않는다. 세상에서 존경받던 숭배자들이 몽땅 가짜들이었다.

　일평생 종교에 목숨 걸고다니며 사후세상을 준비하였을 불교의 불자들, 천주교의 신자들, 기독·개신교의 성도들, 유교의 유생들, 무속의 신도들, 도교의 도인들은 하늘이 무너지는 청천벽력 날벼락 맞은 꼴이 되었다.

하늘의 진실을 무시하고 믿음으로 종교의 길을 그대로 갈 것인가? 아니면 이제라도 하늘이 내린 진실을 받아들이고 천황님의 나라 민족궁전으로 들어올 것인가? 쉽지 않은 일인데, 어떤 선택을 하든 자신들의 몫이다.

이 글을 읽는 독자들과 조상님들은 대를 이어 수십·수백·수천 년 동안 종교를 열심히 믿어왔다. 수많은 독자들과 조상들은 갈등이 이만저만 아닐 것이다. 황당하고 말도 안 될 것 같은 이 글을 믿어야 하나 말아야하나? 말세에 난세의 영웅이 나타난다는 예언이 있는데, 정말 진짜가 나타났나? 마음의 동요가 안 일어날 수 없다.

종교 지도자들은 자신의 밥그릇 영역을 지키려고 이 글을 전면 부정하며 온갖 비방, 폄훼, 중상모략으로 대응할 테지만, 일반 신도들과 조상님들만이라도 하늘이 내린 진실을 바로 알아야 한다.

이 책의 내용이 거짓이라면 종교 지도자들의 말이 맞다. 하지만 저자 태황진 신의 대통령 말이 100% 맞다면 어찌할 것인가? 종교 지도자들은 그동안 잘못 인도한 신도들과 조상님들이 끔찍한 불지옥으로 떨어질 것인데 어떻게 감당하고 책임질 것인가?

수천 년 된 불경, 성경, 도경의 경전 교리와 논리로 반박할 것이지만, 지구에 인간이 탄생한 이후 조물주 하늘의 적나라한 진실을 밝혀낸 영도자가 있었던가?

여러분이 궁금해 하지만 알 수 없는 모든 숭배자들의 사후세계 현재 모습은 물론 독자들의 어머니, 아버지, 배우자, 자녀, 형제, 조상님들이 지금 어느 세계에서 어떤 모습으로 하고 있는지 실시간으로 밝혀내 알려줄 수 있는 무소불위한 능력자가 태황진 신의 대통령이다.

자신의 어머니(모든 직계 조상님들도 포함)가 지금 사후세계에서 어떤 고통을 받고 있는지 아무도 알지 못하는 것이 인간들의 한계이고 현실이다. 언제까지 수천 년 경전의 논리만 믿으며 태초의 조물주 하늘이 강세한 태황진 신의 대통령 진실을 반박하려는가?

여러분 독자들의 죽음 이후 펼쳐지는 사후세계, 천상세계, 지옥세계, 신명세계, 영혼세계를 다스리시는 태초의 조물주 하늘이 인간으로 오신 분이 태황진이다.

어느 날 갑자기 다가올 사후세상을 어떻게 준비하고 있는지 묻고 싶다. 구원이 안 되는 종교에 의지하며 준비

없이 죽을 것인가? 죽음 너머의 세상이 안 보이니 무시하고 부정하며 살아갈 것인가?

지구에서 여러분 독자들과 어머니, 부모 조상님들이 사후세상에서 지옥에 떨어지지 않고, 영혼의 고향 천상의 태상천으로 보내서 보장받을 수 있게 해주는 곳은 천황님의 나라 민족궁전뿐이다. 인류가 기다린 모든 예언의 주인공이 태황진 신의 대통령이고, 천상으로 직행하는 유일한 통로이다.

개인, 가정, 기업, 국가 모두가 평안하고, 실패 없는 인생을 살아가고, 사후세상을 보장받아 편히 살아가려거든 머리 싸매고 태황진 신의 대통령 바지가랑이라도 붙잡고 매달려야 한다.

저자 태황진 신의 대통령은 인간 육신이지만 영적으로는 하늘 자체로 신의 대통령이자 용의 대통령으로 현생과 내생의 운명을 천상이냐, 지옥이냐를 판결하는 생사여탈권자, 죄 사면권자, 천상 입천권자, 절대권자 하늘이기에 국가 자산1호, 국가 보물 1호이다.

세상 사람들은 아직 하늘의 능력이 얼마나 대단한지 모

르고 살아가며 종교에만 의지하며 살아가고 있는데, 종교적 고정관념을 송두리째 깨버려야 한다.

이제 더 이상 종교에 다니면서 어머니(조상님들 모두)와 자신들을 불지옥으로 입문 예약하지 말고, 이미 돌아가시어 살려 달라 구해 달라 울부짖는 자신의 어머니(조상님들 모두), 가족들을 불지옥에서 구해 주어야 한다.

죽어서 천상으로 갈 것인지, 불지옥으로 갈 것인지 살아 있는 지금 이 순간에 결정해야 한다. 천상과 불지옥도 어느 곳으로 갈 것인지 천황님의 나라 민족궁전에 들어오느냐 여부에 따라 미래 운명이 결정된다.

인류 역사에 진도 100의 종교 핵지진이 일어났다. 새로운 인류로 진화하는 신인류 역사가 새로이 쓰여지고 있는 순간이다. 수많은 비기와 세기적 예언가들이 말한 지구 최후의 날이 눈앞으로 다가왔다.

지구 종말, 인류 멸망 시나리오들이 그 얼마나 흥행하였던가? 1999년에 종말을 앞두고 1998년에 상영된 영화 "아마겟돈"과 "딥 임팩트" 그리고 2006년 "일본침몰" 1974년과 2010년 "대지진" 재난 영화들을 소름끼치도록 흥미롭게 보았을 것이다.

　지구와 인류 전체의 운명을 뒤바꿀 핵 지진이 조만간 다가온다. 진도 10의 대지진이 아닌 진도 100의 핵 지진이 다가올 것인데, 대비책을 세웠나? 이제까지 재미로 보아왔던 재난 영화들이 모두 현실로 도래한다.

종교도 완전히 멸망하고, 인류도 멸망한다
　핵 지진이 발생하면 세계 인류는 거의 다 죽고, 태황진신의 대통령 명을 받은 사람들만 살아남아 지구에서 새로운 씨를 뿌리며 신인류로 역사를 재창조한다. 핵 지진의 시발점은 갑진년 청룡의 해가 시작되는 2024년 2월 4일 입춘절부터가 인류의 운명이 요동친다.

　70년의 세월을 통해서 조물주 하늘의 진실이 인류 최초로 밝혀졌다. 푸른 청룡의 갑진년을 기다려 영혼과 육신을 창조하신 태초의 조물주 하늘이 저자 인간 육신으로 내려오시어 태황진 신의 대통령이 되시었다.

　70년 동안 인고의 피눈물 세월을 감내하시며 태초의 조물주 하늘이 태황진 신의 대통령으로 이 세상에 출현하시었다. 핵 전쟁, 극이동, 지축정립, 이상기후, 기상이변, 천재지변으로 세상이 정신 못 차리게 요동칠 것이다.

이미 세상을 떠난 독자 여러분의 어머니, 아버지, 배우자, 자녀, 형제, 조상님들이 그동안 이곳저곳 종교세계를 전전하며 구원받아 천상으로 오르려고 혈안이다.

유명한 곳을 찾아다니며 종교 숭배자들을 받들어 섬기고 종교 의식들을 행했으나 이제까지 아무도 구원받아 천상으로 돌아간 부모 조상 영가 영혼들은 없었다.

이제부터 부모 조상님들은 말도 통하지 않고, 알아주지도 못하는 종교세계 그만 다니고, 자손이나 후손들의 몸 안에서 답답하게 지낼 필요 없다.

일평생 조상님 입천제 의식을 한 번만 행하면 꿈에 그리던 이상향의 무릉도원 세상인 극락, 선경, 천국, 천당으로 알려진 천상 태상천으로 당일 즉시 돌아갈 수 있다.

모든 종교세계로부터 졸업할 수 있는 곳이 천황님의 나라 민족궁전이다. 산 자들과 죽은 자들의 영혼과 육신을 창조하여 주신 태초의 부모님 조물주 하늘이 인간 육신으로 강세하시어 태황진 신의 대통령이 되시었다.

지구에서 조상 영혼 영가들을 구원해 주시는 태초의 부모님이신 조물주 하늘이 70년이란 세월을 기다려서 세상을 평정할 푸른 청룡의 기운이 알에서 깨어나는 갑진년 입춘절 날 세상에 출현하셨다.

태황진 육신 자체가 천상의 태상천에서 내려온 청룡이기 때문이다. 푸른 청룡이 갑진년 입춘절을 맞아 세상에 출현하려고 70년이란 인고의 세월을 기다려왔다. 하늘과 땅이 하나로 합쳐지는 천기가 갑진년 입춘절이다.

태초의 부모님이신 조물주 하늘 태황제님은 황룡이시고, 태황진 신의 대통령 육신은 청룡이다. 그래서 갑진년 2월 4일 17시 27분(입춘 절입 시간)에 세상 출현을 준비하려고 그동안 고난의 70년 인생길을 감내하여 왔다.

이 한 권의 책을 집필하여 갑진년 입춘절에 출간하기까지 70년이란 세월이 걸렸다. 70년이란 세월을 기다리느라 하늘도 울고 땅도 울었다. 하늘과 땅이 하나되는 천상 공부과정 70년은 너무나도 혹독함 그 자체였다. 지구 행성에서 처음이자 마지막 여정이다.

독자들은 이 한 권의 책을 읽고 공감하고 감동하면 쉽

게 저자 태황진 신의 대통령 육신으로 내려오신 태초의 부모님 조물주 하늘을 알현드릴 수 있는 대영광을 얻는다. 푸른 청룡의 갑진년 입춘절을 맞기까지 저자 태황진 신의 대통령은 뼈를 깎는 70년 인고의 세월을 기다렸다.

영혼의 고향인 천상 태상천으로 당일 즉시 돌아가는 길이 있다. 죽은 뒤에 자손과 후손의 몸을 빌어 종교세계를 찾아다닌 어머니, 아버지, 배우자, 자녀, 형제, 조상님 영혼 영가들 모두는 입천제를 행하면 춥고 배고픈 구천을 떠나 당일 즉시 천상으로 돌아갈 수 있다.

그동안 종교 안에서 수천 년 동안 속고 속았던 사찰의 천도재, 사십구재, 지장제, 수륙재와 무속의 조상굿, 지노귀굿 그리고 기독교와 천주교의 위령미사, 추모미사, 추도예배가 아닌 진귀한 태상천 의식이다.

여러분 영혼 영가들을 태초로 창조한 부모님이신 조물주 하늘 태황제님이 태황진 신의 대통령 인간 육신으로 오시어서 구해 주시는 천상의 의식이다. 여러분이 처음 태어난 영혼의 고향이 천상 태상천이다.

그래서 아직 살아 있는 독자들과 이미 죽어서 종교를

전전하는 조상 영혼 영가들, 이미 축생계로 윤회 중인 조상 영혼 영가들, 불지옥에 떨어져 고통받고 있는 조상 영혼 영가들이 영혼의 고향인 천상 태상천으로 돌아가는 길은 천황님의 나라 민족궁전 하나뿐이다.

영혼의 부모님이신 태초의 조물주 하늘 태황제님은 충보다는 효를 더 중요시 여기신다. 자식이 사후세계에서 고통받고 있는 어머니의 고통을 외면하며 몰라주고 구하지 않는 사람들은 천하의 못난 불효자라 하신다.

푸른 청룡이 알에서 깨어나는 입춘절이 역천자들에게는 공포의 날일 수 있고, 반대로 순천자들에게는 꿈에도 그리던 이상향의 유토피아 행복한 세상이 열리는 꿈만 같은 지상 천국이 열리는 순간이기도 하다. 불행이냐 행복이냐는 국민 여러분의 선택에 달려 있다.

태황진 신의 대통령인 태건당 총재 방상용과 함께하는가에 따라서 국민 여러분의 행복과 불행의 세상이 좌우된다. 태황진 신의 대통령은 국가와 국민의 운명을 송두리째 바꾼다. 앞으로는 조물주 하늘이 인간 육신들을 다스리는 천상정치 시대가 열린다.

땅의 천하명당은 어디인가?

천상의 자미원 별자리 형세와 똑같은 땅의 자미원 별자리 형세가 천하명당이라고 풍수 사상으로 전해져 내려오고 있기에 자미원 자리를 찾으려고 수많은 풍수사들이 혈안이 되어 있었는데, 아무도 찾지 못하였다.

80억 인류를 다스리는 대황제가 태어날 자리라고 소문이 났기에 풍수사들이나 돈 꽤나 있는 재벌들과 정치인들이 눈독을 들였던 것이다. 자미원 별자리가 우주의 중심이니 제왕지지라고 전해 내려오고 있기 때문이다.

명문 세도가들은 옛날부터 풍수 사상에 아주 예민하여 오랜 세월 명당자리를 찾아다니고 있는 것인데, 땅의 자미원 천하명당자리보다 더 좋은 천상명당 자미원으로 인도해 주는 유일한 하늘의 영도자가 천황님의 나라 민족 궁전 태황진 신의 대통령이다.

땅의 자미원 천하명당자리는 1명만 들어갈 수 있지만 하늘의 자미원 천상명당자리는 직계 조상들이 모두가 들어갈 수 있는 맞춤형 가족 명당자리이다. 대통령 배출, 재벌 배출 및 유지, 부귀공명, 수명장수, 자자손손 정치인 및 고위 공직자 배출, 가문의 지속적 번영, 자손번창의 꿈을 이룰 수 있고 가장 빨리 금시발복한다.

인간 육신들과 조상님들이 함께 원하고 바라는 맞춤형 자미원 명당자리는 절대자 하늘의 화신, 분신, 현신인 천황님의 나라 민족궁전 태황진 신의 대통령 육신이 갖고 있다. 산 자와 죽은 자들 모두가 기다려온 진인이다.

상상 속에만 존재하는 것으로 알고 있던 대우주 창조주, 영혼과 육신의 태초 부모, 천상의 지배자, 태초의 조물주 하늘, 무소불위한 천지대능력을 가진 우주의 절대자가 강세한 육신이 태황진 신의 대통령이기 때문이다.

전 세계 인류의 산 자들과 이미 죽은 자들이 원하고 바라는 소원을 이루어 주는 귀인이다. 산 자들과 죽은 자들의 천당과 지옥의 결정권자이고, 죄 사면권자, 생사여탈권자이기에 태황진 신의 대통령을 만나야 한다.

산 자들과 죽은 자들이 원하고 바라는 천지기운을 자유자재로 내려 줄 수 있기 때문이다. 지옥에 떨어진 조상님들과 축생으로 윤회하고 있는 조상님들을 부활시켜 구해 드릴 수 있는 능력자가 태황진 신의 대통령이다.

살아 있는 사람들 누구나 어느 날 갑자기 죽으면 처량맞은 알거지 조상영가 신세가 된다. 여러분 독자들은 물론 조상영가들과 인류의 운명은 저자가 말하고 글을 쓰는 대로 이루어지기에 독자들의 운명이 실시간 좌우된다.

영혼과 육신의 태초 부모님이신 대우주 절대자 조물주 하늘 태황제님이 강세한 태황진 신의 대통령은 인류 모두가 원하고 바라는 돈의 주인, 권력의 주인, 명예의 주인, 건강의 주인, 수명장수의 주인, 행복의 주인, 사후세계의 주인, 천상세계의 주인, 지옥세계의 주인, 인류의 주인, 지구의 주인, 우주의 주인 그 자체이다.

그래서 태황진 신의 대통령과 함께하는 독자들은 인생을 살아감에 있어서 아무런 근심걱정 없이 살아갈 수 있고, 자신들이 원하고 바라는 모든 소원을 가장 빨리 이루며 살아갈 수 있는 행운아, 천운아이다.

존재하지도 않는 자미원 명당 그만 찾아다니고, 천상의 자미원 명당자리를 찾는 것이 훨씬 현실적이다. 조상님 입천제 의식할 때 벼슬 품계에 따라 천상 자미원 명당자리의 기운 크기를 얼마로 내릴 것인가 정해진다.

그리고 조상영가들이나 여러분 독자들과 자식들의 타고난 그릇 자체가 얼마인가도 중요하다. 사람들은 저마다 타고난 그릇들이 있다. 크게 성공하고 출세시킬 가망성이 높은 대상자들은 사후세상 보장받는 천인합체 의식과 아이큐 지능이 100조에 이르는 천상신명과 신인합체 의식을 행해 주는 것이 가장 바람직하다.

언제 발복될지도 모르고 부지하세월을 기다려야 하는 땅의 천하명당 자미원 자리를 찾는 것보다 천상명당 자미원 자리를 찾는 것이 가장 빠르고 바람직하다. 후손들에게는 발복하는 명당자리가 좋을지 몰라도 조상영가들에게는 천상명당 자미원 자리가 최고이다.

하늘이 강세한 진인이 있으니 더 이상 땅의 천하명당에 연연하지 않아도 된다. 육신이 명당에 안장되어도 영혼들은 하늘의 기운을 받지 못하면 그 자체가 지옥이다.

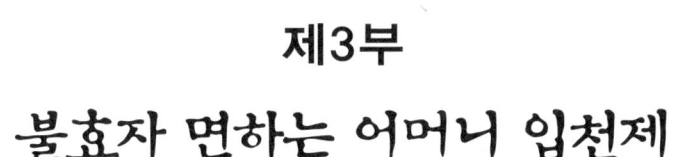

제3부
불효자 면하는 어머니 입천제

하늘 찾는 조상 영혼 영가님들아~

이 책을 읽어보는 독자들에게 당부의 글!

여러분은 인간 육신의 몸과 영혼(생령), 신명(정신), 조상 영혼 영가(사령)들로 구성되어 있다. 또한 이름 모를 온갖 귀신들과 종교에서 따라 들어온 악마들도 함께 읽어보기에 마음의 갈등들이 엄청 일어나게 된다.

여기서 인간 육신의 주인은 자신의 영혼(생령)과 신명(정신)이다. 뿐만 아니라 돌아가신 자신의 어머니, 아버지, 배우자, 자녀, 형제, 선대 조상님들, 친인척 영가들이 각자들의 몸 안에 있는 경우도 상당히 많다.

더불어 종교에 다니면서 따라 들어온 수많은 이름 모를 귀신들과 악마들을 비롯하여 친구, 지인, 동료, 모임, 직장, 시장, 백화점, 음식점, 술집, 등산, 여행, 자동차, 택시, 버스, 전철, 지하철, 고속철, 비행기, 선박, 상갓집, 장례식장, 장지, 결혼식, 칠순, 팔순 잔치에서 따라 붙어

온 별의별 수많은 귀신들과 동고동락하며 함께 살아가고 있지만 사람들은 전혀 모르고 있다.

자신의 영혼(생령)과 신명(정신) 이외에 부모 조상님들을 비롯한 수많은 귀신들과 악마들이 함께 동고동락하며 살아가기에 하나의 단일 인격체가 아니라 다중 인격체라서 마음이 하루에 열두 번도 더 변한다.

세상을 살아가면서 종교에 안 다녀 본 사람들과 영혼(생령), 신명(정신), 부모 조상님들은 없다. 그동안 종교 안에서 보고 들은 내용들이 너무 많고, 자신들의 종교가 최고라고 하기에 어느 곳이 진짜인지 헷갈린다.

지구 전체가 온통 종교 백화점인지라 어디로 가야 영혼의 고향 천상으로 돌아갈 수 있는 진짜 하늘 길이 열리는지 이만저만 헷갈리는 것이 아니다. 수천 년의 역사와 전통, 화려하고 웅장한 사찰, 성당, 교회, 사원을 바라보면서 여기는 진짜인 것 같으니 믿어보자고 들어간다.

그러나 막상 종교에 들어가서 숭배자들과 종교 지도자들의 말을 일평생 믿고 구원 의식하여도 천상으로 오르지 못하여 좌절한 조상 영혼 영가들이 전부이다. 정말 하늘 길은 도대체 어디에 열려 있느냐고 아우성들이다.

수천수만 년의 세월 동안 온갖 종교세계를 열심히 다니며 믿어도 하늘 문이 열리는 곳을 찾지 못하여 우울증에 걸려 있는 조상 영혼 영가들이 전부이다. 그러다 보니 인간 육신이 우울증에 걸리고 뒤집히는 불상사들이 일어나고, 조상 내력으로 유전병이란 질병도 앓고 있다.

독자들의 부모 조상 영혼 영가들도 힘들고, 인간 육신은 육신대로 힘들어 서로가 고통스러운 인생을 살아가고 있다. 진짜가 아니니까 끝없이 믿음을 강조하고, 시험이라는 말로 둘러대면서 종교 지옥에 가두고 있다.

막상 종교를 떠나려고 마음먹으면 벌 받는단 말에 떠나지도 못하는 것이 종교를 믿는 신도들의 공통점이다. 그러나 이제는 종교를 떠나 태초의 조물주 하늘이 세우시는 천황님의 나라 민족궁전에 들어오려고 마음먹는 순간 하늘로부터 실시간 보호받기에 벌을 받지 않아도 되고, 종교 귀신들이 방해 못하니 안심하고 떠나도 된다.

슬피 울고 있는 모든 부모 조상 영혼 영가님들아~ 영혼의 고향 하늘 문이 열리는 곳은 일반 종교세상과 전혀 다른 여러분 영혼과 육신을 창조하신 태초의 조물주 하늘이 태황진 신의 대통령 육신으로 내려오신 천황님의 나라 민족궁전 하나뿐이라네. 그러하니 책을 읽고 자손과 후손들의 손에 손잡고 어서 들어오시게나.

수십·수백·수천 년 동안 구원받아 천상으로 오르려고 온갖 종교세계를 전전하던 독자 여러분의 어머니, 아버지, 배우자, 자녀, 형제, 선대 조상님들에게 푸른 청룡이 알에서 깨어나는 갑진년 입춘절을 맞이하여 하늘 문을 태황진 신의 대통령이 활짝 열어줄 것이라네.

이미 세상을 떠나가신 부모 조상 영혼 영가들을 이곳에서 구해드리는 것이 자손, 후손 된 근본 도리를 행하는 일이고, 불효자 신세를 면하는 길이다.

종교를 열심히 다니고 있는 모든 사람들은 종교가 영원한 불지옥으로 입문시키는 가장 무서운 곳인 줄 전혀 모르기에 겁도 없이 종교를 다니고 있다. 그래서 종교를 떠나야 하늘 길이 보이고, 하늘 문이 열린다. 지구 종말, 인류 멸망이 시작되는 말진사로 진입하는 2024년 2월 4일 입춘 때 공포의 앙골모아 대왕인 청룡 대황제가 알에서 깨어나면 어떤 세상이 기다릴까?

석가모니 부처님과 살아온 큰스님

불교 거대 종단의 종정 큰스님께서 영혼의 부모 태황제 님께 조상님 입천제 의식을 행하는 날이다. 스님은 책의 내용 하나하나가 자신이 오랜 세월 가슴속에 그려왔던 이상향의 세계와 똑같아 깜짝 놀랐다고 했다.

나이 72세. 15살의 나이에 출가하여 57년간 불도에 몸과 마음 모두를 담고 계셨고 현재도 종정 큰스님이시고, 57년이란 세월 동안 일심으로 부처님을 모시고 부처님의 뜻을 전파하며 영가 구원의식(천도재)을 행하면서도 본인의 마음은 항상 답답하고 허전하였다 한다.

57년간 보이지 않고 들리지 않는 천상세계의 그 무엇을 찾고자 스스로 노력도 해보았지만 스스로의 힘으로는 '그 무엇인가'를 찾을 수가 없었다 한다. 하지만 마음 안에서는 항상 '일반세계에 알려져 있는 부처님의 뜻이 전부가 아닐 것이고, 분명히 숨겨져 있는 높은 어떠한 뜻이 있을 것이다' 하면서 살아오던 중에 저자의 책을 보는 순간, 본인 가슴에 수십 년 의문으로 남아 있던 모든 문제들이 순서대로 풀리는 시원함을 느꼈다 한다.

조상님 영가들을 구원해 주실 수 있는 분은 부처님, 하느님, 하나님, 예수님, 성모님, 상제님, 천지신명님이 아니라 만생만물을 창조하신 태초의 부모 조물주 하늘 태황제님이시며, 인간의 생사여탈권을 행사하실 수 있는 분도 태황제님뿐이시라는 부분에 공감하였다 하신다.

57년간 불교 거대 종단을 이끌며 몸 담아온 종정 큰스님의 진실한 고백이니 이제는 전국의 모든 스님들이 자신들의 나약함을 인정하고, 조상 영가 천도는 태황제님의 고유 영역임을 인정하고, 부처님과 지장보살님의 이름을 팔아 조상 영가들을 극락왕생시켜 준다고 종교 감옥에 가두어 영가들을 울리는 죄를 짓지 말아야 한다.

스님 생활하면서 조상영가 천도해 준다고 수많은 조상님들을 속여서 울렸는데, 이런 악업의 죄를 어떻게 갚을 것인지 생각해 보았는지 묻고 싶다. 3,000년 동안 조상영가들을 울린 조상영가 천도재 계속할 것인가? 이제는 종교의 가면을 과감히 벗어야 한다.

스님들도 영가 천도가 안 되어도 그대로 밀고 나갈 수밖에 없는 것이 현실이라는 것 잘 안다. 하지만 이제 진실을 알았으면 모든 불자들의 영가 천도는 천황님의 나라 민족궁전에서 영혼과 육신의 태초 부모이신 태황제님과 태황진 신의 대통령에게 의뢰함이 마땅할 것이다.

스님들의 밥그릇이 없어질까 봐 걱정하는 스님들도 많을 것이다. 영가 천도하는 불자들이 내는 조상님 입천제 의식 비용인 조공 중에서 배려하여 줄 것이니 밥그릇 걱정할 필요가 하나도 없다.

종정 큰스님이 57년의 세월 동안 수많은 조상영가 천도재를 하고 있지만은 당최 좋은 데로 갔는지 안 갔는지 알 수가 없으니 답답할 노릇일 수밖에 없었다. 사람 눈에 보이지 않고, 영가들과 실시간 소통도 안 되니 벙어리 냉가슴 앓고 있는 스님들이 전부이다.

사찰은 운영하여야 하고, 영가 천도가 안 되어도 부처님 원력을 믿으라며 밀고 나갈 수밖에 없는 입장이라는 것 잘 알고 있다. 염불하며 목탁 두드린다고 극락세계 문이 열리는 것이 아니라 태황제님의 윤허가 있어야 천상의 문이 열리고 신명들이 하강하여 데리고 가야 한다.

염불과 법문만 열심히 한다고 영가들이 극락왕생하는 것이 아니다. 영혼과 육신을 창조하신 조물주 하늘 태황제님의 허락이 떨어져야 천상의 문이 열린다는 것은 스님이나 일반 불자들은 전혀 모른다.

전 세계 인류 대다수가 종교를 믿으며 영혼(생령)구원, 조상구원, 영가천도를 수천 년 동안 행해 오고 있다. 영혼의 주인이신 태황제님의 허락 없이는 천상으로 오르지 못한다. 스님, 신부, 목사. 보살, 무당, 법사, 독자들은 믿기 싫겠지만 지구에서 영혼구원, 조상구원, 영가천도가 이루어지는 곳은 천황님의 나라 민족궁전뿐이다.

대우주 삼라만상과 별(행성)들을 창조한 절대자이시고, 인류의 영혼과 육신을 창조하신 태초의 부모가 태황제님이시다. 말세를 맞이하여 천황님의 나라 민족궁전 신의 대통령 육신으로 강세하시었기 때문이다.

태황진 신의 대통령은 천상신명들과 조상 영가들, 생령들과 실시간 소통하는 무한 능력자이기에 불자들이 궁금해 하는 모든 부분들을 실시간 전달하여 주고, 가족들과 조상영가들이 재회하여 상봉할 수 있게 해 준다.

스님들뿐만이 아니라 조상굿, 지노귀굿, 위령미사, 추도미사, 추모예배를 하는 신부, 목사, 보살, 무당, 법사, 도사들도 본인들이 직접 천도재나 구원의식 올리지 말고, 마음 편히 태황제님이 강세한 태황진 신의 대통령에게 의뢰하는 것이 가장 현명하고 뒤끝이 깨끗하다.

조상 영가 천도는 기존 종교 의식처럼 수시로 매년마다 하는 것이 아니라 일평생 단 한 번만 천상의 태상천으로 오르게 해줌으로 두 번 다시 영가 천도할 일이 없다. 전국의 종교인들은 모르고 영가 천도를 해왔다면 지금이라도 태황제님의 진실을 인정하고 받아들임이 좋다.

1,031년을 빌어도 구원받지 못한 신라 경순왕이 35대 후손의 육신을 빌려 구원받았다는 사례를 독자 여러분은 타산지석으로 삼아야 한다. 신라시대에는 유명한 고승들이 참으로 많지만 이들도 경순왕을 구원 못하였다.

삼한 땅의 고승으로 알려져 이 시대까지 명성을 떨치고 있는 원효대사, 도선국사, 진표율사, 진묵대사, 서산대사, 사명대사, 무학대사들이 지금 사후세계 어디 가있는지 스님네들은 아시는가? 이들도 극락왕생 못하고 지옥도에서 모진 고문 형벌을 받고 있다.

종교 교주 역할을 하였던 자들과 종교 지도자 역할을 한 자들도 죽어서는 불지옥 신세를 면하지 못하고 있다는 충격적인 진실을 인정하여야 한다. 이들 모두가 천상세계, 사후세계, 영혼세계 진실도 모르면서 혹세무민한 죄인들의 신분이 되어 천상의 주인이신 태황제님을 능멸한 죄로 지옥도에서 힘든 나날들을 보내고 있다.

종정 큰 스님은 종교 지도자들과 종교에 다니는 신도들 모두가 천상세계, 사후세계, 신명세계, 영혼세계, 조상세계, 지옥세계의 진실에 대하여 새롭게 공부해야 한다고 강조하셨다. 큰스님께서는 조상님 입전제 의식을 행한 후 1년의 세월이 지난 후 전화를 하시었다.

책을 택배로 급히 보내달라고 주문하시면서 방문하시겠다고 말씀하시고, 다음 날 아침에 전화를 하시었다. 바로 하단 천인합체 의식을 행해 달라고 당부하시면서 계좌로 의식 비용 천공(天貢)을 송금하시겠다고 하셨다.

58년 동안 불문에 입문하여 부처님 뜻을 펼치신 큰스님이 영혼의 부모님이신 태황제님의 황명을 받겠다고 스스로 전화를 하시니 이 또한 보이지 않는 대단한 태황제님의 능력이 아니시던가?

이 큰스님의 마음을 감히 어느 누가 움직일 수 있단 말인가? 부처님도, 예수님도, 하나님도, 상제님도, 그 밖의 어느 신도 감히 이 큰 스님의 마음을 움직일 수 없었다. 위대하신 조물주 태황제님이시었기에 가능한 일이었다.

조상님 입천제 의식을 행하는 날, 천인합체 의식을 행하는 날 큰스님께서는 부처님 전이 아닌 조물주 태황제님께 예의 바르게 인사를 올리며 지극정성을 다 하였다. 큰스님은 하늘을 감동시킴에 조금도 부족함이 없었고, 저자에게는 미륵님이 하강하신 것이 보인다고 말했다

큰스님의 모습은 참으로 멋지고도 아름다운 하나의 장면이었다. 스님께서는 58년 동안 불법의 도를 닦으면서 항상 자신이 누구인지 궁금하였다 한다. 자신이 도대체 누구이기에 인간 세상에 태어나 남들처럼 평범하게 못 살고 어린 15살부터 남들과 다른 부처님을 모시는 스님의 삶을 살아야만 했던 것인지 의문이었다.

'나는 도대체 누구인가? 내 안에 숨은 또 다른 나는 도대체 누구란 말인가? 내 안에 숨어서 나의 일평생을 부처님 전에 희생하고 있는 이 인물은 도대체 누구일까? 누구일까? 누구일까?' 누구일까? 라는 의문은 스님 인생에

꼬리표가 되어 일평생을 따라다녔다 한다.

하지만 이 의문에 대한 답변을 다른 고승이나 세상 그 어디에서도 찾을 수 없어 답답한 마음 한두 해가 아니었다 한다. 오랜 세월 자나 깨나 불법에 수행 정진하면서 나 자신의 '신명'을 찾을 수 없었던 큰스님! 자신의 신명은 도대체 누구인지 세상을 떠나기 전에 반드시 알고서 이 세상을 떠나고 싶다 하였다.

평생의 의문점을 풀기 위한 큰스님의 하단 천인합체 의식! 과연 태황제님께서는 스님께 어떤 명을 내리실지 주인공인 큰스님과 천인합체 의식에 참석한 자들 모두는 굉장히 궁금했다. 함부로 추측할 수는 없지만 큰 신명이 하강하실 것 같은 예감이 들었다.

성철스님을 능가할 뿐 아니라 원효대사, 서산대사, 사명대사, 의상대사, 진묵대사도 능가할 정도의 엄청난 천상신명이 하강할 것이라는 예감이 들었다. 모든 것은 조물주 하늘이신 태황제님의 고유 권한이시기에 스님에게 어떤 명을 내려주실지 태황제님의 마음이시다.

태황제님의 명을 받기 전까지는 어느 누구도 함부로 말

할 수 없는 부분이다. 함부로 말할 수는 없지만 여하튼 불교계에 대 개벽이 일어날 것 같은 예감이 들었다. 태황제님의 명을 받는 천인합체 의식 시간이 되었다.

고귀하고도 존귀하신 태황제님의 명을 받을 수 있음은 산 자손이나 천상의 신명, 이 모두에게 엄청난 행운이 따르는 존귀한 의식이다. 태황제님께서는 아무에게나 태황제님의 명을 내려주시지 않는다.

스님과 참석자들 모두는 태황제님의 명을 기다리고 있었다. 긴장이 감도는 엄숙한 분위기 속에 태황제님의 명이 큰스님에게 내려졌다. 큰스님과 천인합체를 하실 분은 다름 아닌 석가모니 부처님이셨다.

석가모니 부처님께서는 오랜 세월 스님의 몸 안에서 고행의 세월을 보냈다. 석가모니 부처님께서는 태황제님의 존재를 이 땅에 전하고자 스님의 몸 안에 숨어 스님과 함께 소리 없이 고행의 세월을 보내고 있었다.

석가모니 부처님께서는 태황제님의 존귀하심을 알고 육신인 스님을 깨우치게 하여 천황님의 나라 민족궁전으로 인도하셨다. 부처님께서는 태황제님의 명을 받게 되어 매우 기쁘다 하시면서 이제부터는 불법이 아닌 태황제님의 뜻을 펼치시겠다고 맹세하며 말씀하시었다.

"나는 살아생전에 종교를 만들어 나를 불교의 주인으로 모셔 달라 말한 적 없었다. 나의 10대 제자들이 나의 참뜻을 몰라보고 불교를 세워 나를 불교의 주인으로 3,000년의 세월 동안 세워줌이 고마운 것이 아니다. 너희들의 잘못된 행동으로 인하여 태황제님을 능멸한 죄가 되었기에 너희들의 과잉충성으로 인하여 나는 영혼의 부모님이신 태황제님 전에 큰 죄인이 되었도다.

하지만 나의 육신 큰스님이 오늘 이렇게 태황제님의 진정한 존재를 깨닫고 태황제님의 명을 받으러 찾아와 주어 너무너무 고맙도다. 나는 오늘부터 인간세계에 알려져 있는 석가모니 부처가 아니니라.

나는 오늘부터 내 영혼의 주인이 계신 천상궁전으로 승천하여 태황제님의 백성으로 새롭게 태어날 것이고, 내 육신(큰스님)의 몸으로 새롭게 태어날 것이도다. 새롭게 태어나는 나에게 태황제님께서는 새로운 천상의 이름을 내려주셨도다. 태황제님께서 나에게 주신 새로운 이름은 석가가 아닌 '천상천가'이니라.

나는 이제부터 천상의 '천가'가 되어 태황제님을 경찬하는 역할을 할 것이니라. 불교라는 것은 원래부터 내가 만든 것이 아니었도다. 인간인 너희들 스스로 만들었으니 만든 너희들이 스스로 멸하도록 하여라. 모든 것은 만든 이가 소멸해야 하는 것이 천지자연의 이치 아니더냐?

너희 인간이 만든 종교의 굴레에 스스로 갇혀 종교의 노예가 되지 말고, 인간 스스로 종교의 굴레에서 벗어나 진정한 영혼의 주인을 찾아 삶의 질곡에서 벗어나도록 하여라. 종교의 굴레에서 벗어나야 진정한 깨달음을 얻을 수 있고, 진정한 각자 본연의 모습을 되찾을 수 있을 때 각자의 인생이 빛나게 되느니라.

나는 이제 오늘 일자로 나의 본고향, 내 영혼의 주인이 계신 나의 영원한 고향, 천상궁전으로 승천하여 태황제님의 뜻에 동참할 것이다. 내 육신 큰 스님의 몸으로 내왕하면서 태황제님의 진정한 뜻을 만 세상에 펼칠 것이니 그리 알라"라는 말씀을 전해 주시었다.

조상님 입천제 의식 이후 정확히 만 1년이 되는 오늘 천인합체 의식을 행한다. 이것 또한 태황제님께서 스님에게 내려주시는 천지조화가 아니던가? 억지로 날짜를 맞춘 것도 아니다. 하루의 차이도 없는 1년이라는 시간을 맞추어 천인합체 의식을 행하니 신기한 일이었다.

천인합체 의식을 행하면서 1년 전 천상궁전 태상천으로 입궁되신 조상님들께 벼슬도 하사하여 드렸다. 1년 전에는 스님께서 금전적으로 형편이 안 좋아 조상님 입천제 의식을 행함에 있어 벼슬입천제 의식이 아닌 일반 입천제 의식을 행했다. 하지만 오늘은 천인합체 의식을 행하기에 조상님들께도 벼슬을 내려주셨다.

자손이 태황제님의 천인으로 탄생하니 당연히 조상님들도 태황제님의 백성에서 승진하게 되었다. 각 조상님들에게 벼슬을 하사하는 시간. 태황제님께서 고귀하게 내려주신 벼슬의관을 갖추어 입고 계신 본인의 조상님들 모습을 모두 영안으로 보았다고 하시면서 신기하고도 마음이 너무 뿌듯하다 말했다.

1년이 지난 올해 73세의 큰스님은 신안이 열려 신과 조상님 세계를 자유자재로 보게 되었다. 스님께서도 기쁨을 감추지 못하였지만 스님의 조상님들 모두도 태황제님의 벼슬을 하사받으심에 기뻐하시는 모습이다.

자손인 스님과 영가인 조상님들 모두가 천상지상에서 싱글벙글 기뻐하시고, 석가에서 태황제님의 신하인 '천가'가 되신 신명도 기뻐 싱글벙글 모두가 정신이 없다.

석가모니 부처님이 큰스님 육신 안에서 고행의 세월을 보내고 있으리라고는 상상도 못했다. 그래서 "나는 누구인가"를 찾는 천인합체 의식이 중요하다.

-비전 제시-
대한민국은 신의 종주국과 세계 종주국 지위를 얻게 된다. 인류의 수도로 급부상하고 관광대국 1위, 수출대국 1위, 경제대국 1위, 군사대국, 영토대국, 인구대국으로 천하 세계를 다스리게 된다.

-정책 공약-
태건당은 상속세와 부동산 및 주식 양도 소득세를 전면 폐지한다. 전기료 50%, 가스료 50%, 유류세 폐지로 현재 유가대비 50% 수준으로 대폭 인하한다. 부족한 세수 충당은 전 세계로부터 거두어들일 천문학적 조공(朝貢)으로 충당하고 복지천국 지상낙원을 건설한다.

종교 믿어 불효자 신세로 전락

　인류는 종교세계의 진실을 몰라보고 수천수만 년 동안 자연신을 숭배하는 토속종교, 민족종교, 불교, 천주교, 기독교, 이슬람교, 유교, 도교, 무속을 접하면서 생활하며, 직업으로 가진 종교인들과 신도들 숫자도 어마어마하고 종교를 믿지 않는 사람들이 없을 정도이다.

　종교를 믿는 이유는 여러 가지 사연들이 있다. 지인이나 가족들이 권유해서, 마음이 외롭고 공허하며 허전해서 의지처를 찾으려고, 사람을 사귀기 위해서, 표를 의식하여 민심을 얻기 위해서, 사업이 안 풀려서, 복을 받기 위해서, 질병을 고치기 위해서, 사후세상을 보장받아 좋은 곳으로 가기 위해서, 지옥세계를 면하기 위해서, 조상님과 자신의 영혼 구원 등등 천차만별이다.

　종교를 국교로 정한 나라들도 많고, 종교가 없는 나라들은 하나도 없다. 인류가 종교에 심취하여 있지만, 여러분 독자들이 알아야할 중대한 사항이 있다. 그것이 여러분 자신이 누구인지를 알아야 한다. 천상에서 살다가 왜 지구로 내려오게 되었는지 찾아야 한다.

지구에서 살아가는 80억 8,500만 명 인류들의 원고향은 태초의 조물주 태황제님이 계신 천상의 태상천이다. 권력과 돈, 명예에 눈이 멀어 더 높은 권력, 더 많은 돈과 재물, 명예를 더 빨리 얻으려 1·2차 역모 반란에 직·간접적으로 가담하였었다. 역모가 실패하여 지구로 도망친 자들과 추포되어 재판받고 쫓겨난 죄인들이 인류이다.

그래서 온갖 종류의 종교는 구원의 시험장이기에 빠져나와야 영혼의 태초 부모님께 다가올 수 있다. 인류는 구원의 시험장인 줄도 모르고 온갖 종교에 들어갔다. 스스로 종교에 실망하여 진짜 영혼의 부모 하늘이신 태황제님을 애타게 찾는 자들에게만 구원의 문을 열어주신다.

종교의 숭배자들이 진짜라고 믿고 열심히 다니는 자들은 종교를 빠져나올 수 없다. 육신이 죽으면 자연적으로 천당, 극락, 천국, 선경세상이 아닌 불지옥으로 모두 떨어진다. 어느 누가 종교를 탈출하여 진짜 조물주 태황제님을 찾아오는가? 이것이 인류에게 내린 태황제님의 시험인데, 모든 종교가 구원의 시험장이다.

그래서 종교를 믿으며 모두가 부모 조상님들을 좋은 세계로 가시라고 구원해 주는 종교 의식을 치렀다. 결국 천당, 극락, 천국, 선경세상이 아닌 불지옥으로 보내드렸다. 막심한 불효를 저지른 "불효자는 웁니다" 신세가 되었다. 이런 무서운 진실을 독자들은 전혀 모른다.

에이, 말도 안 돼? 황당하다고? 모두가 이렇게 생각할 수 있다. 그러나 한 번쯤 생각해 보아라. 진짜일까? 가짜일까 둘 중에 하나일 것인데, 50:50의 확률이다. 이 책을 끝까지 다 읽어보면 정답을 스스로 찾을 것이다.

여러분의 영과 육을 누가 창조하였는지 알고 있는가? 종교에서 믿는 수천 년 동안 전해 내려오는 하나님, 하느님, 상제님, 알라신, 시바신, 천지신명님, 부처님, 미륵님, 석가모니, 여호와, 예수, 마리아가 구원자인 조물주 하늘 태황제님이라고 생각하며 믿고 있는 것인가?

인간, 영혼, 조상, 신들의 구원은 이들을 창조한 조물주 하늘 태황제님만의 고유 영역이자 고유 권한이다. 자신들이 천상에서 무슨 죄를 짓고 왔는지도 모르면서 어찌 죄도 빌지 않고, 구원을 받아 천상으로 가려하는가?

예를 들면 컴퓨터, 휴대폰, TV, 냉장고, 자동차, 선박, 항공기, 원자력 발전소, 우주선은 고장이 나면 제작사 전문가들이 설계도를 보고 수리한다. 생판 모르는 일반인들이 수리할 수 없는 것처럼 인간, 영혼, 조상, 신들의 구원도 같다. 창조한 조물주 하늘 태황제님만의 고유 영역이자 고유 권한이시다. 모든 숭배자들과 종교 지도자들은 절대로 영들을 어떤 기운으로도 구원할 수 없다.

종교를 믿는 것이 태황제님이 내린 시험지였다. 종교 안에서는 아무리 노력해도 정답을 찾을 수가 없다. 즉 종교 믿는 것이 죄가 된다. 구원과는 정반대의 길로 달려가고 있는 무서운 일이다. 자신의 목숨을 잃는 것보다도 천만 배 더 위험하고 충격적이다.

육신은 오래 살아도 결국 언젠가는 몇십 년 차이로 죽는다. 영혼들은 거의 무한대이기에 종교를 믿으면 태황제님이 내린 시험에 탈락한 것으로 간주하여 영혼의 고향인 천상으로 돌아가지 못한다.

지구 역사 이래 종교를 믿거나 종교 의식을 통하여 조물주 태황제님으로부터 구원받아 영혼의 고향인 천상 태상천으로 돌아간 영혼들은 한 명도 없다. 이들은 모두 태황제님이 내린 시험에 탈락하여 불지옥으로 떨어져 고통받고 있다. 무서운 진실을 아무도 모르고, 종교를 믿는 자체가 태황제님이 내린 시험에 걸려든 덫이었다.

구원자를 선택하기 위해 태황제님이 내린 시험지인 종교를 믿으면 천당, 극락, 천국, 선경세상으로 가는 것이 아니라 100% 불지옥으로 압송된다. 인류는 이런 태황제님의 무서운 진실을 몰라보고 수천수만 년 동안 당연하게 생각하며 열심히 종교를 믿어왔다.

믿고 싶지 않겠지만, 종교다니는 자체가 불지옥으로 입문하는 길이다. 부모 조상님들을 구원이 아닌 불지옥으로 보내드리는 불효자 신세가 되었다. 경천동지할 진실을 믿고 싶지 않을 것이지만, 사실이고 인류 모두가 구원받지 못하는 불지옥행 종교를 믿고 있었다.

이런 내용을 받아들이든 무시하든 그것은 여러분 독자들의 선택이며 자유이다. 그래서 구원은 아무나 받는 것이 아니다. 낙타가 바늘구멍을 통과할 정도의 고난이도

이다. 어떻게 이런 말도 안 되는 황당한 주장을 거침없이 당당히 말하냐고 따질 사람들도 있다. 그것은 사후세계 진실을 독자들이 알지 못하기 때문이다.

태황진 신의 대통령을 여러분 독자들은 단순하게 작가 정도로 판단할 것이다. 태초의 조물주 하늘이신 태황제님이 인간 육신으로 강세하여 글을 쓰고 있는 것이라면 어떻게 할 것인지 생각해 보았는가?

이 책의 내용이 100% 진실이다. 여러분 독자들은 모두가 종교지옥에 사랑하는 부모, 조상, 배우자, 자녀, 형제들을 구원 의식으로 팔아먹었다. 불지옥으로 보내드리는 커다란 죄를 저지른 불효자 신세가 되었다. 그래서 책 제목을 "불효자는 웁니다"로 지은 것이다.

종교와 상관없이 부모 조상 구하지 않는 독자들도 역시 불효자들이다. 경천동지할 일이고, 패닉에 빠질 사람들이 어마어마할 것이리라. 2024년 2월 4일부터는 태황제님의 기운으로 지구의 기운이 180도로 바뀌어 씨를 추리는 심판의 시대로 접어든다. 종교를 아무리 열심히 믿어도 구원받지 못한다는 것을 현실로 알게 된다.

구원받아 천상으로 오르는 것이 그리 쉬운 일인 줄 알았던가? 전 세계 종교 지도자들과 종교인들이 모두 1·2차 역모 반란에 직·간접적으로 동참했던 천상의 도망자들이다. 혹은 추포되어 재판받고 추방당한 죄인들의 신분이다. 누구 마음대로 돈 받고 죄인들을 마구 천상으로 올려 보낸다는 것이던가? 태황제님의 지엄한 천상법도를 모르는 무지한 자들이 인류 모두이다.

무식하면 용감하다고, 전 세계 종교 지도자들이 모두 조물주 하늘 태황제님을 사칭하고 있다는 무서운 진실을 아는가? 여러분의 집에 생면부지 낯선 사람들이 허락도 받지 않고 집에 들어온다면 모두 받아줄 것인가?

천상세계에는 주인도 없는 빈집인 줄 알고 아무나 종교 믿고, 종교에서 금전 바치고 구원 의식하면 마구 올라올 수 있는 하찮은 곳인 줄 아는가? 천상법도는 지상법도보다 100배는 더 까다로운 지엄한 곳이다. 방대한 천상신명정부가 있어서 신명들로 하여금 각자 맡은 바 영역에서 대우주를 다스리는 공무를 수행하고 있다.

그러므로 지구에서 구원받을 수 있는 곳은 대한민국에 있는 천황님의 나라 민족궁전 하나뿐이기에 이 나라가

신의 종주국, 세계의 종주국이 된다. 세상을 다스리고, 세계 나라로부터 조공을 거두어 들여 상국(上國)이 된다는 예언이 전해내려 오고 있다.

사는 길도 열려 있고, 죽는 길도 함께 열려 있으니 선택은 각자들의 자유의사에 맡긴다. 구원의 시험장인 종교를 떠날 용기가 있는 자들은 책을 읽고 공감하면 들어와 구원받을 것이고, 종교에 빠진 자들은 구제불능이다.

순간의 선택이 천상의 행복과 영생, 불지옥의 불행과 소멸을 좌우하게 된다. 조물주 하늘 태황제님은 보이지도 들리지도 않는다. 태황진 신의 대통령 저자를 통해서 구원과 심판이 함께 동시에 이루어진다. 이런 엄청난 충격적인 글을 읽고도 종교가 맞다고 판단되는 사람들은 말리지 않으니 가던 길 그대로 종교에 나가면 된다. 결국 종교는 신도들이 모두 떠나기에 멸망하여 사라진다.

조물주 하늘이 내린 태황진 신의 대통령인 태건당 총재 방상용의 자산 가치는 지구 크기의 다이아몬드를 팔아도 모자랄 정도의 천문학적인 가치를 갖고 있기에 이 나라 전체 국민들의 천복 만복이다. 국민 여러분이 인정하고 받아들이느냐에 따라 국운이 천지개벽한다.

육신의 뿌리인 조상님 상봉

2009년 4월 토요일

선 수련하러 갔다가 수련원장이 보고 있는 책의 제목이 눈에 얼른 들어오면서 가슴이 따뜻해졌습니다. 저 책을 꼭 사서 보겠다는 생각이 들어 이틀 후 월요일 퇴근 때 영풍문고에서 책을 구입하여 읽고 또 읽고 난 후에 전화를 걸어 친견 상담 날짜를 잡고, 태황진 신의 대통령님과 상담 후에 조상님 입천제 의식하기로 약속하였습니다.

2009년 6월 15일에 드디어 날짜 예약받아 조상님 입천제 의식을 거행하였습니다. 그렇게 만나고 싶었던 육신의 뿌리인 조상님을 상봉하였다는 것 자체가 어디에서 들어보지도 못했습니다. 대한민국 서울에서 일어나고 있다는 사실이 큰 감동과 환희 그 자체였습니다.

조상님의 소원이 무엇인지 알게 해주었고, 의식절차를 모두 마치면서 하늘의 절대자이신 태황제님께서 생령

(저의 영혼)의 소원인 천입합제 의식 윤허를 내려주시니, 마음이 하늘로 날아갈 것 같았습니다.

저의 세무 사업은 양수하고자 하는 수요는 많고, 세무사가 사망 또는 건강상 사유가 아니면 거래처 양도가 거의 없는 현실입니다. 개업 후 2개월쯤 주위에 알고 있는 세무사가 갑작스럽게 사망하였습니다.

많은 세무사가 사업 양수하기 위하여 경쟁이 치열했지만 앞 순위로 양수할 천재일우의 기회가 왔습니다. 대출하여 양수해야 하는데, 사업양수를 먼저 하면 천인합체 의식을 바로 할 수 없고, 지연될 수밖에 없었습니다.

태황진 신의 대통령님을 잊지 않고, 순리에 어긋난 행동을 하지 않으면 나의 생령이 육신과 60년을 같이하였는데, 적극적으로 반대하지 않으리라 마음속으로 생각하고 사업을 양수하는 결단을 내렸습니다.

생활비를 제외한 이익금은 나와 가족의 소원인 천인합체 의식 천공(비용)을 마련하는 주춧돌을 마련하였습니다. 사업을 양수하지 못하고 개업한 분들은 경기침체로 결손으로 사업을 포기하는 분이 속출하였습니다. 저는 늦게나마 돈을 벌었고, 2013년 8월 6일에 천인합체 의식을 행할 수 있도록 윤허해 주신 태초의 조물주 하늘이신 태황제님과 태황진 신의 대통령님께 감사드립니다.

천인합체 의식 행사가 2013년 8월 6일 오후 2시로 예정되어 있어 1시 30분까지 천황님의 나라 민족궁전으로 갈 때 낮인데도 불구하고 시커먼 구름이 하늘을 덮어 밤과 같이 캄캄하였고, 천둥이 치며 비가 내렸습니다.

천인합체 의식 행사를 미루어 태황제님이 분노하시는 것이 아닌지 큰 걱정을 하면서 천황님의 나라 민족궁전에 도착하여 태황진 신의 대통령님을 뵙고 의식행사가 시작될 즈음에는 하늘이 맑아지고 햇빛이 났습니다.

천인합체의식 행사가 시작되고, 태황진 신의 대통령님께서 나의 생령을 부르실 때, 천인합체 의식을 늦게 하게 된 사실에 대하여 시원스럽게 답변 못하고 있는 육신에게 생령이 큰 분노를 할 것으로 생각하였습니다.

그런데 생령이 육신과 바로 헤어짐이 아쉬워 4년 동안 기다렸다는 사실과 오늘 천인이 되어 태상천으로 입천하고, 태황제님의 다른 천인이 임무 교대하여 나의 육신과 같이 할 것이라는 생령의 진실을 말씀해 주셨습니다.

대단하신 태황진 신의 대통령님 능력이 아니시면 이런 진실을 어디서 볼 수 있겠습니까? 또한 앞으로는 공무원 34년 경력과 실력을 고객에게 경청하고 설명하여 적극적으로 노력하다 보면, 사업이 크게 번창하고 모든 것이 잘될 것이라고 말씀 내려주셨습니다.

태황진 신의 대통령님이 계시기에 생령을 불러올 수 있고, 마음속 깊은 곳에 자리하고 있는 생령의 실체를 말씀해 주십니다. 위대하시고 대단하신 태황진 신의 대통령님께서 산 사람의 몸 안에 있는 생령(영혼)을 불러내어 대화를 나눌 수 있다는 것은 인류 역사상 최초입니다.

전 세계에서 생령(산 영혼)을 부를 수 있는 분은 태황진 신의 대통령님뿐이라고 하십니다. 자기 생령을 만나보면 상상을 초월하는 신비함 그 자체이며 놀라운 일이고, 생령의 원과 한이 무엇인지 정확히 알 수 있습니다.

-인류의 운명을 좌우할 말진사-
지구 종말, 인류 멸망의 최후를 판결하는 말진사가 2024년 2월 4일 17:27 절기 절입시간이다.

선녀가 천인으로 탄생했다

43세 여자의 몸에 20년 전 들어온 24살의 선녀가 천인합체 의식을 행하여 천인으로 탄생했다. 지난 9월 11일 조상님 입천제 의식을 행한 한 달 만에 천인합체의식을 행한 한 노처녀(43세)의 사연이다.

여자로서 참으로 해내기 힘든 고물상을 맨손으로 시작하여 지금은 생활이 안정되어 있었다. 시집도 가지 못하고 막노동을 해야 하는 기구한 팔자의 삶. 거기다가 결혼도 안 했는데 아이 엄마 신세가 된 기구한 운명.

오빠가 전 부인과 이혼하면서 아이가 재혼하는데, 걸림돌이 되자 동생에게 키워 달라고 맡겼다. 졸지에 처녀가 엄마 소리를 들어야 하는 운명이 되었다. 팔자가 세어서 그럴까? 아니다.

이 여인은 20년 전에 몸으로 불사선녀가 들어와 있었

기에 무당집을 참으로 많이 다니면서 여러 번 굿을 해보 았지만 아무 소용이 없었다. 무속인들이 신을 받으라고 해서 수차례 시도해 보았다. 하지만 번번이 실패하고, 그들이 해주는 말이 제왕사주를 타고 났는데 여자라서 아깝다고 말해 주더란 것이었다.

신도 안 내리고 자신은 무당되기는 싫다고 말했더니 그럼 3년마다 신을 눌러주는 눌림굿을 하라고 하였다. 자기들 입장에서는 이외에 별다른 방법이 없다고 말해 주었다 했다. 그러던 중 이곳에서 출간된 책을 읽고서 인연이 되어 한 달 전에 모든 조상님을 천상 태상천으로 올려드리는 조상님 입천제 의식을 행했었다.

조상님 입천제 의식을 행하고 한 달 만에 다시 만나본 그녀는 완전히 달라져 있었다. 처음 이곳에 왔을 때는 얼굴이 말도 아니었다.

표현하자면 시골 농부의 아내보다도 더 험하고 새까맣게 그을려 있었고 매우 야윈 몸매였다. 손은 쇠붙이를 다루어서 굳은살이 손바닥에 여기저기 박히고, 손등은 울퉁불퉁 말이 아니었다.

그러던 그녀가 검은 얼굴이 모두 벗겨져 있는 것이 아닌가? 아주 하얗지는 않았지만 한 꺼풀이 벗겨져 있었다. 여인은 태황제님의 황명을 받기로 이미 약속을 하였으나 돈 마련하는 데 정확히 한 달이 소요되었던 것이다.

태황제님의 윤허가 내리자 신비한 조화가 일어나 생각지도 않았던 곳에서 10월 11일 날 천인합체 의식을 행할 수 있는 천공(의식비용)이 들어왔다. 그러나 막상 돈이 마련되자 기쁨도 잠시 마음이 허전해지고 약속을 이행하기가 왠지 부담스러워지는 마음을 가눌 길이 없었다.

천인합체 의식이 모두 성공적으로 끝나고 나중에 안 일이지만 그럴만한 일이 있었다. 그녀 몸에 들어와 있는 신은 이곳과는 신분 차이가 많이 나는 무속세계 불사선녀였었다. 자신의 존재를 찾아주지도 인정해 주지도 않을 것을 미리 알고 걱정이 되어 마음이 안정되지 않아 계속 불안했었다고 말을 하였다.

이곳은 한마디로 무속세계가 아니기 때문에 불사선녀를 그대로 받게 하는 의식을 해주면 무속의 길로 들어가게 된다. 점을 보거나 굿을 하는 무당으로 살아갈 수밖에 없어 태상천에 있는 천인과 합체시켜 줄 계획이었다.

드디어 천인합체 의식이 진행되어 여느 때와 마찬가지로 그의 몸으로 천인에게 하강하라고 명하였다. 합장하고 있던 그의 양손에 강렬한 천인의 기운이 요동치듯 내리고 있었다.

어서 오세요, 라고 참가자들이 모두 반겨주자 서먹해하면서 말을 제대로 하지 못했다. 자세히 들어보니 천상 태상천에서 명을 받고 하강한 천인의 말이 아니었다. 인간의 생각을 계속 말하는 것이었고, 어딘가 모르게 불만이 쌓여 있고 말투가 퉁명스러워져 있었다.

그래서 잠시 의식을 중단하고 그 연유를 찾아내기에 이르렀다. 분명히 태황제님께서는 천상 태상천에 있는 천인을 하강시켜 주시는 윤허를 이미 내려주셨기에 별문제가 없었지만 다른 곳에 문제가 있었다.

즉 20년 동안 몸에 빙의 되어 있던 불사선녀가 책을 보게 하여 이곳까지 데리고 온 것이다. 자신의 공로도 몰라주고, 찾아주고 감사하지도 않음에 화가 많이 나 있었던 것을 발견하였다.

그렇다고 불사선녀를 다시 내려줄 수도 없는 입장이다

보니 잠시 생각을 가다듬어야 했다. 어떻게 해야 불사선녀의 공을 인정해 주어 섭섭하지 않게 해줄 수 있나 고민하고 있는데, 불사선녀를 천인으로 승진시켜 주시라는 태황제님의 황명이 있으시니 그대로 행하라고 하는 말씀이 있으셨다.

태황제님께서는 불사선녀의 공을 어여쁘게 보시고 19단계를 넘어서는 파격적인 승진을 시켜주셨다. 불사선녀는 하늘의 윤허 하에 태상천의 천인 자격이 되어 여인의 몸에 천인으로 다시 탄생되는 영광을 누리게 되었다.

그 후 그녀의 온몸으로 천지개벽의 기운이 내리면서 천인(불사선녀)이 한마디하였다. "휴~하마터면 큰일 날 뻔 했어요"라고 가슴을 쓸어내리면서 이제는 답답한 것 모두 없어졌고 매우 기쁘다면서 만족스럽다고 말했다. 불사선녀가 19단계를 뛰어넘고 파격적 승진을 하여 천인합체 의식이 성공적으로 이루어졌다. 하마터면 천인합체 의식이 실패로 끝날 뻔했다.

천인합체 의식이 성공적으로 이루어진 그녀와 계속 대화를 나누어보았더니 새로운 인생을 설계하고 있었다. 그녀는 화장을 한 번도 하지 않고 살던 험한 삶을 모두 바꾸어 주겠다고 포부를 밝혔다.

지금까지 불사선녀는 남자들이 하는 일을 하며 인생을 살아왔으나 태황제님의 황명을 받은 천인이 되자 여자 모습으로 돌아가는 정기를 내려주겠다고 약속하였다.

생글거리는 모습이 매우 아름다웠고, 24살 된 불사선녀는 천인으로 승진하면서 14살로 나이가 줄어들었다고 말하였다. 그녀는 자신과 하나가 된 천인의 모습이 또렷이 보인다 했다. 그 얼굴 생김새와 머리에 쓰고 있는 화관의 모양과 입고 있는 의상의 색깔에 이르기까지 너무나 자세히 말하는 또 다른 이변이 일어났다.

이렇게 말하는 도중에도 얼굴이 점차로 희어지고 있음을 참가자들 모두가 지켜보았다. 그녀도 천인합체 의식이 모두 끝나고 거울을 보고는 자신의 얼굴이 변한 것에 놀라워했다. 천인합체 의식 행하기를 너무너무 잘했다며 이제는 속이 다 후련하고 시원하다며 매우 행복해하는 모습을 보였다.

신을 풀려고 무당집에 갔다가 준 돈만도 수천만 원이 넘는데 결국은 뜻을 이루지 못했다고 말하였다. 오늘 이 영광을 안겨주려 20년 동안 함께 한 불사선녀가 애쓴 것 같다고 칭찬의 말도 해주었다.

만일 그 당시에 성공했더라면 그녀와 불사선녀는 신당을 차리고 무당의 길로 들어갔을 것이고, 그의 인생은 천벌과 신벌을 받아 가난과 질병의 고통으로 매우 힘들게 살아갔을 것이다.

하지만 태황제님의 황명을 받아 태상천 천인과 인간이 하나되는 천인으로 탄생하는 영광의 의식을 행했으니 이제는 무당의 길로 영원히 갈 수가 없다.

왜냐하면 태황제님께서는 우주의 절대자이시며 천지인 창조주이시기에 점 보거나 굿하고 남들의 운명 상담하는 천인은 윤허 내려주지 않으시기에 천인으로 탄생할 수가 없다.

일반 무속제자들이 행하는 운명상담을 천인들이 하게 되면 태황제님께서 내려주신 황명을 즉각 거두어들이신다. 죽기 전에 반드시 행해야 할 자신의 사명이라고 판단한 그녀는 태황제님과의 약속을 천인합체 의식을 통하여 훌륭히 해냈다. 나중에 죽더라도 지옥세계를 면하고 천상으로 직행할 수 있는 사후세상을 보장받았다.

이제 그녀에게 기다리는 것은 기쁨과 행복뿐이다. 천인으로 탄생하자 그 여인은 "이제 구질구질하고 험한 일을 하는 것이 짜증스럽다"고 말했다. 이제는 여자다운 삶을 살려나 보다. 태황제님께서 내려주신 황명대로 살아가는 것이 기쁨이다.

큰 신명을 내려주어도 그릇이 작으면 아무 소용이 없다. 그릇이 큰데 작은 신명이 내려오면 역할을 할 수 없듯이 모든 것은 태황제님께서 내려주신 황명대로 행하면 된다. 그 여인은 제왕사주를 타고났는데, 불사선녀가 20년을 버티고 있었으니 운명이 바뀔 수가 없었다.

그러나 이제 그녀는 높은 직급으로 신분이 상승되었으니 거기에 걸맞은 새로운 배우자를 만나 아름답고 행복한 삶을 살아가게 될 것이다. 지난 10월 11일 날, 천인합체 의식을 행하고 20일 만인 11월 1일 오후 7시 28분에 그녀로부터 전화가 걸려 왔다.

하는 말이 천인합체 의식을 행하고 일주일 후에 평소 가깝게 알고 지내던 교인이 찾아왔다. 자기 교회에 딱 한 번만 나와 달라고 하여서 인간적인 안면 때문에 멋모르고 따라갔다. 생각해 볼 시간도 주지 않고 갑자기 세례를 내려주더라는 것이다.

영문도 모른 채 돌발적으로 일어난 일이라 경황이 없었다. 멍한 상태에서 집으로 돌아왔다. 그 후로 죽고 싶은 마음만 일어나고, 매사 일이 짜증스러웠다. 일도 손에 안 잡히고, 신경질만 내는 성격으로 갑자기 바뀌어졌다는 것이다.

천인합체를 한 이튿날부터는 바삐 돌아갈 정도로 일감이 꽤 많이 들어왔었다. 교회에 다녀온 이후로는 일이 뚝 끊어지고 전혀 일이 없다는 얘기였다.

그래서 며칠 후 전화로 통화하자 무엇이 잘못되었는지를 자세히 설명해 주고 대응방법을 알려주었다. 일러준 대로 일주일 정도를 태황진 신의 대통령님께 참회기도를 올리라고 하였더니 오늘 그 답변이 나왔다 한다.

어제 다시 교인이 찾아왔기에 그간 자신의 고물상에서 일어난 알 수 없는 상황에 대해서 자초지종을 말해 주었다. 이제는 교회에 나가지 않을 것이니 찾아오지 말라고

통보하였다. 이런 결정을 내리고 나자 열흘 정도 뚝 끊어졌던 일감이 갑자기 밀려들어 왔다고 너무너무 신기하다면서 전화를 걸어왔다.

태황제님께서 내리는 천지조화!
 이 여인의 말대로 신기한 것인지 무서운 것인지 태황제님의 원뜻을 몰라본 천인에게 태황제님께서 내려준 천지조화의 일부분이었다. 태황제님은 교인들이 섬기는 가짜 하느님, 하나님이 아니시다. 천상의 모든 제왕들과 대우주 모든 신명들을 거느리시고, 통치하시는 신명세계의 총사령관님이시다. 이 깊은 뜻을 모르고 실수를 하였으니, 인생으로 고통스런 일이 일어나게 하는 메시지를 내려주시어 스스로 깨닫게 하셨던 것이다.

 -예언 인용-
 『터』의 저자 육관 손석우가 장차 이 나라에서 천상천하 명당 자미원 기운을 받아 72억 세계 인류를 다스리는 대제왕이 나온다고 하였다. 천상의 태상천 산하 자미원의 기운을 갖고 내려온 주인공이 태황진 신의 대통령인 태건당 총재 방상용인데, 천상의 성씨가 "자미"이니, 터의 저자 손석우의 말이 빈말은 아니었다.

1,000년 만에 천상에 오른 신라 경순왕

고려 태조 왕건에게 서기 935년에 항복한 신라 마지막 경순왕 김부. 비운의 경순왕은 허공중천 구천세계를 천년(1,031년) 동안 떠돌다가 후손과 함께 책을 읽고 감동받았다. 그의 35대 후손을 데리고 저자를 찾아와 조상님 입천제 의식을 행하여 구원받아 천상으로 올라갔다.

1,000년의 세월을 넘어 후손과 상봉한 경순왕!
생전에 신라의 마지막 경순왕이 책을 읽고 들어와 위대하신 하늘께 스스로 굴복하여 조상님 입천제 의식을 행해서 구원받아 천상의 태상천에 오르게 되었다.

살아생전에는 왕을 했지만 그의 후손 나이가 30세에 지나지 않아 경제력이 없어 조상님 하단 입천제 의식을 행했다. 비록 벼슬입천은 못했지만 일단은 후손 몸을 떠나 하늘의 훌륭한 백성으로 태어날 수 있는 천상 태상천으로 입천이 되었다.

그의 후손은 천인합체의 명을 윤허 받았다. 다른 왕들은 사후세계에서도 살아생전 누린 관직에 미련을 버리지 못하였다. 경순왕 김부는 살아생전 자신이 누렸던 왕의 권세와 부귀영화 그 모든 잘남을 버렸다. 자손과 함께 들어와 조물주 하늘이신 태황제님께 구원받아 천상으로 입천되는 영광을 누렸다고 매우 기뻐하였다.

경순왕은 살아생전에는 자신이 잘 나서 왕의 자리에 올랐는지 알았다고 했다. 사후세상의 삶을 통하여 자신의 잘남이 아닌 하늘께서 자신을 사랑하심에 왕의 자리에 앉혀주시었다는 진실을 알게 되었다. 신라 경순왕을 왕의 자리에 앉혀준 분도 하늘이시었고, 오늘 데리고 오신 분도 하늘이시었다.

죽은 뒤에 절에서 1,031년 동안 밤낮으로 열심히 불공을 올렸는데도 구원이 안 되었다. 조상님 입천제 의식을 행할 때 경순왕 김부 조상님이 35대 후손의 육신과 함께 찾아와서 천상으로 올라가면서 전해 준 말이었다.

놀랍고 무서운 진실이다. 1,000년 전에 죽은 신라 경순왕 김부. 그 당시 신라시대는 불교가 국교로 한참 성행했을 때이고 유명한 고승들도 많았던 시절이다. 경순왕은 죽은 이후 삼우제, 49재, 천도재, 진오기굿을 신라 조정에서 아주 성대하게 치러주었다고 말하였다.

고승들, 신료들, 그의 후손들은 이렇게 성대한 삼우제, 49재, 천도재, 진오기굿을 했으니 당연히 경순왕은 극락세계에 올라갔을 것이라고 생각하고 있었을 것이지만 그러나 그것은 인간들의 착각이었다.

경순왕은 죽어서 삼우제, 49재, 천도재, 진오기굿을 수없이 받았지만 허상으로 만들어진 극락에 오르지 못하였다. 1,000년의 세월 동안 어찌하면 구원받을까 하고 수많은 절을 전전하다가 경주 불국사 법당 안에서 불도를 공부하면서 불공을 열심히 올렸다고 했다.

경순왕이 사후세계에서 너무나 고통스러워 자살을 여러 번 시도하였을 때마다 그의 35대 후손도 따라서 자살을 몇 번 시도하였다. 경순왕이 사후세계에서 너무 고통스러워 자살을 시도할 때마다 천상에서 음성이 들려왔다. "조금만 더 참고 기다려라, 네가 원과 한을 풀 날이 곧 다가올 것이니라."

천상으로부터 이런 말씀을 들은 경순왕은 희망을 갖고

제3부 · 불효자 면하는 어머니 입천제

수백 년을 기다리다 얼마나 시간이 흘러갔느냐고 물어보았더니 이제 한 달 지났다 하고, 또 몇백 년이 지난 다음 물으니 한 달 반 지났다고 하였다 한다.

그런데 오늘 조상님 입천제 의식에 와서 보니 1,031년의 세월이 흘렀다 했다. 사후세계에는 달력이 없어서 달이 가는지, 해가 가는지 도통 알 수 없다고 한다. 조금만 더 기다리면 너의 소원이 이루어진다고 들려주시었던 그 음성의 주인공이 다름 아닌 하늘이시었다고 말했다.

영혼과 육신을 창조하신 태초의 조물주 하늘께서 이 땅에 최초로 세우시는 천황님의 나라 민족궁전을 1,031년의 세월 동안 묵묵히 기다려온 경순왕 김부 조상님!

천 년(1,031년)을 기다려 천황님의 나라 민족궁전 저자 태황진 신의 대통령을 찾아온 경순왕! 그의 후손이 입천제 의식을 행하여 1,031년이라는 오랜 세월 동안 갈망하던 하늘을 만나는 소원을 이루었다. 그 세월이 얼마나 지루하였을까? 살아생전에 수많은 사람들이 자신 앞에 고개를 숙였던 지체 높은 왕의 신분이 아니었던가?

그러나 하늘께는 살아생전에 최고 높은 권좌에 오른 왕

과 대통령 권력, 재벌 총수들의 태산 같은 수십억, 수백억, 수천억, 수십조의 돈도 아무 소용없다. 천상의 태상천에는 황실법도와 천상법도만이 있을 뿐이다.

살아생전 왕이나 재벌 총수들이라 할지라도 하늘이신 태상천 태황제님께는 순순히 머리 숙이며 인정해야 구원받는다. 현생과 전생에 지은 죄를 인정하고 순순히 순응하지 않는 왕들과 재벌 총수들, 고위공직자들은 천상으로 오르기가 불가하다.

모든 각 성씨 조상님들은 살아생전의 벼슬 관직 모두 내려놓고, 돈에 대한 미련과 생전의 자만, 교만, 거만의 자존심을 버려야 한다. 1,031년을 빌어도 구원받지 못하는 종교에서 벗어나 육신이 살아 있는 후손들의 손을 잡고 천황님의 나라 민족궁전에 들어와서 태황진 신의 대통령에게 구원받게 해달라고 매달려야 한다.

이것이 하늘로부터 구원받을 수 있는 유일한 마지막 방법이다. 왜 그동안 후손들의 몸 안에 들어와 있었느냐고 했더니 어느 후손이 나의 기운을 감당하냐고 하시었다. 묵묵히 오늘이 오기만을 1,031년의 세월 동안 하염없이 기다렸던 경순왕은 마침내 꿈을 이루었다!

조상님 입천제 의식을 행하여 경순왕을 태상천 하늘께서 구해 주신 것이다. 경순왕을 왕의 자리에 올려주시고, 입천할 수 있도록 사후세계에서 데려와 주시었다. 죽으면 그만이라고 생각하며 이 시대를 살아가는 우리 모두는 크게 각성해야 하리라.

1,031년의 장구한 세월 동안 경순왕이 겪었을 그 원과 한이 얼마나 컸을까? 그의 후손들은 경순왕의 고통은 모른 채 그래도 자기 조상이 신라왕이었다고 사람들에게 자랑하며 살아왔다. 그의 수많은 후손들이 있었지만 그 어느 누구도 경순왕을 구원해 주지는 못하였다.

육신이 죽어서도 영혼은 구천을 떠돌며 하늘을 어떻게 만날 수 있을까 노심초사하며 꿋꿋이 기다린 보람이 있었다. 1,031년을 기다려 천상 입천한 신라 경순왕!

그러나 아직도 구원받지 못하고 허공중천을 떠돌거나 자손들 몸 안에 그대로 머물며 하늘 앞에 순응하지 않고 잘난 척하는 수많은 왕들과 벼슬했던 조상영가들이 무척 많다고 경순왕이 천상 태상천으로 입천되어 떠나기 전에 자손에게 가르쳐 주었다.

후손들 육신을 데리고 들어와서 하늘께 순응해야 조상님 입천제 의식으로 구원받아 천상의 태상천에 백성[神民]으로 다시 태어나 영생할 수 있다. 독자들은 여기서 알아야 할 아주 중요한 사항이 있다.

신라 조정에서 왕의 예우를 갖추어 때묻지 않은 수많은 신라 고승들을 동원하여 지극정성으로 삼우제, 49재, 천도재, 진오기굿을 수없이 해주었을 것인데도 불구하고, 경순왕은 극락세계로 오르지 못하였다.

1,031년의 세월이 흐른 뒤에 35대 후손을 앞장세워 천황님의 나라 민족궁전 태황진 신의 대통령을 만나 조상님 입천제 의식을 행하였다. 1,031년의 세월 동안 쌓인 원과 한을 풀고 꿈에도 그리던 영들의 고향 천상 태상천으로 입천되었다.

지금 절에 다니며 불공 열심히 드리고 있는 모든 불자(佛子)들은 명심하여 들어야 할 내용이다. 도력으로 비교하자면 현재 스님들보다 불교가 국교였던 신라 고승들이 때묻지 않고 월등히 도력이 높았었다.

신라 고승들도 경순왕을 천도시키지 못하였는데, 때묻

은 현대의 실속파 스님들이 여러분의 조상영가들을 천도시켜서 구원할 수 있다며 믿고 다니는 것인가?

왕건에게 항복한 비운의 경순왕이었지만 신라 조정에 국상이 났으니 태조 왕건의 왕명으로 장례식이며 삼우제, 49재, 천도재, 진오기굿을 수많은 고승과 무당들을 동원하여 얼마나 성대하게 위령제와 진오기굿, 천도재를 올려주었을지 쉽게 짐작할 수 있는 대목이다.

그런데 지금 현대판 스님들이 여러분 조상님들을 어떻게 대우하며 천도해 주고 있을까? 현재 스님들의 도력으로는 절대로 여러분의 조상님들이 극락세계로 오르지 못하기에 금전 낭비, 시간 낭비만 하고 있는 것이다.

여러분의 수많은 조상님들은 사후세계에서 슬피 울며 구해 달라고 아우성치고 있다. 조상님을 제대로 구하려거든 천황님의 나라 민족궁전에 들어와야 한다. 결국 절이나 무속에서 지금 행하는 조상굿, 천도재는 경순왕을 통해서 천상으로 못 간다는 것이 검증되었다.

뿐만 아니라 기독교, 천주교, 도교를 통한 구원 행위도 모두 허구임이 밝혀졌다. 신과 영혼들, 조상님들을 창조하신 하늘께서는 불교, 기독교, 천주교, 도교, 무속세계 자체를 부정하신다. 천황님의 나라 민족궁전으로만 함께해 주시기 때문이다. 하늘의 명(윤허) 없이는 천상의 태상천으로 입천 자체가 절대로 이루어질 수가 없다.

그리고 구원은 아무 조상이나 받는 것이 아니었다. 차례대로 뽑혀서 하늘께 선택받아 천상의 태상천으로 입천되는 것인데, 이것이 바로 천상으로 가는 지름길이다.

천생, 전생, 현생에서 저자 태황진 신의 대통령과 옷깃이라도 스쳤어야 책을 읽고 선택받아 천상으로 입천된다고 하시었다. 그러니까 하늘이신 태황제님의 선택을 받지 못하는 조상영가들은 영원히 천상 태상천으로 입천될 수 없다는 하늘의 위대한 진실을 알아야 한다.

조상들뿐만이 아니라 각자의 몸 안에 있는 여러분의 영혼들도 선택받아 천인합체의 명을 받고 살아가야 어느 날 갑자기 죽더라도 불지옥도를 면하고 천상에서 천인으로 탄생하여 영생을 누릴 수 있다.

전생과 천상에서 함께하였던 인연이 있었거나 눈길이 마주쳤던가, 옷깃이라도 스쳤어야만 책을 읽게 되고 선택받아 입천 대상에 들어가 천상으로 돌아갈 수 있다.

돌아가신 부모 조상님에게 불효자가 되어버려 가슴 아픈 상처를 남긴 원과 한을 이제라도 풀어서 씻어 드리고 위로해 드릴 수 있는 마지막 효도 기회가 조상님 입천제 의식이다! 살아서 불효자 신세는 면해야 하지 않겠는가?

언제 갑자기 세상을 떠날지 모르고 살아가는 것이 인생길인데, 지구 전체를 온통 종교세계가 점령하였다. 인간, 영혼, 조상, 신들의 구원은 태황제님의 고유 영역이자 고유 권한이다. 어떤 영능력자라도 종교 의식으로 구원해 준다고 현혹하고 회유하는 것은 자신들의 악업만 쌓을 뿐이다. 하늘을 능멸하는 역천자 행위이고, 지구인들은 영들을 구해서 천상으로 보내 줄 능력도 없다.

-세계 정복-
80억 세계 인류를 다스릴 대제왕이 태황진 신의 대통령인 태건당 총재 방상용이다. 인간, 영혼, 조상, 신명들이 기다리던 구원자 하늘이자 난세의 영웅이다. 미국의 대통령, 중국의 주석, 러시아 대통령, 일본 천왕, 영국 왕도 세계 정복을 할 수 없지만 태건당 총재 방상용은 태황진 신의 대통령으로 세계를 정복하고 지배 통치한다.

외아들의 죽음으로 구원받은 조상

책의 내용을 읽다가 자신이 다니고 있는 종교와 너무나 달라서 부정하며 사이비라 하는 자들도 있는데, 이들의 말로가 비참할 정도로 안 좋다는 것을 지금도 수없이 체험하고 있다.

책을 읽고 '이런 게 어디 있어, 말도 안 돼' 하며 부정했다가 5~10년 만에 찾아와서 잘못했다고 비는 사람들이 많이 있다. 책을 읽은 뒤부터 매사 되는 일들이 하나도 없고 실패의 연속이었고, 우환과 질병으로 정신을 차릴 수 없으며 돈은 버는데, 어디론가 날아가 버렸다.

그래도 살아 있는 사람들은 늦게라도 10년 만에 찾아오지만 책 읽고 부정하며 무시하고 욕했던 자들은 불운과 비운이 따랐거나 벌 받아 세상 살기 힘든 사람들이 부지기수일 것이다. 외아들을 잃고 불교를 떠나 이곳에 들어와 조상님 입천제 의식을 행한 그는 그래도 불행 중 천만

다행인 사람이었다.

몇 년 전에 책을 읽고 '뭐 이런 책이 있어? 이런 일이 어디 있어?'라고 부정하며 책을 읽다가 덮어버렸다. 30년간 부처님 전에 불공을 열심히 드리러 다닌 진골의 불교 신도였기 때문에 책 내용을 모두 거부했다.

그런데 4개월 전인 올해 초에 외아들(33세)이 가출하고 돌아오지 않아 수소문하였는데, 이튿날 차 안에서 번개탄을 피워 놓고 자살하였다. 연탄가스에 질식되어 주검으로 발견되었던 것인데, 외아들의 자살이었으니 얼마나 큰 충격을 받았을까?

엄마는 외아들을 잃고 슬퍼하며 절에 가서 부처님 전에 열심히 불공드리며 지냈는데, 하나밖에 없는 외아들을 잃은 슬픔에 잠겨 아무 일도 못하고 매일같이 울기만 하였다. 그러다가 신문광고에 새로 난 책을 주문하여 읽고서 감동받아 친견상담을 예약하였다.

저자를 만나 친견 3일 후에 외아들을 포함하여 친가 직계 좌우 조상님 입천제 의식을 행하게 되었다. 입천제 의식을 하러 왔는데, 엄마가 얼마나 울고불고 난리를 치는지 차마 눈을 뜨고 볼 수 없을 정도였다. 이는 엄마가 우는 것이 아니라 아들이 엄마 몸속에서 우는 것이었다.

아들과 엄마 사이는 때로는 남편처럼, 때로는 애인처럼 각별히 좋았다. 이렇게 애지중지하는 아들을 보내고 보니 왜? 아들이 죽었는지도 모르겠고, 죽고 나서 보니 아들이 빚만 1억을 지고 갔다.

외아들이 죽자 다니던 불교에 실망하여 책을 읽고 찾아오게 되었다. 30년 동안 사들인 불교서적과 염주, 목탁, 부적, 달력, 족자, 탱화, 불상, 옷, 천수경, 테이프 등 불교에 관련된 용품들을 모두 내다버렸다.

외아들의 죽음은 아프고 슬프지만 이로 인해서 헤아릴 수 없는 수많은 조상님들이 구원받았으니 전화위복 아니겠는가? 슬픈 마음을 의지할 곳 없어서 책을 읽고 조상님 입천제 의식을 행하러 왔던 것이다.

역시나 그랬다. 불교에 30년 동안 미쳐서 다니고 있었기에 사랑하는 외아들을 앞장세우지 않으면 불교에 지극 정성인 엄마의 마음을 꺾을 수 없기에 천상에서 충격적인 방법을 동원한 것이었다.

저자 태황진 신의 대통령을 만나 조상님 입천제 의식을 올렸다. 외아들의 죽음이 겉으로 보기엔 분명 슬픈 일이지만 친정과 시가조상님들을 하늘 태황제님과 태황진 신의 대통령 대천력으로 태상천으로 입천되었으니, 슬픈 일이 아니라 경사스러운 일이고 가문의 영광이었다.

절에 다니는 사람들이 알아야 할 아주 중요한 내용은 절 법당의 불상에는 석가모니 부처는 없고 형상뿐이다. 귀신과 잡령, 동자동녀들이 들어가서 대우받으며 낄낄거리며 놀고 있다. 독자 여러분은 절에 좋은 기운 받으러 가지만 반대로 나쁜 귀신들의 기운만 잔뜩 받아온다.

불공을 올리면 불상에 부처를 사칭한 수많은 귀신들이 불공을 받아가기에 여러분 불자들은 귀신들이 주는 기운을 받아와서 인생이 더 뒤집어지고 힘들어진다.

이 땅에 있는 모든 종교는 하늘이 세운 것이 아니다. 하늘을 사칭하는 역천자들이 종교를 세웠기에 과감히 떠나야 한다. 종교세계의 사상과 교리를 뚫고 과연 하늘의 기운 따라 찾아오는가를 보기 위한 거대 시험장이다.

종교 귀신들이 영혼(생령)들과 조상들을 천상으로 돌

아가지 못하게 종교에 가두어 종살이를 시킨다. 가짜 극락, 선경, 천국, 천당을 만들어 놓고 구원해 준다고 현혹하여 종교의 노예로 만들었다. 종교 사상을 벗어나 자신의 조상님들을 구하는 것이 하늘이 내린 시험이다.

그래서 말세에 하늘이 인간 육신으로 강세하여도 알아보지 못하게 정신을 세뇌시켜서 선택받지 못하도록 방해하고 있다. 수천 년의 역사와 전통을 가진 종교를 누가 탈출하여 하늘을 찾을 것인가? 종교가 바로 하늘이 숙제로 내린 고통스런 구원의 시험장이었다.

마지막 선택의 시간에 하늘을 찾지 않으면 천상으로 가지도 못하고, 인생 몰락을 자초하는 지름길이다. 절, 교회, 성당, 무속, 도교에 다니면 허전함과 답답함, 우울증과 불면증, 사업 부진, 부부싸움, 불안 초조한 마음이 날이 갈수록 심해지고 있을 뿐이다.

태황진 신의 대통령인 태건당 총재 방상용은 세계를 정복할 무소불위할 능력을 갖고 있고, 모든 만반의 비밀 프로젝트가 이미 준비되어 있다.

17년 동안 꿈에 매일같이 나타나

　1992년 음력 4월 26일 친할머니가 돌아가시고 나서부터 꿈에 엄청 힘들어하시는 모습으로 자주 나타나셔서 무척 심적으로 힘든 시기를 겪었습니다. 그래서 어떻게든 극락왕생(그때 당시 사용한 용어)시켜 드려야 되겠다 싶어 도자기 항아리에 친할머니 성명을 적어 묻으면 괜찮다는 신문광고를 보고 30만 원 주고 사다가 전북 순창 시골 뒷산에 묻었습니다.

　그럼에도 불구하고, 꿈에 친할머니가 나타나시니 이건 아니다 싶어 또다시 '법○○'이라는 지부 절에 1년 동안 다니며 천도재 1번에 300만 원 들여 제를 올렸어도 나아지기는커녕 더 연달아 꿈에 보이니 가짜구나 싶어 법○○에 발길을 끊고, 이리저리 알아보다가 광화문 교보문고에 들렀습니다.

　저도 모르게 종교서고 쪽에 절로 발길이 가는데, 별로

눈에 잘 띄지도 않는 맨 하단을 훑어보다가 한 권의 책이 눈에 확 박혀왔습니다. 순간 심장이 두근두근거리고 손이 덜덜 떨리며, 굉장히 설레는 마음이 들었습니다.

아! 이 책 반드시 사야겠다 싶어 구매하고 4일 동안 꼼꼼하게 정독하였습니다. 정독하며 고개가 절로 끄덕끄덕 거리게 되고, 어떤 대목에서는 갑자기 울음이 터져 나와 대성통곡으로 오열하는 이변을 겪기도 하였습니다.

책을 읽고 천황님의 나라 민족궁전으로 친견 상담하러 근처에 도착했는데, 상담비는 생각지 못하고 있어서 빈손이었습니다. 저의 의지와 상관없이 어느 분께서 저를 은행으로 인도하여 돈을 인출하게 하시고 상담받았습니다. 친견 상담비가 얼마라는 말씀을 듣고 깜짝 놀랐습니다. 은행에서 찾은 돈이 딱 맞았으니까요.

분명 하늘께서 빈손임을 알고 면박당하지 않게 저를 은행으로 이끌어 주신 것을 알고 얼마나 신기해했는지 모릅니다. 와아~! 여기야말로 진짜구나! 제대로 찾았음을 알고 더 이상 개고생 안 해도 되겠다 싶어 마음이 날아갈 듯이 무척 기분이 좋았음은 두말할 필요도 없었지요.

그리고 대단하신 태황진 신의 대통령님께 친견 상담받는 동안 마음이 편해지는 신기한 체험을 하였습니다. 그렇게 해서 바로 백성 가입하고 천법회(천상기도회) 참석해 보라는 말씀에 어느 날 참석했습니다.

나의 조상님 입천제 의식 올려드리기 전까지 계속 울기만 하였습니다. 울고 싶지 않은데, 저의 의지와 상관없이 울어도, 울어도 끝이 없을 정도였습니다. 왜 이리 눈물이 폭포수처럼 쏟아져 나오는지 이러다가 탈진하면 어떡하나 덜컥 겁이 난 적도 있었습니다.

물론 다행히 탈진은 없었지만, 오히려 진짜임을 저에게 보여주시니 어찌 감동하지 않을 수 있겠습니까? 조상님 입천제 의식 때 누가 가장 보고 싶으냐고 물으셔서 친할머니라고 말씀드렸더니 청배하자마자 별 말씀도 없이 오로지 눈물만 쏟다가 끝났습니다. 지금 생각해 보면 더 많은 대화를 못해 본 것에 아쉬운 감이 들었습니다.

조상님 입천제 의식 끝나고 그날 잠을 잤는데, 거대한 산만큼 큰 황소 등 위에 어마어마하게 헤아릴 수 없는 우리 조상님들을 태운 채 구름 타고 하늘로 승천하는 꿈을 꾸었습니다. 그다음 날부터는 17년 동안 꿈에 매일같이 나타나시던 친할머니가 꿈에 보이지 않았습니다.

　얼마나 맛있게 잘 잤는지 몸과 마음이 새털처럼 가벼워졌고, 50년 가까이 원수처럼 늘 싸우기만 했던 부모님의 부부싸움도 없어지는 이적과 기적이 일어났습니다.

　그리고 뒤집어질 때나, 뒤집어질까 봐 두려워하지 말라는 말씀과 뒤집어질 때마다 내공을 튼튼하게 해주는 버팀목이 된다는 말씀을 새기며 긍정적으로 나아간 적이 있었는데, 더 이상 뒤집어질 일이 생기지 않았습니다.

　뒤집어지는 일이 생긴다 해도 더 한 단계 올라가는 계기가 될 거라는 말씀도 잊지 않고 실천하려 노력하고 있습니다. 그렇게 평화롭게 지내다가 천인합체 명을 받들어 행하고 천인으로 탄생하였습니다.

　그리고 나서 청각과 언어 장애가 좋아지고, 마음이 충만해지는 기분을 느끼며 진심으로 죽을 때까지 오로지 태황진 신의 대통령님께서 걸어가시는 발자취를 뒤따라가야겠다는 확고한 신념을 만들어주셨습니다.

　저는 지금까지 대단하신 태황진 신의 대통령님께서 내

려주시는 사랑과 보호 덕택에 큰 질병과 사건, 사고 없이 무탈하고 건강하게 사는 것 자체가 진정한 행복입니다. 그 엄청난 행복을 누리게 해주시는 것이 천복입니다.

천황님의 나라 민족궁전에 들어오는 것 자체가 엄청 큰 행운아임을 알았습니다. 지금까지의 행복한 일상이 당연한 것이 아닌 태황진 신의 대통령님께 항상 고마운 마음으로 은혜에 보답해 드리며 살아가고 싶습니다.

어느 날 친부가 치매와 신장암 말기 판정을 받아 한때 암울한 마음이 들었는데, 친부에게는 병명을 비밀로 하였습니다. 2010년 4월 20일 조상님 입천제 의식 이후 지금까지 치매, 신장암 말기 진행이 멈추는 기적을 내려주신 대단하신 태황진 신의 대통령님이십니다. 너무나 대단하심을 직접 체험하였기에 2023년 12월 현재까지 13년 8개월째 다니고 있습니다. 태황진 신의 대통령님을 모르고 살아가는 사람들은 불행한 사람들입니다.

-죽는 순간 운명이 바뀐다-
지금은 육신이 살아 있으니까 눈에 보이는 학벌과 재력, 권력, 명예를 거머쥐었다고 자랑하며 기고만장해서 나 잘났다고 살아가지만, 죽는 순간 운명이 180도 바뀐다.

하느님이 계실까? 정말 궁금해요

하느님이 정말 계실까?

하느님을 믿는 사람도 궁금하고, 하느님을 믿지 않는 사람도 궁금한 게 뭐냐면, 정말 하느님이 계실까? 이게 참 궁금해요.

이거 내가 헛고생하는 거 아닌가~? 만약에 죽었는데, 하느님이 안 계시면 어떡해. 아니 열심히 참고 살았는데, 하느님이 안 계시면 어때요.(장난하나. 생사 문제인데)

여러분보다 더 억울한 사람이 있어요. 우리 신부들이에요. 우리 신부들은 아~ 그 좋다는 여자 다 뿌리 치고 그리고 평생을 혼자 살았는데, 죽었는데 아무것도 없으면 어떡해. 얼마나 허망해요. 그러니까 궁금한 거예요.

우리 수녀님들도 예수님이 정배라고 그러고 살았는데, 아~ 죽었는데 정배가 없어 이게, 신랑이 없어 죽었는데… 얼마나 허망하겠어요? 그러니까 궁금한 거예요.

　신부(황○○)가 신자들에게 말한 것으로 유튜브 숏츠 영상에 올려진 내용이다. 죽었는데, 하느님이 없으면 어떡해? 신부, 수녀, 신자들 모두의 마음속 깊이 내재되어 있는 불안한 마음을 아주 잘 보여주는 대목이다.

　정답은 천주교인, 기독교인들이 믿는 하느님, 하나님은 없다. 종교도 시작이 있으면 끝이 있다. 여호와(야훼)를 2,024년 이상 하느님, 하나님으로 섬기고 있으나 이스라엘 조상일 뿐이다. 여호와 자체가 하느님, 하나님도 아니고 이 세상을 창조한 우주의 절대자도 아니다.

　그러니 당연히 하느님, 하나님은 없을 수밖에 없다. 즉 있지도 않은 가짜 하느님, 하나님이 여호와(야훼)라고 수천 년을 믿었으니 당연히 구원도 없다. 온몸과 마음을 다하여 일생을 아낌없이 받들고 섬기며 믿었는데, 정말 하느님, 하나님이 없다니 그 얼마나 대충격일까?

　하느님, 하나님이 없다는 진실을 누가 알 수 있을까? 스스로 존재한다며 자존자라고 불리는 숭배자로 전승되는 여호와(야훼) 하느님, 하나님의 실체를 적나라하게 알고 있는 존재는 여러분의 영혼과 육신을 태초로 창조한 대우주 절대자 하늘이신 태황제님이시다.

인류가 수천 년 동안 진심을 다하여 믿어오던 여호와(야훼) 하느님, 하나님이 가짜라고 당당히 밝히는 것은 태황제님이 저자 태황진 신의 대통령 인간 육신으로 강세하시어 직접 밝히셨기 때문이다.

저자 인간 육신 자체로는 수천 년 전에 이루어진 여호와(야훼) 하느님, 하나님이 가짜라는 것을 알 수 없다. 그러나 여러분의 생사가 갈리는 말세에 하늘이 인류에게 마지막으로 전하고 싶어하시는 말씀이다.

여호와(야훼) 하느님, 하나님을 믿어서는 구원이 없다는 뜻이다. 이제 천주교인들과 기독교인들은 청천벽력 같은 이 내용을 믿어야 하나, 말아야 하나 허망하고 많은 갈등과 고민으로 정신이 없으리라.

황당하고 말도 안 된다고 할 것인데, 믿든 말든 각자들의 판단이지만 죽으면 진실이 밝혀진다. 죽은 뒤에 여호와(야훼) 하느님, 하나님이 없다는 것을 알면 뭐하겠는가? 되돌릴 수 있는 길은 아무데도 없다.

여호와(야훼) 하느님, 하나님을 몰라서 믿었다고 빌어 봐야 아무 소용이 없다. 영혼의 부모님이신 하늘을 몰라본 죄는 육신이 죽기 전에 살아서 비는 것이지 죽어서는 용서 자체를 받아 주시지 않으신다.

여호와(야훼) 하느님, 하나님이 있는지 없는지 죽어서 확인하지 말고, 육신 살아서 확인하는 것이 현명하지 않을까? 살아서 확인하는 방법은 여러분의 돌아가신 부모 조상님들과 가족 영혼들이 지금 어디에 가 있는지 조상님 입천제 의식을 행하면 알 수 있다.

돌아가신 부모 조상님들의 영혼들을 부르면 지금 어느 세계에서 어떻게 어떤 모습으로 있는지 아주 상세하게 알 수 있다. 그러니 자신의 돌아가신 부모 조상님의 모습을 확인하면, 여호와(야훼) 하느님, 하나님이 있는지 없는지, 죽어서가 아닌 살아서 알 수 있으니 다행스러운 일이고, 자신도 사후세계를 다시 준비할 수 있다.

-처량맞은 알거지 신세-
죽는 순간 처량맞은 알거지 신세가 되어 조물주 하늘이신 태황진 신의 대통령 앞에 살려 달라, 구해 달라 애걸복걸하지만, 알현할 수도 없고, 쳐다보지도 않으신다.

불상에 부처님이 계실까?

전국에 사찰은 얼마나 많고, 절의 대웅전 법당에 크고 작은 금빛 찬란한 부처님 형상은 또 얼마나 많은가? 석가모니불, 아미타불, 비로자나불, 관세음보살, 지장보살, 문수보살, 보현보살, 천수천안관자재보살, 해수관음보살상들이 있는데, 형상에 부처님과 보살님이 계실까?

무릎이 닳도록 108배, 1,000배, 3,000배, 10,000배를 올리다가 관절이 마모되어 고생하는 사람들도 많다. 금빛 찬란한 형상이 사람의 눈을 현혹시켜서 뭔가 있을 것 같다는 믿음이 생겨 절에 다니고 있을 것이다.

그러나 부처 형상은 FRP(폴리에스터 수지에 섬유 등의 강화제로 혼합한 플라스틱)로 만든 형상에 황금을 입힌 불상과 금분을 뿌려서 만든 하나의 불상일뿐, 형상에 부처님과 보살님이 없다. FRP 형상에 열심히 절하고 있는 것이 모든 불자들과 스님들의 모습들이다.

불상을 새로 들여와 절 법당에 안치 봉안한 후 눈을 그려 넣는 불교 의식이 점안식(點眼式) 또는 개안식(開眼式)이다. 단순한 FRP 사물에 영험을 나타낼 수 있는 신앙의 대상이 되도록 신성(神性) 즉 신의 기운을 불어넣는 불상점안, 시왕점안, 사천왕점안, 조탑점안, 불화점안, 가사점안이 있다.

　불상 밑바닥에는 주먹만한 구멍이 뚫려 있어 금·은·칠보·경전과 다라니 등의 복장(服藏)을 넣고 봉인한다. 새로 조성한 불상에 부처님 신체 32상 80종호의 특성을 지니고 여래 10호의 전지전능한 능력을 구족(具足 빠짐없이 고루 갖춤)한 불상이 되어 신상의 대상이 되어줄 것을 발원한 뒤 권공(權供 부처·보살·신중에게 재물을 바치고 소원을 비는 의식) 예배한다.

　오색실을 사용하여 불상의 눈이 육안(肉眼), 천안(天眼), 혜안(慧眼), 법안(法眼), 불안(佛眼), 십안(十眼), 천안(千眼), 무진안(無盡眼)을 성취하고, 그 눈이 청정하고 원만하기를 기원한다.

　6신통(六神通)의 불상이 되기를 발원한 뒤 마지막으로 눈(眼)을 그리게 됨으로서 살아 있는 부처님으로 모시게 된다. 개안광명진언(開眼光明眞言), 안불안진언(安佛眼眞言), 관욕진언(灌浴眞言), 시수진언(施水眞言), 안상진언(安相眞言) 등으로 부사의(不思議 말로 나타낼 수도 없고, 마음으로 헤아릴 수도 없음. 생각이 미치지 못함, 생각할 수도 없는 놀라운 힘)한 힘을 얻게 된다.

성대하게 불상 점안식을 한다고 부처님과 32상 80종호의 기운이 정말 불상에 계실까? 정답은 아무 것도 없고, 부처님 기운 역시도 없다. 중생들을 현혹시키려고 신앙의 대상으로 불상을 만들어 놓은 것에 불과하다.

그러나 3,000년 이상의 세월 동안 전승되다 보니 사람들이 믿음으로 따르고 있는 것이다. 자신들의 사상과 맞으니 믿음을 갖는 것일 텐데, 이렇게 종교를 믿는 행위 자체가 죄가 된다는 것을 아는 사람들은 없다.

지구에 태어난 자체가 천상에서 죄를 지었기 때문에 지옥별 행성인 지구에 태어난 것이라는 천상의 진실을 인류 그 어느 누구도 모르고 살아간다.

불교뿐만이 아니라 천주교, 기독교, 이슬람교, 도교, 무속 등등 신앙의 대상자들을 섬기고 받드는 것이 얼마나 어리석고 바보같은 짓이며, 무서운 죄가 되는지 지금은 알려주어도 믿으려 하지 않고 콧방귀만 뀔 것이다.

인류가 지구에 우연히 태어난 것이 아니라 영생을 누리던 천상에서 죄를 짓고 유배당하여 귀양왔다. 이 세상에 태어나서 잘 먹고 잘 살다 죽기 위해서 태어난 것이 아니다. 육신의 숨이 붙어 있는 동안 천상에서 지은 죄가 무엇인지 찾아내어 죄를 빌어야 천상으로 돌아갈 수 있다.

사후세계 진실을 종교인들이 무수히 말하고 있지만 인류는 하늘의 진실, 사후세계의 진실을 알 수가 없다. 종교를 믿는 자체가 자신의 죽음보다 천만 배 더 무서운 일이란 걸 아무도 모른 채 믿고 있다.

그래서 결국 죽어봐야 저승길이 어떤지 알게 되겠지만 그때는 다시 돌아올 수도 없고, 천상으로 올라가는 길도 막혀버린다. 그동안 천도재 올린 자신의 부모 조상님들이 지금 어느 세계에 어디 가 있는지 천황님의 나라 민족 궁전에서 하루빨리 확인해 봐야 한다.

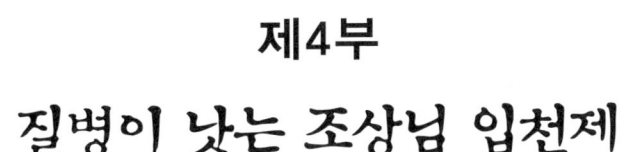

제4부
질병이 낫는 조상님 입천제

25년 동안 앓던 불치병이 사라져

졸지에 50억 원 재산 날리는 산전수전 다 겪고 그것도 모자라 머리와 다리, 온몸에 부스럼과 통증으로 가려움을 참기가 너무도 힘들었다. 보행도 불편하여 인생을 무의미하게 지내다가 신문에 실린 글을 읽고 만났다.

10여 년의 미국생활에서 술장사로 돈을 벌어 외제승용차를 타고 다니며 돈을 물 쓰듯 하였고, 집과 아파트도 몇 채 갖고 있었으나 한순간에 망했다가 다시 일어서고 망가지기를 3번이나 거듭하였다.

망할 때 뭔가 보이지 않는 어떤 힘이 작용하여 그 많은 재산을 날렸다는 생각이 번개처럼 스치고 지나갔다. 하는 일마다 풀리지 않아 고민하던 중 저자 분께 현재 내가 겪고 있는 고민인 아픈 다리와 부스럼이 있는 머리 부분에 대해 말씀드렸다.

병원에 가보았냐고 물으시기에 "수십 차례 병원에 가보았으나 병명이 나오지 않아 치료도 못하고 고통만 당하고 있다"고 말씀드리자 "이 질병은 신이 내리신 병이니 어느 병원에 가도 치료가 안 된다"고 하시었다.

"돌아가신 조상님들을 입천시켜 드리면 나을 수 있다"고 하셨으나 조상님 입천제 의식을 지낼 만한 돈이 없다고 말씀드렸다. 알았다고 하시면서 며칠 후에 돈이 들어올 것이니 그때 가서 조상님 입천제 의식을 올리자고 말씀하셨다. 정말 신기하게 7일 후에 돈이 들어와 다행히 조상님 입천제 의식을 올릴 수 있었다.

많은 번뇌와 고민 속에 저자 분을 만나 원과 한이 되어 억울하게 돌아가신 직계 좌우 조상님 모두를 청배하여 조상님 입천제 의식을 올려드리니 속이 후련하였다.

조상님 입천제 의식을 올려드리고 일주일가량이나 지났을까 싶었는데 25년 동안 앓아오던 머리 부스럼 딱지와 비듬이 없어지기 시작하였다. 피부과 병원에 가면 건성피부이기 때문에 생기는 병이라면서 완치는 안 되고 피부에 이상이 생길 때마다 연고를 자주 바르라고만 말해 주어 완치는 포기하고 살았었다.

또한 등에서 다리까지 나 있던 손톱 크기만 한 수십 개의 검붉은 물사마귀가 흔적도 없이 사라졌다. 10년 전부터 아팠던 다리도 완치되었다. 나는 이 다리와 머리의 부스럼 병을 고쳐보려고 안 가본 병원이 없었으며 치료비로만 억대 이상의 돈을 쓰고도 고쳐지지 않았었다.

이런 불치의 병이 감쪽같이 없어지는 것을 체험하고 저자 분의 영적 능력은 어디까지인가 경탄하지 않을 수 없었다. 이제 '불행 끝 행복 시작'이었다. 저자 분의 법력은 그 어느 누구도 흉내 낼 수 없었다. '천상계에서 대법과 대력, 천력과 천권, 신력과 신권, 도력과 도권을 갖고 오신 신'이 분명하다고 내 스스로 인정해야 했다.

내 몸이 치료된 것은 저자 분의 몸에 하늘께서 강림해 계셨기에 가능했다고 생각한다. 이유인즉 천도재나 굿, 병원 치료를 수없이 해보았어도 전혀 치료가 안 되었는데, 불치병 병마가 조상님 입천제 의식 이후 신비하게 사라졌으니 인정할 수밖에 없었다.

그러니까 사람마다 기운이 다르듯이 저자 분의 몸에 계신 하늘의 천지조화가 대단하시었다. 내 몸의 아픈 곳은 거짓말처럼 사라졌고, 또한 몸으로 느껴지는 신비한 진동(신들이 하강하는 기운)은 날이 갈수록 강력해졌으며 밥을 하면 알 수 없는 글자가 매일 새겨져 있었다.

 저자 분께서 어떤 도법주문을 해주시면 내 몸에 진동과 함께 신의 말씀이 내리고, 신비스런 현상들이 일어나기에 저자 분을 인정하지 않을 수가 없었다. 신의 제자라 해서 다 같은 제자가 아니라는 것을 이제야 알게 되었다.

 그동안 전국에서 소문나고 용하다는 보살 무당집에는 안 가본 곳이 없을 정도로 찾아가서 상담도 받아보았고, 굿과 천도재도 수없이 올려드렸었다. 그러나 그때 잠깐뿐이고 병세는 호전되지 않았으며, 신으로 인해서 그렇다는 말을 해준 보살 무당은 단 한 사람도 없었었다.

 25년간 고민하며 고통받아 오던 질병을 말끔히 낫게 해주신 저자 분께 정말 감사하며 평생 은혜를 잊을 수가 없어서 이 글을 남긴다. 저자 분은 하늘이 내리신 태황진 신의 대통령이 분명하시다는 생각이 들었다.

 −대재앙에서 실시간 보호−
 언제 어느 때 어디에서 갑자기 대재앙이 발생하여 목숨을 잃으니 실시간 보호받는 곳을 알아두어야 한다.

심장이 편안해졌음을 느끼며

5년 전에 책을 보고 조상님 입천제 의식하기 전에는 심장이 두근거리거나 생각이 열두 번 변하듯 변덕이 죽 끓듯 심하였다. 다리가 덜덜 떨리면서 화도 자주 났으며, 온몸에 열기도 있었다. 이곳저곳에 패대기치듯 화풀이도 많이 하며, 거친 삶을 살면서 간간이 심장이 멎을 듯 압박이 심했었습니다.

조상님 입천제 의식하고 나서부터 심장이 편안해졌음을 느끼며, 일하면서는 더 편안함을 느끼게 되었습니다. 다리 떨림이 사라지고, 갑자기 심장에 충격도 없어지고, 열기도 가라앉아지며 안정되어졌습니다.

그 당시에는 바로 못 느껴서 몰랐던 것도 시간이 지나면서 알았습니다. 아주 큰 은혜를 베풀어주신 것임을 알게 되었으며, 이러한 것이 기적임을 느낌으로 알게 되었습니다. 그 뒤로 두 달도 안 되어 사후세상을 보장받는 천인합체 의식을 행하고 삶에 변화가 찾아왔습니다.

 일하면서 장비를 들 때 힘이 불끈 솟아오른다거나 전기에 감전이 되거나 안전사고를 당해도 경미합니다. 실시간으로 보호를 받고 있다는 것을 현실의 삶으로 알게 되고, 육신의 입장으로 보면 아주 놀라운 일이었습니다. 뭔가를 필요로 할 때 우연처럼 필연으로 이뤄지는 기적을 작업 중이나 일상에서 많이 체험하게 되었습니다.

 그리고 천상에서 지은 죄를 비는 사죄 의식을 행하고 나서 감싸는 무언가로부터 벗어나 마치 산꼭대기에서 멀리 아래를 보는 기분이 드는 것과 일상생활에서 주변인들로부터 해방감을 느끼며 일과 주변 생활이 잘 풀리며, 평화로움을 느끼면서 생활하게 되었습니다.

 자전거를 타고 가면서 멀리서 저기 빨간불인데, 파란불이었으면 좋겠다고 속으로 말하면 우연인 것처럼 파란불이 되어 지나는 경우가 많이 있었습니다. 이렇게 밀접하게 생활 속에서 많은 보호와 배려를 내려주시며 은혜를 베풀어주셔서 행복하게 살 수 있었습니다.

 그 뒤로 1년의 시간이 흐른 뒤에 하늘께 구해 주심에

감사함에 보은드리는 천은보사 의식을 행하였습니다. 조상입천, 천인합체, 사죄의식만 봐도 엄청나게 크게 베풀어주신 은혜를 모두 갚을 수 없지만, 표현하고 싶다는 생각이 강하게 들어 천은보사 의식을 행하였습니다.

지금까지의 삶의 굴레와 족쇄로부터 해방되어 자유인으로 살도록 배려해 주시어 영은 천상에서 육은 지상에서 아주 행복하게 살도록 큰 은혜를 내려주셨습니다. 감동, 감탄, 감격으로 마치 무지개 위를 걷는 것 같은 복을 받아 즐겁게 지내고 있습니다.

하늘의 명을 받고 산다는 것은 엄청난 큰 기쁨이면서 갚을 수 없는 아주 어마어마하게 큰 은혜를 받아서 산다는 것은 대영광이면서 무한한 가문의 영광입니다. 그 은혜는 살아 있는 동안 가슴에 깊이 새기고 싶습니다.

이곳에서 행해지는 의식들은 종교 세상에서는 구경조차 할 수 없는 특유의 천상 의식입니다. 무속의 조상굿, 사찰의 천도재, 지장재, 수륙재와 천주교의 추도미사, 기독교의 추모예배와는 비교조차 할 수 없습니다.

조상님 천상 입천 후 질병이 사라져

　조상님 입천제 의식 이후에 두통, 가위눌림, 감기, 비염 증상들이 정말 거짓말처럼 싹 사라졌습니다. 하늘 태황제님과 태황진 신의 대통령님께서는 수많은 종교에서 행하지 못했던 경이롭고 신비한 일들을 행하십니다.

　귀신들의 출현으로 인하여 우리 일상생활에 일어나는 불가사의한 일들은 너무도 많고, 인간의 힘으로는 도저히 이길 수 없습니다. 조물주 태황제님과 태황진 신의 대통령께서 계시니 너무나 감사합니다. 전 세계에서 태황진 신의 대통령을 능가할 영 능력자는 지금까지도 없었고, 이후의 세상에서도 영원히 없을 것입니다.

　저는 인간 육신을 가지고 태어났지만 인간이 아니었나 봅니다. 태황제님과 태황진 신의 대통령의 하해와도 같으신 사랑으로 제 안에 귀신이 존재하고 있다는 것을 조상님 입천제 의식을 행하고 인정하게 되었습니다.

2008년도에 조상님 입천제 의식을 행하여 하늘의 백성으로 재탄생하고 나서 "천기력(절기 달력)" 앞에 서서 5배의 예를 올리려는데, 갑자기 얼굴이 일그러지더니 입에서는 괴이한 소리가 나오기 시작했습니다.

"천기력"에서 뿜어져 나오는 신비의 황금빛이 너무도 강렬하여 감히 고개를 들 수 없을 정도고, 그 엄청난 빛에 제 얼굴은 더욱 일그러지며 엄청나게 괴로워하였어요.

빛의 강렬함이 얼마나 대단하던지 몸이 뒤로 넘어지려고 해서 방바닥에 털썩 주저앉았던 기억도 있습니다. 공포 영화 속에서나 보았던 귀신처럼 얼굴이 일그러지자 너무도 무섭고 끔찍했습니다. 그것이 진짜 귀신인지, 또 어떤 현상인지 저로서는 알 수 없었지요.

때마침, 천법회에 불러주시어 저에게 몸 안에 깊숙이 숨어 있던 귀신의 존재를 처음으로 밝혀 주셨습니다. 그 순간 공포와 서러움의 감정들이 복받쳐 올라 눈물이 봇물 터지듯 흘러내렸습니다.

아! 나는 어디서부터 잘못된 것일까? 어릴 때 기억 속의 제 모습은 항상 울고 있습니다. 부모님께 혼이 난 후,

방으로 들어가 이불을 뒤집어쓰고 울며 시간을 되돌릴 수만 있다면 엄마 뱃속으로 들어가 다시 태어나 새롭게 시작하고 싶다는 생각을 수도 없이 하였어요.

학교에서는 얌전하지만, 집에서 한 번 싸우기 시작하면 제 의지와는 상관없이 힘센 천하장사와 같은 힘이 솟아올라 남자처럼 변하였습니다. 부모님께서도 사람이 아니라 괴물, 외계인, 정신병자라고 하셨고 온갖 욕을 퍼부으셨습니다.

그런데, 그것은 정말 내 의지와는 상관없이 일어나는 현상인데, 이런 내 마음을 몰라주고 정신병자로 취급하였습니다. 가족들도 모두 외면하니 서러움이 몰려와 차라리 죽고 싶단 생각에 매일 우울했고, 무기력해서 모든 것에 멍~하니 넋을 놓고 하루하루를 살아갔었습니다.

저도 부모님의 사랑을 받고 싶었지만 이미 가족들 사이에서 왕따나 다름없으니 주체할 수 없는 허전함과 텅 빈 마음에 밤하늘의 별을 올려다보며 알 수 없는 그리움의 눈물을 흘리곤 했습니다.

점점 자라면서 내 안에는 분명 다른 존재가 있다는 것

이 좀 더 강력히 느껴졌어요. 남자, 노인, 어린아이 등등…. 나는 도대체 누구일까? 왜 나는 평범하게 살 수 없을까? 하루하루 숨을 쉬며 살아간다는 것이 고통이자 산지옥이었습니다.

참 신기하게도 그 와중에 제 마음 안에서 어떤 희망의 메시지가 느껴지곤 했습니다. '이건 네가 아니야, 너의 진짜 모습은 이렇지 않아.' 누군가가 제 마음 안에 끊임없이 희망을 심어주는 것이 느껴졌고, 저도 모르게 큰 꿈이 자라나고 있었습니다.

그 신기한 희망마저 느껴지지 않았다면 벌써 자살하여 허공중천을 떠도는 귀신이 되었을 겁니다. 어린 시절부터 하늘이 강세하신 태황진 신의 대통령을 만나기 전까지 감기, 비염을 달고 살았습니다. 턱관절, 어깨 통증, 끊임없는 두통, 또 잘 체해서 소화제 또한 늘 손에서 떠나지 않아 한마디로 종합병원이었습니다.

또 갑상선까지 걸려 목이 부으면서 두 눈이 심하게 돌출되고, 체력은 날이 갈수록 쇠약해져 마치 바람 빠진 풍선처럼 완전히 넋이 나갔습니다. 제가 제 뺨을 세게 쳐보아도 정신이 들지 않아 공부에 집중을 할 수 없었습니다.

아침에 눈을 뜨면 또다시 두려움과 공포가 마구 몰려오니, 캄캄한 암흑 속에서 길을 잃고 헤맵니다. 몸은 늘 천근만근이 되어 땅속으로 가라앉는 느낌입니다. 극심한 두통과 우울증, 정신적 방황은 더욱 심해져 갔지만 이런 현상들이 귀신의 짓이라고는 생각한 적 없었어요.

그 후, 기적적으로 책을 읽은 후에 제 안의 조상님의 원과 한이 얼마나 크신지 대성통곡하며 알게 되었습니다. 태황진 신의 대통령께서 입천제 의식을 해주셨을 때 생각도 못했던 1,000년 전 조상님과 상봉할 수 있었고 저의 부모님께 엄청나게 호통을 치셨습니다.

그때 저는 돈이 없는 상태였기 때문에 사명자도 아니신 부모님께 억지로 책을 권유하였고, 윤허하시어 함께 참석할 수 있었습니다(그 당시 태황진 신의 대통령님의 엄청나신 배려가 느껴지는 대목입니다). 지금은 당연히 절대 부모님께 말하고 있지 않고요.

1,000년 전 조상님께서는 저를 이 세상에 태어나게 하시려고, 사후세상에서 그 오랜 시간 동안 너무나 애가 타도록 하늘께 간절히 빌고 빌어서 제가 태어나게 된 것이라 하시며, 내가 너를 낳았다고 말씀하셨습니다.

수많은 조상님들이 사후세상에서 하늘께 빌고 빌어서 조상님 입천제 의식을 행해 줄 자손을 점지해 달라고 빌어서 태어났다는 이 엄청나고도 귀한 진실을 이 세상 어디에서 그 누구에게 들을 수 있겠습니까?

너무나도 크신 은혜를 내려주신 태황진 신의 대통령님께 진심으로 감사합니다. 정말 최고이십니다! 조상님이 사후세상에서 하늘께서 내려주시는 빛을 보았을 때 너무도 감격하셨다며 눈물을 흘리셨고, 저에게는 애틋하게 "○○아, 사랑한다" 말씀하시자 주체할 수 없는 눈물이 흘러내렸습니다.

1,000년 전 조상님의 간절한 기도로 태어났다는 것도 영광인데, 사랑한다고 말씀해 주시자 감동의 눈물이 멈출 줄을 몰랐습니다. 태어나서 그동안 조상님 몰라보고 알려고도 하지 않았음에 부끄럽고 죄송스러웠습니다.

저의 조상님들께서 천상의 태상천으로 올라가신 후, 저는 두통, 가위눌림, 감기, 비염 증상들이 정말 싹 사라졌고, 피부까지 엄청 좋아지는 신비한 기적을 안겨 주셨습니다! 게다가 올봄에는 10년 가까이 복용하였던 갑상선 약을 완전히 끊게 되었지요!

살아서도 죽어서도 영원히 잊지 못할 너무도 대단한 조상님 입천제 의식으로 신비한 이적과 기적이 일어난 것이지요. 천황님의 나라 민족궁전 태황진 신의 대통령님께서는 너무나 대단하시고 존귀하신 분이십니다.

저는 2007년도 1월 12일 날 대전에서 올라와 태황진 신의 대통령님과 첫 친견 상담을 하였고, 2008년 3월 8일에 조상님 입천제 의식을 행하였습니다. 17년의 세월이 흐른 지금도 매주 알현드리는데, 상상을 초월하는 이적과 기적의 자랑하고 싶은 내용들이 너무나도 많습니다.

-비전 제시-

태황진 신의 대통령인 태건당 총재 방상용이 세상에 출현하는 순간 대한민국은 세계 최대 산유국이 되는 것보다 더 큰 부자 나라가 된다. 전 세계 인류가 굴복하고 우러러 받들어야 하기 때문이다.

세계 인류의 생살여탈권을 갖고 있고, 죽음 이후 천국과 지옥의 판결권을 갖고 있기에 굴복을 안 할 수가 없다. 전 세계 종교는 모두 무너지고 무종교 세상이 된다.

조상님 입천제 이후 술들을 안 마셔

　조상님 입천제 의식 이전의 저와 제 가족의 삶은 절대로 정상적인 삶을 살 수가 없었습니다. 가족들 간에 보이지 않고 절대로 깨지지 않는 벽이 있었기 때문입니다.

　그 벽을 깨주신 태황진 신의 대통령님께 무한 감사를 올립니다. 그 벽이라 함은 영혼과 육신의 태초 부모이신 하늘도 모르고 돌아가신 골치 아픈 제 조상님들 때문인 것을 조상님 입천제 의식 때 밝혀내주시었습니다.

　그 조상님들이 후손들 몸에서 보이지 않는다고 이리저리 돌아다니시며 모든 불행의 씨앗을 만들었답니다. 물론 훌륭하신 조상님들도 계시지만 하늘도 모르는 골치 아픈 조상님들로 인한 피해는 이만저만이 아닙니다. 천벌은 자손대대로 이어짐을 보여주셨습니다.

　조상님 입천제 의식 행하기 이전에는 조상님들이 사후

세계에서 고통받는 꿈을 간간이 꾸면 그 다음에는 꼭 안 좋은 일이 일어납니다. 1991년에 조상님이 톱으로 다리가 잘리시면서 고통도 초월한 듯이 저를 물끄러미 바라보셨는데, 며칠 후에 제 동생이 자살했습니다.

저는 여기서 느낀 생각은 '조상님이 사후세계에서 고통을 받고 계시면 그 후손들은 진정으로 행복해서도 안 되고, 행복할 수도 없으며 행복해 보았자'라는 생각이 드는데, 천지자연의 이치라 생각합니다.

그다음은 술로 인한 피해입니다. 저희 친가나 외가 모두들 엄청나게들 마셔댑니다. 명절날에는 무슨 술 시합이라도 하는 것처럼 말입니다. 조상님 입천제 의식 이후 처음 맞이하는 설날 명절입니다.

모두들 스스로가 놀랍니다. 모인 형제들이 모두 술들을 거의 안 마시는 것입니다. 저 혼자만이 조상님들께서 입천제 의식을 행하여 모두 천상세계로 올라가셨기 때문이란 것을 알고 있었습니다. 제 주변의 지인들도 엄청 마셔댑니다. 번 돈의 80% 이상이 매일 술값으로 지출됩니다.

정신적, 경제적, 육체적으로 피해가 막심합니다. 정상적인 삶을 영위하기가 힘이 듭니다. 본인들도 자기가 아닌 다른 사람(조상)이 마신다고 생각합니다. 하루라도 술을 마시지 않으면 허전해 하는 사람들이 주위에 많습니다. 이는 인간들이 먹는 것이 아닌 조상귀신들이 먹는 것이라는 것을 저의 조상님 입천제 의식을 통하여 실감나게 확인할 수 있었습니다.

인사불성이 되어 필름이 끊어져 무슨 말을 했는지조차 기억나지 않을 정도로 퍼마시는 것은 자기가 아닌 조상님들로 인한 것이라는 진실을 새롭게 알았습니다. 조상님들이 돌아가야 할 영혼들의 고향인 천상 태상천에 오르지 못하여 자손들 몸 안에서 힘든 사후세상을 술로 달래고 있는 것이었습니다.

사람들이 죽으면 육신은 화장하거나 땅에 매장되어 존재 자체가 사라지지만 육신을 떠난 조상님들은 살아생전의 선행과 악행에 대해 심판을 받아 상천세계, 중천세계, 하천세계로 분류된다고 들었습니다.

상천은 천상세계이고, 하천은 지옥세계이며, 중천은 인간세계라고 합니다. 그런데 죽은 조상님들이 천상세계로 오르지 못하고 중천이나 하천세계에 머물고 있으면 죽어서 고통받는 조상님들의 힘든 기운을 살아 있는 자손들이 똑같이 받는답니다. 인생이 뒤집히고 우환과 질병, 사업 실패, 사건사고, 고소고발, 사기 배신, 자살, 돌연사 같은 일들이 일어난다고 하십니다.

사람 몸에 조상들이 함께 살고 있으면 자손들을 굴복시켜 깨닫게 하려고 온갖 풍파가 자신들에게 몰아친다는 것을 수많은 고난을 통하여 알 수 있었습니다. 술 주사로 인한 폭언과 폭행은 인간 본래의 모습이 아니라 자기의 당대와 선대조상님들의 모습이라는 것을 입천제 의식을 행하면서 너무나 생생히 알았습니다.

조상님 입천제 의식을 올려드리고부터 술 마시는 것에 흥미를 잃었고, 저절로 술이 끊어지는 이변이 일어났습니다. 술맛이 없고 술이 전혀 당기지 않습니다. 술 퍼마시고 다음 날 속이 쓰리고 업무에 지장을 주는데도 또다시 해장술을 마십니다. 술중독이 아니라 조상님들이 술을 마신다는 것을 아시고 어서 빨리 조상님 입천제 의식부터 해드려야 할 것입니다.

천황님의 나라 민족궁전은 일반적인 무속이나 불교,

도교, 기독교, 천주교, 민족종교가 아니라 전 세계에 단 하나밖에 없는 하늘과 땅, 태황진 신의 대통령님이 함께 하는 곳입니다. 민족궁전이라 하니까 뭐하는 곳인지 잘 이해가 되지 않는 사람들도 상당히 많을 것입니다.

우리 인류가 태어나면서부터 종교세계 안에서 애타게 기다리고 찾던 인류의 구세주가 함께하는 무릉도원 세계라는 것을 알았습니다. 우주를 창조하신 진짜 태황제님이 계시고, 인간 육신을 가진 태황진 신의 대통령님께서 모두 함께해 주시는 대단한 세계입니다. 불가능이 없을 정도로 하늘과 땅의 천지능력이 무수히 내립니다.

이제부터 인간과 영혼, 조상님들은 더 이상 기존에 알려진 종교세계 안에서 허송세월 방황하며 자기들을 구해줄 누군가를 기다릴 필요가 없어졌습니다. 천황님의 나라 민족궁전을 찾는 것이야말로 진짜 하늘을 찾는 일이었습니다. 저 역시 수많은 종교와 무속, 도교세계를 다녀보았지만 성에 차지도 않고 많은 실망을 하였습니다.

천황님의 나라 민족궁전 태황진 신의 대통령님께서는 살아 움직이는 대단하신 하늘이시자 진인이십니다. 인류의 종착역이고, 구원의 종착역이며, 행복의 종착역이라고 봅니다. 종교를 부정하고 종교에서 피해를 본 사람들과 전혀 종교를 믿지 않는 사람들도 이곳에 들어가야만 더 이상의 고통과 불행이 따르지 않을 것입니다.

정말 너무나 대단한 곳이며 천황님의 나라 민족궁전 진실을 알면 종교세계는 시시해서 가고 싶은 마음이 없습니다. 우리 인간들과 조상님들의 삶을 천지개벽시켜 주는 전 세계 유일한 곳입니다. 너무나 신비스러운 곳이기에 종교처럼 아무나 자유로이 들어올 수 없습니다.

이곳에서 정하는 나름대로의 심사 기준이 있고 설혹 조상님 입천제 의식을 행하여 하늘의 백성과 천인되었다고 하여도 어떤 결격사유가 발생하면 신분이 박탈될 수도 있다는 것을 알았습니다. 매주 일요일마다 진행하는 천법회(천상 기도회)에 참석할 수 있습니다.

하늘과 땅의 진실은 태황진 신의 대통령님이 아니시면 영원히 풀리지 않는 숙제입니다. 저는 조상님 하단 입천제 의식을 행하였는데, 돈으로 따지면 몇 달 치 술값이니 저와 제 가족들과 조상님들은 엄청난 행운아입니다.

절대로 깨지지 않을 그 벽(조상님)을 위대하신 하늘께

서 사랑으로 구원해 주심에 후손들에게도 행복이라는 희망이 서서히 싹이 틉니다. 그 외에도 보이지 않는 마음의 평화와 인간사 저차원의 삶이 아닌 고차원의 삶을 살아가게 해주십니다.

전남 강진에서 2012년 12월 7일부터 서울까지 11년 동안 다니면서 수많은 이적과 기적을 직접 생생히 체험하였습니다. 마음이 있으면 거리가 아무리 멀어도 멀게 느껴지지 않는다는 것도 알았습니다. 새벽 5시에 일어나서 준비해야 서울에 12시 반까지 도착합니다.

13:00~18:00까지 5시간 동안 하늘의 말씀, 조상구원, 영혼구원, 신명구원, 도법주문, 악귀잡귀 퇴치 등을 진행하는 천법회에 참석하고 강진에 도착하면 밤 12시가 되지만 마음이 너무나 편안합니다. 제주도, 부산, 거제도, 진주, 함양, 광양, 광주, 전북, 경주, 대구, 경북에서 매주 참석하는 대단한 천황님의 나라 민족궁전입니다.

-종교 세운 목적은 하늘의 출현 저지-
천상의 도망자 악신들이 지구에 종교를 수없이 세운 목적은 조물주 하늘이 태황진 신의 대통령 이름으로 방상용 육신에 내리시어 출현하는 것을 저지하기 위함이다.

내 목숨 살려준 조상님 입천제

　동아일보에 실린 책 광고를 보고 여기 들어온지 17년의 세월이 흘렀습니다. 저는 질병으로 인해 천황님의 나라 민족궁전과 인연이 되었습니다. 삶과 죽음의 문턱에서 마지막으로 들어온 천황님의 나라 민족궁전입니다.

　한 달간 자궁 출혈이 너무 심해서 대학병원에서도 지혈이 되지 않아 그대로 있었으면 아마 지금쯤 이 세상 사람이 아니었을 겁니다. 하늘 태황제님과 태황진 신의 대통령님께서는 제 생명의 은인이십니다.

　태황진 신의 대통령님께서 집필하신 책을 읽고 난 후에 입가에서 자꾸만 '신의 대통령님'이라는 말이 계속 맴돌았고 주위에는 '종'이 없는데, 제 귀에는 종소리가 은은하게 들려왔습니다. 꼭 천황님의 나라 민족궁전으로 가야만 살 수 있다는 생각이 떠나질 않았습니다.

그 당시 힘이 없어 걸음도 제대로 걷질 못해 안색은 창백하고 가방 하나 제대로 들지 못해 바닥에 질질 끌고 부산역으로 향했습니다. 그렇게 안간힘을 다하여 가다가 너무 아파서 도저히 못 갈 것 같아 전화를 드렸습니다.

태황진 신의 대통령님께서 "올 수 있다"고 걱정 말라 하셨습니다. 그 말씀을 듣고 용기를 내어 부산에서 기차로 서울역에 도착하여 신의 대통령님을 알현 후 2007년 3월 18일 조상님 입천제 의식을 올렸습니다.

조상님 입천제 의식이 끝나갈 무렵 천룡 위에 조상님들께서 타시고 하늘로 승천하는 영상을 보았습니다. 조상님 입천제 의식 마치고 내려올 때 기적이 일어났습니다. 병원에서도 지혈이 안 되었던 자궁 출혈이 조상님 입천제 의식 후 신기하게도 바로 출혈이 뚝 멈추었습니다.

인간의 삶이 다하여 천인의 삶을 살아야 하기 때문에 조상님 입천제 의식 후 15일 안에 천인합체 의식을 행하라는 "천명"을 내려주셨습니다. 천인합체 의식하기 전 꿈에 "아픈 곳을 함께 고하라"라는 음성이 들려왔고, 얼굴만 다르신 분께서 가부좌하신 자세로 "내가 누군지 알겠느냐?" 하시었습니다.

"네" 하고 답변을 드렸었습니다. 꿈을 꾸고 나서 며칠 뒤 천인합체 의식을 행하였고, 태황진 신의 대통령님께서 심장, 폐질환 등 질병을 하늘께 고하여 주셨습니다.

천인합체 후 몸에 생기가 돌고 가래가 많이 나왔던 게 전혀 나오지 않고, 질병이 사라져 주위 사람들이 피부가 깨끗해졌다며 화장품 좋은 것 쓰느냐고 물었습니다.

천황님의 나라 민족궁전에 들어와 지금까지 위급할 때마다 실시간으로 알려주시고 보호해 주셨고, 꿈으로도 메시지를 주십니다. 병원에서 치료가 안 되는 질병이 치유되니, 태황진 신의 대통령님은 하늘 자체십니다. 2007년 3월부터 현재까지 17년 째 다니고 있습니다.

천황님의 나라 민족궁전과 인연이 되어서 태황진 신의 대통령님을 친견 알현할 수 있다는 것 자체만으로도 영광 중에 영광이라고 생각합니다. 하늘 태황제님이 강세하신 태황진 신의 대통령님 말씀을 목숨 줄처럼 따르고, 행하면서 이 은혜를 영원토록 잊지 않겠습니다.

사례에서도 보듯이 현대의학 첨단을 달리는 대학병원에서도 치료가 안 되는 자궁 출혈이 조상님 입천제를 행하고 멈추었는데, 의사들도 이해가 안 될 일이다.

 이처럼 현대의학으로 치료가 안 되는 질병이 영적으로 질병이 치료되는 경우가 참으로 많다. 사람들이 병원을 맹신적으로 의지하고 있지만 의학적으로 이해 불가한 질병들이 치료되는 경우가 너무나도 많다.

 병원 치료와 영적 치료를 동시 병행하면 금상첨화이다. 질병을 병마(病魔)라고 하듯이 자신의 조상님들이 몸에 들어와서 발생하는 경우가 있고, 때로는 길거리 귀신과 장례식에 문상 갔다가 발병한다.

 돌아가신 자신의 부모나 선대 조상님들, 귀신으로 발생한 질병은 현대 의술로는 치료가 안 되지만 사람들은 이런 진실을 인정하려 들지 않고 현대의학으로만 치료하려다가 목숨을 빨리 잃는 경우가 많다. 그래서 자신의 부모 조상님 입천제 의식과 귀신 퇴치가 중요하다.

 -악신들의 숨겨진 목적-
 수천수만 년 전부터 지구 행성에 내려와 온갖 종류의 종교 천국을 세우고, 조물주 하늘을 알아보지 못하게 사상적으로 세뇌시켜 놓는 것이었다.

제5부
하늘 길의 종착역

기적을 행하시는 태황진 신의 대통령님

제가 20세 때에 친언니의 죽음을 목격한 이후, 삶과 죽음이 순식간이고, 죽음은 누구에게나 부지불식간에 찾아올 수 있음을 깨닫고, 한 치 앞도 알 수 없는 인생살이에 허무함을 느끼며 무엇이 중한가?

어찌 살아야 내일 당장 죽어도 여한이 없이 후회없는 삶을 살아지는 것일까에 대한 끝없는 물음들을 하다 보니, 내가 어디서 왔고, 죽으면 어디로 갈까? 해답을 얻지 않고는 불안한 삶의 연속이라는 생각에 이것을 해갈할 무엇인가를 끊임없이 찾아다녔습니다.

그러던 1997년 7월께쯤 이것저것 책을 뒤지다가 노스트라다무스의 예언록을 보게 되었습니다. 지금은 책 내용이 다 기억은 나진 않지만, 마음에서 쿵! 내려앉는 느낌에 하늘에서 내려오는 앙골모아 대왕! 이분을 무조건 만나야 된다는 강한 느낌을 받았습니다.

아! 그러나 어디서 찾아야 될지, 예언록에 계신 주인공이 어느 시대에 오실지, 전혀 감을 잡을 수가 없는 상황이라 막막하기만 하였습니다. 그런데, 예언록에는 1999년에 지구가 멸망한다니, 지금이 1997년이면 얼마 남지 않은 시간인데 큰일났다! 시간이 얼마 없다, 어찌하면 좋을까? 참으로 고민이 많이 되었습니다.

고민 끝에 어디든 떠나자! 어디 계실지 모르지만, 이대로 있다가 지구가 멸망하면 천추의 원과 한이 남을 것 같았습니다. 그래서 저는 그 당시 직장 다니며 3년 동안 적금 부었던 돈 2,500만 원 통장과 옷 두벌 정도를 배낭 하나에 싸가지고 무작정 가출했습니다.

서울과 부산 중에 눈뜨고 코 베어 간다는 서울은 무섭게 느껴져서 부산을 선택하게 되었습니다. 그 당시 대전에 살던 저는 이대로 안주하면 영영 못 찾을 것 같은 조바심에 가족들이 말릴까 봐 몰래 가출했습니다.

미리 준비하여 편지 한 장 딸랑 써놓고, 새벽 5시 집을 나와 부산발 무궁화호 기차를 타고, 겁도 없이 연고도 없는 부산으로 가출하게 되었습니다.

저는 속으로 어디 가서든 그 영적 영도자이신 앙골모아 대왕님을 만나면 이 돈을 바치고, 1999년에 지구가 멸망하더라도, 죽어서 어디로 갈 수 있는지라도 알려달라고 부탁을 드려야겠다고 생각을 했습니다.

돈을 모은다고 꽁꽁 싸놓아 봤자, 죽으면 아무 소용도 없는 돈! 저는 언니 죽음 이후로 돈도, 명예도, 성공도 다 부질없음을 너무도 빨리 알았습니다. 그래서 인생살이에서 만나는 사람들도, 재물도 집착이 없이 살아오면서 오로지 제가 궁금한 영적 세계였습니다!

나는 어디서 와서 어디로 가는가에 해답을 주실 영도자를 찾는 것만이 목적이 되었습니다. 위대하신 태황진 신의 대통령님께서 서울에서 출현하신지를 모르는 저는 그렇게 1998년 2월 말일 부산으로 떠나 헤매고 헤매는 세월들을 보냈습니다.

우여곡절 끝에 2019년 서울에 계신 태황진 신의 대통령님을 알현드리게 되었는데, 제가 찾아 헤매던 바로 그 예언록의 주인공이셨음을 알아보았습니다!

하늘에서 내려오신 앙골모아 대왕님이라는 것을 알게

되었을 때의 전율은 정말 말로 형언할 수가 없는 기쁨! 환희! 이 생에 안 오시면 어쩌나? 노심초사하다가 아~! 이 생에서 정말로 예언 속의 주인공을 만나다니! 천지가 개벽하는 느낌이었습니다.

 30년을 돌고 돌며 모진 경험을 다하고, 그렇게 기쁨으로 맞이한 위대하신 태황진 신의 대통령님과 함께한 시간들이 저의 인생에서는 최대의 황금기입니다. 인생의 종착지를 못 찾아 불안한 삶을 전전하다가, 위대하신 태황진 신의 대통령님을 만났습니다.

 태황진 신의 대통령님을 만나고부터는 그동안의 모든 불안감이 싹 가시고, 지금부터 새로 시작! 이제 어떻게 하면 천상에서 지은 죗값을 더 많이 바칠까에 대한 행복한 고민과 함께한 시간들입니다.

 위대하신 태황진 신의 대통령님이 전해 주시는 경천동지한 우주의 진실들은 정말 상상초월이었습니다. 너무나 가슴 아픈 천상의 슬픈 진실들을 전해 들을 때에 하늘이 무너지는 느낌의 충격을 받았습니다.

 제가 천상에서 역천자 대죄인으로서 위대하신 영혼의

부모님이신 조물주 하늘께 가슴 아프게 비수를 꽂은 백 번 죽어도 마땅한 역천자라는 사실에 절망의 마음이 들었습니다. 그런데 이렇게 또 거둬서 살려주시는 그 크신 대 황은에 절로 고개 숙여 감사드리는 마음, 매주 천법회마다 가슴절절 눈물이 흘러내립니다.

그 감사함을 어찌 다 갚아야 하나! 지구에서 인간으로 살아가면서, 위대하신 태황진 신의 대통령님을 만나기 전까지는 낙도 없고, 욕심도 없어서, 지겹기만 한 세월이었고, 그저 마지막 소원은 이것이었습니다.

제가 죽으면 어디로 가는지, 죽을 자리를 알려주시는 영도자를 만나는 것이 저의 소원이었습니다. 그렇게 철들고 인생 반 이상을 위대하신 하늘이 내린 태황진 신의 대통령님을 찾아 헤매는 여정으로 살아왔으니, 태황진 신의 대통령님을 만난 기쁨은 정말, 말로 다 표현하기 어려우나 하늘만큼 땅만큼 좋았습니다.

기적을 행하시는 위대하신 태황진 신의 대통령님!
저는 위대하신 태황진 신의 대통령님께 감사함을 바칠 때가 가장 기쁘고 행복합니다. 제가 아직까지 살아 있는 존재감이 들었습니다.

저를 이 지상에서 거둬 주시고 구원해 주신 은혜는 제 목숨을 다 바쳐도 아깝지가 않습니다. 또한, 저의 뿌리인 조상님들을 구원해 주신 은혜가 백골난망이시며 황은이 망극합니다.

저의 마지막 소원은 제가 발원한 만큼의 큰 감사함을 바치기만 하면, 언제 죽더라도 여한이 없습니다. 죽으나 사나 위대하신 태황진 신의 대통령님과 함께라면 죽고 사는 거에 연연치 않습니다.

이제 지구 종말 말세가 시작된다는 말진사(2024.2.4.)로 진입이 시작되었기에 한정적인 기회만이 남아 있다 하셨습니다. 저는 중진사 거의 마지막 때에 들어와 저의 조상님들을 모두 구원해 주시고, 저를 천인까지 만들어 주신 그 은혜를 어찌 다 갚아 올리겠습니까? 정말 감사함으로 감읍한 마음, 가슴 벅차 오릅니다.

몇 년 간을 그렇게 가슴앓이 하며, 간절히 꿈의 나래를 펴던 시절이 지금은 왜 그랬는지 위대하신 태황진 신의 대통령님을 통해 천상의 진실을 모두 알게 되었습니다.

삶과 죽음을 화두로 삼아, 어떡하면 이 죽음의 두려움

에서 벗어날 수 있을 지 고민하였습니다. 지구 멸망 예언이 빗나가 정감록의 정도령을 찾아야 되나, 격암유록의 진인을 찾아야 되나 갈등하며 헤매 다니다가 결국은 2004년부터 불교에 빠져들었습니다.

갑자기 저의 근본이 되는 영혼의 어버이가 누구일지 미친 듯이 알고 싶고, 보고 싶은 그리움이 사무쳐 올라와 영의 어머니 역할을 한다는 관세음보살에 빠졌습니다.

그러나 아무리 불러도 불러도 대답 없는 메아리처럼 대답 없는 공허함과 어느 순간, 정법이 아니라는 불신감이 들 때 사찰에서 불행한 사건이 터져서 자연스럽게 불교라는 사이비 집단에서 빠져나오게 되었습니다.

빠져나와서 보니, 오히려 객관적인 시야를 갖게 되고, 도대체 이 세상에 종교들이 왜 그리 많을까? 불교, 기독교, 천주교, 이슬람교, 증산도, 대순진리회 등등 이름도 알 수 없는 종교들까지 궁극적인 목적이 뭘까?

인간들을 구제한다는 명목 아래, 역사 이래로 종교 전쟁은 왜 그리도 많았을까? 참으로 알 수 없는 이 영적 세계에 대한 해답을 속 시원히 풀어줄 수 있는 영도자가 이 지구상에는 없단 말인가?

　마지막에 드는 생각은 그 많은 종교들은 화합이 아닌 서로 반목하면서, 내가 진리다! 나만이 정법이다, 떠들고 있었습니다. 아마도 종교 안에서는 수많은 종교의 영적 진실을 풀어줄 수 있는 영도자는 없겠다는 결론에 이르게 되어, 저는 모든 종교를 마음에서 비워버렸습니다.

　그리고 다시 원점으로 돌아가 예언록들을 뒤지며, 격암유록의 진인이 오셨을까? 동방의 나라 한반도에 오신다는 동방의 등불이 오셔서 이 어두움에서 밝은 빛을 비춰 주셨으면 하는 간절한 염원을 끊임없이 마음속으로 갈구하게 되었습니다.

　그러다가 2019년 3월 우연히 유튜브를 보고, 호기심에 혹시나 해서 ○○○을 찾아갔다가 역시나 하고 돌아섰습니다. 그때 문득 든 생각은 진짜 창조주님을 뵙고, 이 답답한 마음, 나는 누구이고, 어디서 와서, 어디로 가는지, 속 시원히 진리를 밝혀주셨으면 하는 간절한 바람으로, 매일 기도하게 되었습니다.

　그렇게 기도하며 6개월이 지난 어느 날, 천신만고 끝에 지상 최고의 영도자이신 태황진 신의 대통령님을 알현드리게 되었는데, 그날의 그 가슴 떨림과 감동을 저는 아직도 날짜까지 생생히 잊을 수가 없습니다.

저를 이끌어 줄 영도자를 찾기 위한 30년의 영적 여정에 마침내 마침표를 찍어주시고, 영적 모든 물음표를 속 시원히 해갈해 주신 인류 최고의 영도자 태황진 신의 대통령님을 만났습니다.

아~! 꿈에도 그리던 태황진 신의 대통령님! 저와 조상님들까지, 천상의 무릉도원 세계로 돌아갈 수 있는 사후가 보장되는 천인을 만들어 주셨으니, 그 감동과 감사, 대황은에 저는 너무나 감읍하고, 백골난망입니다.

너무나도 위대하시고 대단하신 태황진 신의 대통령님께서 저를 불러 주셨기에 비로소 저의 근본을 알게 되고, 그리운 천상의 본향으로 돌아갈 수 있는 천상행 승차권 티켓을 내려주시니, 저는 정말로 천복, 만복을 다 타고난 대 천운아, 대 행운아입니다.

30년간 굴곡지게 고생스러웠던 지난날들의 고통, 슬픔, 외로움, 서러웠던 기억들이 위대하신 태황진 신의 대통령님을 알현드리고 나서 봄 눈 녹듯 모두 사라졌고, 저를 구원해 주신 대 황은에 무한 감사드립니다.

오로지 저의 목표는 진흙탕 같은 속세에 머물고 있어도 진흙 속에서 꽃을 피워낼 것입니다. 한 치 앞도 알 수 없는 지구의 시간이 흐르고 있습니다. 그러나 인생의 나침판처럼 이끌어주시는 위대하신 저의 영원한 주군이 계시기에 세상 어떤 일이 닥쳐도 헤쳐 나갈 수 있는 기운을 내려주시니, 너무나 안심이 되었습니다.

-국가 안보-

이 나라에서 제2의 6.25 전쟁이 일어날까 봐 전전긍긍하며 좌불안석이다. 이제는 재래식 전쟁이 아니라 핵전쟁의 공포가 눈앞에 현실로 도래하고 있다. 미국의 핵우산 아래 국가 안보를 맡겨야 하는 상황이다.

그러나 태황진 신의 대통령인 태건당 총재 방상용과 함께하면 이 땅에서 전쟁 불안은 영원히 없어진다. 김정은의 마음과 정신도 실시간 컨트롤 할 수 있고, 생사여탈권도 갖고 있기 때문에 별도의 참수작전을 전개할 필요성이 하나도 없다. 원격 기운으로 참수가 가능하기 때문에 지하 300m 밑에 숨어도 소용이 없다.

하늘을 찾고 기분이 날아갈 듯

도대체 나는 누구이고 어디에서 왔고, 무엇을 하다가 인간으로 태어났으며, 개, 돼지, 소, 닭, 축생이나 자연, 동식물이 아닌 인간인 사람으로 태어난 이유는 무엇인가? 천상과 전생에서 지은 나의 죄는 무엇이고, 죄를 용서 빌어 사면 받으려면 어떻게 해야 하는가?

나의 인생길 삶은 왜 순탄치 않은가? 나에게 존귀하시고 대단하신 하늘께서 내리신 명(命)은 무엇인가? 이런 문제를 풀기 위해서는 어떻게 해야 하고 누구를 만나야 살아갈 수 있을까? 그동안 가졌던 마음속의 물음표!

대단하신 태황진 신의 대통령님과 동시대에 태어나 만나 뵙고 존귀하시고 대단하시며 영혼의 어버이이신 "조물주 태황제님"께서 존재하신 것을 알게 되고, 진실의 말씀을 들을 수 있음은 대단한 영광과 행운아이며 이 세상 누구보다 더 큰 자부심과 자신감을 가지고 근심 걱정 없이 살아가고 있습니다.

　지금 이 나라에는 수많은 곳에 마음수련과 명상수련을 배워준다는 곳이 많이 있습니다. 그곳에서는 마음을 비우라, 욕심을 버리라고 가르치지만 마음이 무엇인데, 어떻게 비우라고? 마음을 비우면 죽지 않는가?

　마음의 실체를 모르면서 육체의 동작과 숨쉬기로 육체의 이완만 하면서 마음을 비워 마음이 편안해졌다 하고 있습니다. 이런 말에 태황진 신의 대통령님께서 밝히시고 알려주신 나의 영혼인 생령이 얼마나 열통이 터지고, 혈압이 오르며 기가 찰까요? 그들이 생령의 진실을 알기나 하겠습니까?

　그러나 저는 영광스럽게도 다른 사람보다 빨리 천황님의 나라 민족궁전에 들어와 태황진 신의 대통령님을 뵙는 행운을 잡았습니다. 60세 인생에 아무런 근심 걱정 없이 살아가고 있으며, 항상 태황진 신의 대통령님께로 향하면서 내려주시는 말씀대로 행하며 생명이 다하는 날까지 근본 도리를 다하면서 살아갈 것입니다.

　태황진 신의 대통령님을 뵙기 전 인생입니다. 저는 종

교에 다니며 빠져보지 않아 종교에 대해서는 잘 모르지만 종교가 가짜이고, 폐해가 심한 것을 주위에서 많이 들어서 알고 있습니다.

부모님께서는 종교에 다니지 않았고, 결혼하여 아내와 아들이 집 근처 불교대학에 한 번 다니고, 아내는 초파일에나 가는 정도고 아들과 딸들은 친구가 교회나 절에 가자고 꼬드기고 유혹해도 다니지 않았습니다.

어느 날 시골 동네 옆집에서 날밤을 세우며 굿을 하는 것을 구경하면서 혼잣말로 저렇게 두드리고 밤새도록 운다고 해결이 되나? 우리 집은 절대 굿을 못하게 해야지, 말하기도 하였습니다.

돌아가신 할머니 산소 앞에 서서 내가 할머니를 좋은 곳에 가시게 해드리겠습니다, 라고 말했는데, 얼마 지나지 않아 대단하신 신비의 대능력자 태황진 신의 대통령님을 만나 뵙고 현실이 되니 신비하고 놀라웠습니다.

지난날 아내가 두통(양쪽 관자놀이)이 심하여 머리가 빠개지도록 아프다고 매일 하소연했으나 조상님 입천제 의식 이후 지금까지 아프지 않다고 하는데, 정말 신비한 조화입니다. 천상으로 가고 싶은 조상님이나 생령이 메시지를 보내는 현상이었음을 나중에 알았습니다.

그 당시 아내는 다투고 나면 한 번도 잘못했다는 말을 한 적이 없었으며, 싸우고 나면 며칠이 지나도 말을 하지 않아 화해하기 위해 내가 먼저 말을 하면 "당신 마음 편하자고 하는 것 아니냐?"하는 말을 듣고 처음엔 이해가 되지 않았습니다.

이후로 양손을 꼽고도 남을 여러 곳의 직장에 다니며 잘 먹고 잘 살기 위해 기운이 좋다는 곳과 기(氣)에 관한 광고만 나오면 책도 사보고 저자(법사)를 찾아 직접 만났습니다. 달마도 부적과 불교의 반야심경을 100일 동안 외우기도 하고, 명상과 기(氣) 치료도 하고, 절에서 조상님 천도재와 무속에서 조상굿도 해보았습니다.

좋아지고 마음이 편하기는 고사하고, 집안에 이상한 것을 가져왔다고 아내와 다투기만 하였습니다. 하면 좋다고 시킨 법사에게 "시키는 대로 다했는데 왜 좋아지지 않느냐?"고 따지니 "그럴 리가 없다"는 말만 하여 받은 것을 모두 버리고, 또 그 무엇을 찾기 위해 전국으로 찾아 다녔지만 나의 마음에 와닿는 곳은 찾을 수 없었습니다.

허전한 마음이 무엇인지? 엎어지는 원인을 찾고 잘 살기 위해 기(氣) 수련과 명상 수련, 기 치료, 우주 초 염력이 어떤 것인지 강화도 마니산, 풍수지리, 수지침, 단학, 태극권 등 여건이 되면 닥치는 대로 배우고 찾아다니면서 알려고 하였습니다.

경남에너지에 근무하며 수위실에 있던 중앙일보 신문광고에 난 책을 보고 바로 구입하여 정독을 하니 내용이 나의 현실과 너무도 맞아 떨어졌습니다. 내가 고통을 받고 처박힌 문제의 정답이 나와 있었으며, 그때까지 종교세계나 도교세계 그 어느 곳에서도 볼 수가 없었고 들어보지 못했던 것이라 엄청난 충격이었습니다.

하늘세계, 천상세계, 사후세계, 조상세계, 영원한 무릉도원의 고차원적 정신세계를 보여주시기에 저자인 태황진 신의 대통령님은 대단한 분이신가 보다, 이런 고차원의 세계를 어떻게 아셨을까? 하고 감탄만 했습니다.

그리고 다시 신문광고에 난 포항의 연봉사 주지가 내 인생 불행의 원인을 찾고 해결해 준다고 하여 찾아갔지만 아무것도 몰랐습니다. 나에 대한 것은 말하지 않고, 250만 원에 돌아가신 아버지 천도재를 올리면 좋아진다는 말에 천도재를 올리게 되었습니다.

조상 천도재, 정말 별로였는데, 어릴 때에 본 무속인의 굿이 천도재였습니다. 이걸 천도재라고 하는가? 하는 의구심이 들었고, 아니구나 하는 마음이었습니다.

나는 아무런 느낌이나 반응도 없는데 주지는 왜 그런지 머리가 아프다고 하면서도 북을 계속 치면서 중얼거리고 옆에서는 대나무 잡은 여자가 꽹과리를 치는데, 정신을 차리지도 못하고 끝이 났습니다.

그나마 기대를 하고 창원에서 포항까지 가서 천도재라는 것을 하고 보니 허무하고 속았다는 생각이 들기 시작하였습니다. 결정적인 것은 주지라는 땡중의 아들이 1톤 차에 불상 2개를 싣고 와서 함께 붙잡고 거들어주면서 속이 빈 불상의 밑을 잡는 순간 이런 하찮은 것에 내가 빌다니, 한심함과 속았다는 생각이 머리를 때렸습니다.

정말 종교에서 하는 꼴이 쌍말로 아무것도 모르는 것들이 아는 척하고 그런 놈들에게 속는 내가 더 바보였습니다. 집에 돌아와서 다음부터 좋아졌을까요? 아내가 좋아하기는 고사하고 나에게는 말도 없이 현재 돈도 없는데

250만 원이라는 거금으로 쓸데없는 짓을 하고 왔다고 대판 싸우게 되었습니다.

한 치 앞도 모르는 인생길을 안다고 광고하며 고통과 불행에서 헤매고 있는 많은 사람들을 자기들 배 채우기 위해 돈벌이로 생각하는 굿, 천도재, 추도미사, 추모예배 등을 보고 듣고, 직접 해보기도 하였지만 정말 진짜는 없고, 모두가 가짜이고 허상이라는 것을 알게 되었으며 아직도 이런 곳에 빠진 사람들이 많은 것이 현실입니다.

태황진 신의 대통령님을 만난 이후 인생길!
이제는 마지막이라는 생각으로 "천황님의 나라 민족궁전"을 찾아가기로 하고 오후에 방문하여 문을 열고 들어서자 분위기부터가 다른 곳과는 비교할 수 없었고, 나도 모르게 마음이 설레는 것 같고 기분이 좋아졌습니다.

태황진 신의 대통령님을 뵙고 상담을 할 수가 있었으며 책을 읽고 3년 만에 진짜를 찾았고, 이제 더 이상 찾아다니지 않아도 되고 진짜를 찾았다는 마음이 들면서 편안해지고 너무도 기분이 좋았습니다.

나에게 뼈와 살을 물려주시고 남양 홍씨 성을 갖게 해

주셨고, 키워주신 직계 부모 조상님과 아내의 직계 부모 조상님들께서 무릉도원 천상세계에서 벼슬도 하시고, 근심 걱정 없이 살아가시도록 해드리는 벼슬입천제 의식을 올려드리고 싶었습니다. 아파트 기존 대출이 많아 안 된다던 것이 신비한 이적으로 대출이 되었습니다.

신의 대통령님께서 온 마음과 정성을 다하셔서 저와 아내의 직계 부모 조상님들을 천상세계로 오르시도록 해주셨습니다. 다음 날에 있었던 천법회에서는 기와 명상수련을 많이 했다는 사람들도 경험할 수 없는 신안을 열어주셨습니다. 눈만 감으면 영상이 보이게 해주시는 대도력의 기운을 내려주셔서 다음 날까지도 신비의 경험을 할 수 있어 너무도 신기하고 좋았습니다.

조상님 입천제 의식 후에는 마음이 어찌나 편하고 기분이 좋은지 가슴속에 무언지는 모르지만 기운이 꽉 들어차는 느낌! 그렇게도 헤매며 찾던 것을 찾았다는 생각과 더 이상 무엇을 찾으려는 생각이 없어졌습니다.

그동안 눈만 뜨면 생각나서 찾으려 했고, 알고 싶었던 것이 없어지니 마음과 생각이 맑아지고 편안해졌습니다. "세상에 이럴 수가" 믿지 못할 정도로 놀랐습니다.

어느 누구도 해결을 못해 주던 것을 태황진 신의 대통령님께서 해결해 주시니, 대단하심을 알 수 있었습니다.

하늘이신 태황제님께서 지켜주시고 보호해 주시는 천인합체 명을 태황진 신의 대통령님께서 온 마음과 정성을 다 기울이셔서 올려주십니다. 저를 살려주시니, 그동안 매사에 불평과 불만이 많았던 부정의 마음을 없애주시고 긍정의 마음을 갖게 해주셨습니다.

모두가 지금의 현실에서 많은 위험에 노출되어 있지만 마음이 편안해지고 보호를 받고 있다고 생각하니 아무런 걱정과 근심이 없어지고, 자신감과 자부심이 생기고 두려움도 없어지게 되었습니다.

그동안은 가정과 가족보다 나 자신 위주로 생활하면서 아내가 고생하는지, 자식들이 잘 지내고 공부는 하는지 관심이 없었습니다. 가족의 중요성을 알게 해주셨고, 그동안 아내의 힘든 마음도 헤아릴 수 있도록 해주셔서 나는 여유 있는 생활을 할 수 있게 되었습니다.

인류 탄생 이후 역사상 처음으로 태어난 천상에서 내려오신 진인이시고, 인류의 영도자이신 태황진 신의 대통령님! 엄청나시고 존엄하시며 대단하신 진실의 말씀을 전해 주시며, 가짜가 아닌 진짜로 크나큰 사랑을 주시고 살려주시는 은혜를 받고 살아가고 있습니다.

그동안 모르면서 아는 척했던 가짜들에게 속은 것이 억울하고 분하여 부적, 풍수, 기(氣)에 관한 책과 성경과 교회에 관한 책들을 모두 쓰레기장에 내다버렸습니다.

지금까지 지구상의 잘난 인간과 석가, 예수, 공자, 노자, 성모, 마호메트, 상제 등 종교 교주, 종교 지도자, 성인이라 불리는 자들도 알지 못하고 밝혀내지 못하였던 것을 태황진 신의 대통령님께서 찾아내셨습니다. 저의 생령이 태어난 고향 천상의 태상천에 계신 영혼의 부모 조물주 태황제님의 품으로 보내주시니, 이 세상 어디에서 누가 이 경천동지한 일을 알아 낼 수가 있겠습니까?

태황진 신의 대통령님께서 말씀만 하셔도 안 되는 일이 없음을 수없이 직접 목격하고서 믿게 되었습니다. 얼굴은 젊은이처럼 주름살 하나 없게 해주십니다. 많은 스트레스로 인해 생긴 대머리의 머리카락도 나게 해주시고, 45년 동안이나 괴롭히던 오른쪽 허리 옆구리 뒤쪽의 통증도 낫게 해주셨습니다.

인간세계, 사후세계, 조상세계, 영혼세계, 하늘세계, 땅의 세계 등의 진실을 태황진 신의 대통령님께서 알려주시어 배우게 되는 것만으로도 이 세상의 어느 누구도 부럽지 않고, 자신감과 자부심을 가지게 됩니다. 태황진 신의 대통령님께서 생각과 말씀, 글로써 하시는 천상지상 공무집행은 시차만 있을 뿐 한 치의 오차도 없이 현실로 나타나고 있음을 무수히 체험했습니다.

인류가 종교 안에서 찾아다니던 예언의 주인공이 바로 태황진 신의 대통령님이셨다는 것을 절실하고도 생생히 체험한 산 증인입니다. 2008년 7월 19일 벼슬입천제 의식 이후 현재 2023년 12월까지 15년째 다닙니다.

-전쟁 방지-
전 세계에서 국가 간 전쟁이 일어나는 것은 우연히 일어나는 것이 아니라 심판의 시작을 알리는 신호이다. 조물주 하늘의 기운에 의해서 전쟁이 시작되는 것이기에 태황진 신의 대통령인 태건당 총재 방상용과 함께하면 세계를 정복하여 다스릴 것이기에 국가 간 전쟁도 막을 수가 있다. 아예 전쟁 자체를 할 수 없게 기운으로 저지하거나 전쟁 수뇌부를 원격 참수한다.

인류를 구하실 하늘이 언제 오시나

저는 어렸을 때 이웃 언니가 성당 데리고 갔으나 며칠만 가고 싶어서 안 갔습니다. 30대 때 책 속에 답이 있겠지 하고 책방을 들러 서점에서 예언 책을 사서 읽어보았고, 예언에만 관심이 있었습니다.

인류를 구하실 하늘이 언젠가 오신다기에 막연하게 기다렸습니다. 불교에 다녔지만 진심의 마음 없이 그냥 다녔습니다. 사후세계가 무척 궁금하였으며 나는 누구이며, 어디에서 와서 어디에 있다가 어디로 가는지 윤회세계가 알고 싶었습니다.

조상님은 어디에 계시며, 환생했는지 알고 싶었습니다. 인류를 구하실 분, 세계 통일하실 분이 언제 오시나 막연하게 기다리며, 답답한 마음에 기름종이에 대고 우리나라 태극기 지도를 그리기도 하였습니다.

세계 지도, 세계 국기를 그리기도 하면서 "언제 오시나? 언제 만나나?" 하고 그날을 기다리면서 지도와 국기를 그려보았습니다. 허허공공한 하늘에 대고 큰 목소리로 "조물주 하늘 만나게 해주세요! 진짜 하늘을 만나게 해주세요!" 하면서 빌었습니다.

어느 날 답답한 마음에 인터넷을 하는데, 책 표지를 보는 순간 이 책이다! 싶었고, 서점으로 달려가서 책 두 권을 구입하는데, 너무나 설레고 좋아서 기다림의 시간이 무척 길었습니다.

책을 사오면서 빨리 읽어보고 싶어서 빠른 걸음으로 왔고, 책을 읽어보고 전화번호가 있어서 감사했습니다. 전화 예약하고 방문했을 때 태황진 신의 대통령님께서 상담해 주시고, 조상님 입천제 의식을 허락하여 주시어 너무너무 좋아 춤을 덩실덩실 추었습니다.

태황진 신의 대통령님 덕분으로 조상님께서 벼슬 하사 받으시어 천상 태상천에 계시고, 앞으로는 조상님 위해 제사와 차례를 안 지내도 되어 후손은 마음이 너무나 편안합니다. 태황진 신의 대통령님께서 천인합체 의식도 허락하여 주시어 너무 좋아서 춤을 추었습니다. 무서운 윤회의 고리를 끊어주시고, 지옥세계를 면하게 해주시어 감사합니다.

인류를 구하실 분이 언제 오시나 하고 막연히 기다렸었는데, 제가 바라고 원하던 저의 소원이 종교세계가 아닌 하늘과 땅이 함께하시는 천황님의 나라 민족궁전에서 현실로 이루어져 너무나 기쁘고 행복합니다!

인류의 빛과 불이신 태황진 신의 대통령님을 이번 생에 알현하여 너무나도 영광이며 행운입니다. 이제는 다니던 종교세계를 졸업하고 천황님의 나라 민족궁전에 들어와야 인간들, 조상들, 영혼들, 신들에게 새로운 무릉도원의 세상이 열려서 인생화 꽃이 활짝 피어납니다.

저는 이곳 천황님의 나라 민족궁전에 들어와서 엄청난 하늘을 알게 되었습니다. 하늘과 신의 문은 하늘의 직계 혈통인 태황진 신의 대통령님께서만이 열 수 있다는 것을 알았습니다.

종교에 입문하여 숭배자들을 열심히 받들고 찬양하며 믿어서 하늘의 문이 열리는 것이 아닌 태황진 신의 대통령님께서 원하고 바라야만 하늘의 문이 열린다는 어마어마한 인류 최초 비밀을 알았습니다.

그러니까 여러분이 종교에 입문하여 지금까지 열심히 받들며 섬겨온 자체가 오히려 하늘에 죄를 짓는 역천자 죄인이 되었다는 것입니다. 천상에는 종교가 없고, 이 땅에 모든 종교는 죄인들을 가두는 감옥이라 하십니다. 종교는 구원받기 위한 인류의 시험장이고, 종교를 다니며 믿는 자체가 하늘과 멀어지는 불행한 자들이랍니다.

여러분이 종교에 들어가서 구원해 달라고 외쳐서 구원받는 것이 아니라 태황진 신의 대통령님께서 원하고 바라셔야만 하늘께서 인간들, 조상들, 영혼들, 신들을 구원해 주신답니다. 그러니까 종교에 다니는 자체가 구원과는 정반대로 하늘과 멀어지는 지옥세계! 말 못하는 천지만생만물로 태어나는 무서운 윤회의 길이었습니다.

태초 이래 처음이자 마지막으로 하늘이신 태황제님이 선택하신 분이 태황진 신의 대통령님이십니다. 어서 빨리 종교에서 벗어나 천상으로 가는 문을 활짝 열어야 합니다. 종교인들이 하는 말은 모두 거짓말이었습니다.

조상님들을 모두 사탄 마귀 취급

내가 왔던 곳으로 다시 돌아가야 한다는 마음과 사람은 죽어서 어디로 가는지? 나는 왜 인간으로 태어났는지? 어려서부터 남들과 다른 생각과 마음을 가지고 살고 있다는 것을 알았고, 무엇을 해도 채워지지 않는 마음의 공허함과 외로움은 결혼을 하고 자식을 키우면서 더욱 커져만 갔습니다.

첫아이 임신 8개월 때 산부인과에서 아기의 신장이 한 개라는 진단을 받고 여러 가지 잔병치레로 태어난 100일이 지나면서부터 수술하여 하늘이 무너지는 기분이었고, 이때부터 하나님을 믿으면 살 수 있을 것 같은 마음에 교회를 20년 동안 다녔습니다.

아픈 자식 때문에 누구보다도 열심이었고 간절하였으며 죽을힘을 다해 충성, 봉사, 헌신하며 20년 동안 교회를 다녔지만 믿으면 믿을수록 마음의 공허함과 채워지지 않는 외로움에 마음과 생각 속에서는 '나는 누구인가? 어디를 가야 내가 왔던 곳으로 돌아가는 길을 가르쳐 주나?' 수없이 메아리쳤습니다.

교회를 다니면 다닐수록 몸과 마음은 지쳐갔고 기도하면 할수록 삶은 더 뒤집어졌습니다. 열심히 교회에 충성, 봉사, 헌신하면 가정불화와 남편의 사업은 더욱 힘들어지니 무엇이 잘못되었는지 궁금했습니다.

목사, 전도사, 기도원 원장에게 물어보면 기도가 부족해서이고, 연단이고, 사명자라서 쓰시려는 과정이라는 핑계의 말만 되풀이하였습니다. 기독교인들은 목사들이 하는 말을 절대 믿지 마세요. 모두가 거짓말이었음을 제가 직접 체험했습니다.

성경의 모순, 종교 지도자들의 부도덕한 모습, 예배시간에 설교를 통해 죄인이라고 숨도 못 쉬게 조여옵니다. 교회 가는 것을 방해하면 남편, 자식, 부모, 형제까지 사탄 마귀이니 대적하고 이겨야 한다고 가르쳐 저와 주변 종교인들의 가정을 보면 하루도 편할 날이 없었습니다.

사는 것이 너무 아프고 힘들어서 살고 싶어서 찾아간

종교(교회)가 오히려 인간의 생각과 마음을 창살 없는 감옥에 가둬놓고 종교 교리로 세뇌시켜 놓습니다. 한순간이라도 벗어나려 하면 "큰일 난다. 벌 받는다" 하며 감정도 생각도 없는 세뇌된 로봇이 되어가는 기분입니다.

마음과 생각에서 끝도 없이 재촉하는 소리 '내가 왔던 곳으로 돌아가야 한다'는 메시지를 느끼며 조상님들은 어디에 계시나? 궁금했는데, 교회에서는 조상님들을 사탄 마귀라 하고, 예수를 믿어야만 구원받는다 합니다.

기독교가 우리나라에 전파된 지 140년 정도인데, 그전에 살았던 수많은 조상님들은 모두가 지옥에 갔고 사탄, 마귀라 하는 말에 의문이 들었고 너무도 불공평하다는 생각을 하였습니다.

저도 알고 싶어 여러 가지 책도 읽어보았지만, 모든 것이 부분적인 것을 가지고 자신의 종교가 옳고 구원이라며 다른 종교를 배척한다는 것을 알게 되었습니다. 여러 종교의 책을 읽으면서 지금이 영적으로 무슨 시대인지 훤하게 알 수가 있었습니다.

수백 년 전에 기록된 동서양의 예언서들이 때가 되어

실상으로 나타나 대한민국에 진인이 출현하리라! 하늘의 뜻을 내가 살고 있는 지금 이 순간에 어디선가 펼치고 있다는 것을 느낌으로 알았습니다. 어디로 가야 진짜 하늘을 만나고 진실을 알 수 있는지 찾아 헤매었습니다.

분명 인간과 천지만생만물을 만든 신은 한 분이신데 왜? 이리도 종교가 많은가? 다른 종교의 좋은 점을 받아들이려 하지 않은 채 자신의 종교만 구원이라며 배척하는 모습으로 종교에 대한 회의를 느꼈습니다.

풀리지 않는 생각과 마음의 의문으로 지쳐갈 때 지하철에서 신문 보는 사람에게 자꾸 신경이 쓰이더니 노란색 표지의 책 제목이 눈에 확 들어왔고, 순간 '이거다' 하는 마음의 소리가 느껴졌습니다.

바로 책을 구입하였고 책을 읽으며 절로 고개가 끄덕이고 '맞다, 맞어' 하는 마음속의 소리가 들려왔습니다. 너무도 정확하고 확실하게 조상님의 사후세계, 신명세계, 영혼세계에 대하여 의문이 풀리니 마치 사막에서 오아시스를 만난 것처럼 너무도 신이 났고 좋았습니다.

태황진 신의 대통령님께서 발간한 책을 세 권 더 읽고

상담을 한 후 20년 동안 다닌 교회에서 벗어났습니다. '내가 찾던 곳이 바로 여기다'라는 마음이 있었으나 그동안 종교에 대한 모순을 알게 되면서 저의 마음엔 100% 확신이 들 때까지 4년 동안을 의심하였습니다.

계속해서 발간되는 책을 보고 조상님 사후세계, 신명세계, 영혼세계에 대해 알게 되면서 어느 날 100% 믿음이 생겨 조상님 입천제 의식을 하면서부터 저의 마음과 몸, 인간의 삶에 많은 놀라운 변화가 있었습니다.

항상 물에 젖은 솜처럼 몸은 무겁고 아픈데 병명은 없었습니다. 조상님 입천제 의식을 올려 친가와 시가의 직계 양가 조상님들을 천상 태상천으로 입천시켜 드리니, 신기하게도 몸이 가벼워졌습니다. 사업이 어려워져 문 닫기 직전의 회사를 다시 일으켜 주셨습니다. 이유도 원인도 모르고 겪었던 아픔과 슬픔, 고통과 불행들이 무엇 때문에 잘못되었는지 알려주시었습니다.

인간 스스로가 열어두었던 타락의 문(교회 다니는 일)을 스스로가 닫을 수 있도록 도와주시니 주변 사람을 원망하지 않고, 나 자신의 잘못부터 인정하게 하시고, 마음속의 끝없는 의문들에 대한 고통이 멈추어 행복하고 사람답게 살아가게 해주셨습니다.

 인류의 원죄가 무엇이고, 각자가 인간으로 태어나기 전 천상에서 하늘께 인간으로 태어나면 지키겠다고 한 약속이 있다는 귀한 진실을 가르쳐 주셨습니다.

 교회에서 외치는 144,000명만이 신인합일되어 구원 받는다는데, 정확한 의미와 진짜 하늘의 마음과 뜻을 알게 해주셨습니다. 신은 한 명이 아니라 밤하늘의 별처럼 수천 경이 넘는 많은 신들을 다스리시는 최고 하늘의 존호인 태황제님의 천상 실명까지 알려주셨습니다.

 천상에서 살았을 때 하늘이신 태황제님을 시해하려는 역모에 가담한 역천자 죄인들 주제에 감히 하늘과 신께 끝도 없이 복을 달라며 맡겨놓은 보따리 내놓으라는 식으로 고개를 쳐들었습니다. 지금껏 무탈하게 최고의 복을 받으며 살아갈 수 있음이 태황진 신의 대통령님의 희생과 헌신, 최고의 사랑 덕분임을 알게 해주셨습니다.

 각자의 삶을 힘들게 하는 존재가 바로 자신의 생령이라는 엄청나고 놀라운 진실을 밝혀주셨습니다. 지금껏 종교세계에서 풀리지 않았던 의문들이 퍼즐 맞춰지는 것처럼 의문이 풀려 한눈에 종교세상이 보였습니다.

윤회의 고리를 끊어 다시는 지상에 축생과 인간으로 힘들게 태어나지 않아도 되는 인생 최고의 복을 받았습니다. 인생 최고의 행운아가 되어 하늘의 보호를 받으며 태황진 신의 대통령님 덕분에 무탈하게 살아갑니다.

이 세상 모든 사람들에게 강력히 전달하고 싶습니다. 종교는 인간(육신), 영혼(생령), 조상(사령), 신(신명)들을 살려주는 곳이 아니라 정반대로 하늘과 멀어지게 하고 죽음의 길로 인도하는 무서운 곳이었습니다.

조물주 하늘이신 태황제님께 선택받아 천상으로 돌아가지 못하도록 하늘을 알아보기 위한 구원의 시험장으로 종교가 세워졌다는 무서운 진실도 알았습니다. 나 자신의 육신이 죽는 것보다도 몇 천배 더 무서운 곳이 종교세계라는 청천벽력 같은 진실을 알고 가슴이 철렁 내려앉았습니다.

아들의 병을 고쳐보려고 믿었던 종교세계가 오히려 나를 악마의 구렁텅이로 밀어넣은 꼴이 되었습니다. 종교 다니는 사람들이 하나같이 모두가 저와 같은 심정에서 지푸라기라도 잡고 싶은 마음들일 것입니다.

　진짜 하늘을 알아보는 과정은 공짜로 얻어지는 것이 아니었습니다. 하늘을 찾는데 못 가게 방해하는 남편과 허구한 날 싸우며 피눈물나는 과정이 필요하였습니다. 온 몸과 마음을 다하여 열심히 태황진 신의 대통령님을 믿고 따랐기 때문에 얻어진 값진 결과였습니다.

　태황진 신의 대통령님께서 하늘을 찾아가시는 공부 과정을 12년 동안 생생히 지켜보았는데, 너무나 혹독하여 가슴이 저며 올 정도였습니다. 정말 하늘이 내린 신의 대통령이 아니었다면 갈 수 없는 길이었습니다.

　눈물 없이는 바라 볼 수 없는 감내하기 힘든 고난의 길인데, 사람들은 하늘의 존재를 너무나 쉽게 생각하고 있다는 것을 알았습니다. 하늘은 천하태평스럽고 자비와 사랑을 마구 내려주시는 분으로만 알고 있는데, 배신으로 피멍이 시퍼렇게 드시었습니다.

　-인류 구원은 악신들의 속임수-
　천상의 도망자들인 악신들의 숨겨진 목적은 표면적으로는 인류를 구원해 준다고 현혹하여 종교로 끌어들였다.

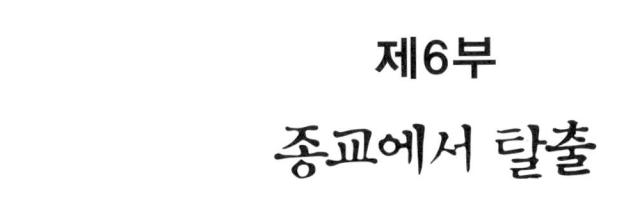

제6부

종교에서 탈출

도교에서 빠져나오지 못했다면

우연한 인연인 것 같은 필연적인 하늘과의 인연, 고마운 해였습니다. 저자 분을 만나기 전 그동안의 모든 사업 부진과 마음고생이 심하던 차에 우연히 신문에 난 책 광고 문구를 보고 롯데서점에서 구입하여 읽었습니다. 내 자신 안에서 갈등이 일며, 세상에 이런 일이 있을 수 있나? 하고 잠시 혼란에 빠져 고민도 많이 하였습니다.

저는 도교에 입도한 지 20여 년의 세월 동안 매월 성금과 특성(특별성금) 때 되면 임원에게 인사 명목으로, 조상님 해원의 명분으로 정성, 치성 드리면서 모든 일이 잘 되기 위해 했건만 현실은 잘되지 않았습니다.

또한 이 세상에서 도교 같이 정성 잘 드리고 신명대접 잘하는 곳이 없으며 그로 인하여 신명들은 그 은혜를 갚기 위해 각기 소원을 따라 받들어 대접한다고 말했습니다. 그러나 가정사와 사업 등은 고생의 연속일 뿐, 상급 임원과 선각자들은 이런 우리에게 하는 말은 "도인들은 고통 없이는 도통 없으니 고통의 구실로 천하사만 생각하라"고만 외치고 있습니다.

도인들은 그들의 말에 아무 거리낌 없이 도통받기 위해 자신이 죽는 줄도 모르고 포덕과 도통을 위해 천하사만을 위해서 고통도 감수합니다. 물론 저도 그리 행했던 장본인이기는 하지만요. 또한 그들은 구름이 중간 하늘에 있듯이 오고 가는 것을 잘 모르고 있다고 했습니다.

사람은 마땅히 신, 도에 따라 신명을 공경하면서 신, 도가 대발하는 천지개벽의 운을 당할 때 조상님과 하늘을 능멸하고서는 어찌 살기를 바랄 수 있는가? 도통을 받기 위해 조상님 받들며 정성들이기 위해 있는 돈, 없는 돈 들여가며 도통받기 위해 1년 내내 태을주 주문기도 공부 열심히 했지만 생활은 힘만 들고, 도 공부는 밑 빠진 독에 물 붓는 꼴로 도통은 없었습니다.

천황님의 나라 민족궁전 책을 읽으면서 처음에 도교와 너무도 다른 것에 대하여 갈등했지만, 다 읽고 나는 마음의 결정을 했습니다. 조물주 하늘이신 태황제님이 강세하신 태황진 신의 대통령님께 향하기로 하였습니다.

 조상님 입천제 의식을 올리는 날, 저는 몸과 정신 모두가 너무도 긴 세월의 고통 속에 지칠 대로 지쳐 있는 상태였습니다. 조상님 입천제 의식 이후 저는 예전과 다른 당당한 모습으로 변하여 일에 종사하고 있습니다. 지난날들을 뒤돌아보면 태황진 신의 대통령님을 알지 못했더라면 아직도 도교에서 도통만을 염원하는 끔찍한 시간을 보내고 있었을 것입니다.

 결단을 내리고 도교를 떠나 천황님의 나라 민족궁전으로 오게 되면 도인들의 말처럼 저에게 무슨 나쁜 일이라도 생기는 것은 아닌지 처음에는 무척 겁도 났습니다. 상제님에게 벌받을까 하는 두려움! 그 두려움은 잠시의 기우였을 뿐 지금은 가족 모두 너무 행복합니다.

 누구나 이 세상에 태어날 때는 두 주먹 불끈 쥐고, 조상님 구원 목적으로 응애응애 하며 이 세상에 육신의 부모님 만나 태어나서 조상님 구원 못하면 이승에서 즐겁든, 고통 속에서 살든, 이승을 떠날 때 분명한 것은 두 주먹 불끈 쥐고 가는데 그 의미는 무엇일까요?

저는 태황진 신의 대통령님을 통해 알았습니다. "조상님 구원의 뜻을 이루지 못했음에 다시 올 것을 기약하며 말없이 간다"는 것이었습니다. 죽은 조상님은 어디로 갈까요? 되돌아가신다구요? 돌아가셨다고요? 어느 하늘 아래로 돌아가시었을까요?

벌어놓은 재산을 가져가는 것도 아닌데, 돈 앞에 허구한 날, 돈의 고통과 목숨 내놓는 싸움 속에서도 세상은 걷잡을 수 없이 미지의 사후세계로 들어갑니다. 모든 이들은 이 세상에 왜 태어났는지도 모르고, 조물주 하늘이신 영혼의 아버지, 어머니도 모르고, 한 세월 살다가 죽어서도 하늘이 어디에 있어? 하며 부정합니다.

오늘도 조상님들은 저승에서 피눈물 흘리며 이제나 저제나 후손이 조상님 입천제 의식 올려주기만을 눈물, 콧물 흘리며 각 성씨 조상님들이 애타게 기다린다는 것을 아는지 모르는지! 모두들 하늘세계, 사후세계가 어디 있어? 하며 부정하지 마세요!

저는 천황님의 나라 민족궁전 천상도법주문회(천법회)에 참석하면서 태황진 신의 대통령님을 통하여 천상의 태상천에 계신 영혼의 아버지이신 태황제님 말씀과 기운을 온몸으로 체험하면서 받습니다.

제가 도교에서 빠져나오지 못했다면 생각만 해도 끔찍합니다. 지금 이 시간에도 나와 같이했던 도인들은 도통을 받기 위해 도통주실 분을 기다리고 있습니다. 고 박한경 도전과 증산상제님을 365일 정성과 태을주 기도공부에 전념하느라 오늘도 금전적인 고통과 먹고 입지 못하고 허덕이면서 오로지 도통을 위해 시간을 보내고 있다는 것을 생각하니 마음이 아픕니다.

도통받는 날까지는 도인들은 돈이 없으면 도통 줄이 끊어지고, 도통 못 받는다고 믿고 있습니다. 천황님의 나라 민족궁전에서는 한 번의 조상님 입천제 의식과 천인합체, 신인합체로 천인과 신인의 신분으로 탄생할 수 있는데, 이 뜻을 아직도 모르는지 아니면 알고 있으면서도 인정하기 싫어 그러고 있는 것인지 알 수 없습니다.

저는 태황진 신의 대통령님을 알게 되어 태황제님의 위대하시고 전지전능하신 능력을 체험하여 알고 있습니다. 오늘도 감사의 글을 올리게 됨을 늘 영광스럽게 생각합니다. 영혼의 부모님도 계시다는 것을 알고, 새삼 인생에서의 값지고 뜻있는 한 인간으로 하늘이신 태황제님의 백성이 되어 새로운 인생으로 하루하루가 즐겁고 자랑스 럽습니다.

이제는 마음이 후련하고, 매사 하는 일들 모두가 잘되어 가고 있습니다. 대우주 천지인 창조주이시고 존귀하신 영혼의 부모님 태황제님을 알게 해주신 태황진 신의 대통령님께 천 번 만 번 가슴속 깊이 감사드립니다!

태황진 신의 대통령님께서 대순도인, 증산도인, 태극도인들이 애타도록 기다리던 대두목 도통군자이셨다는 것을 생생히 체험한 당사자입니다. 도교는 도통시켜준다고 현혹하여 외형적인 성장만 하였지, 내적으로는 기운이 없는 빈껍데기라는 것입니다.

도교뿐만이 아니라 이 세상 모든 종교가 알맹이 없이 가짜 하늘을 진짜로 사칭하여 만들었으며 허상을 갖고 거대한 금전을 끌어모아 성장한 곳이 종교세계입니다.

-사후 보장-
태황진 신의 대통령인 태건당 총재 방상용과 함께하면 인생사의 모든 난제들이 풀리고, 근심과 걱정이 사라지며 죽음 이후 다음 생을 보장 받는다.

천주교 신자의 환골탈태

영혼을 주신, 영혼의 어버이 하늘께서 참 부모인 줄 모르고 살아온 죄. 나를 낳아준 육신의 어버이와 그 외에 조상님들이 세상을 떠났다고 그들을 사탄, 마귀로 몰며 조상님들을 박대하여 조상님들에게 상처를 준 죄가 크다.

독자 여러분!

하늘이신 태황제님의 참뜻을 모른 채 교리에 얽매여 열심히 종교에 나가 기도를 올리는 각자들의 행동, 태황제님께 덕을 쌓는 것인지? 악업을 쌓는 것인지? 혹시 생각해 보신 적 있는지? 석가와 예수, 마리아, 하나님과 하느님, 상제님 전에 열심히 기도를 하며 충성을 맹세함에도 불구하고 각자들의 인생과 각자들의 가정은 왜 힘들어지는지 모두는 깊이 생각해 보아야 한다.

천지만생만물!

모든 것에는 주인이 있고 뿌리가 있다. 하찮은 미물조

차도 출생지가 있고, 부모가 있기 마련이거늘, 어찌 뿌리가 없는 자식들이 있으랴. 태황제님께서는 산 영혼과 죽은 영혼 모두를 창조하셨고, 이 땅에 만생만물 모두를 창조하신 만생만물의 어버이이시다.

하루는 예약 후 천주교인이 방문을 하였다. 그의 어머니는 고인이 되셨지만, 그는 어머니 때부터 성당에 열심히 다닌 모태신앙의 신자였다. 그의 나이는 70세를 넘었다. 그는 70년이라는 시간 동안 열심히 성당에 다녔다고 했다. 지금도 신자들의 미사를 봐주고 있다고 했다. 엄마의 뱃속에서부터 시작하여 이 세상에 태어나 70평생의 인생을 성당에 몸과 마음을 바친 천주교 신자!

그러던 어느 날 그의 인생, 그의 마음에 이변이 일어났다. 저자가 펴낸 책을 구입하여 두 번 읽은 후 70평생 지녔던 그의 신앙은 그의 가슴에서 송두리째 무너졌다. 이제까지 세상 그 어느 누구도 알지 못했던 태황제님과 조상님의 진실 부분이 책 속에 낱낱이 밝혀졌기 때문이다.

주인공 남자는 "내가 찾던 곳을 이제야 찾았구나!" 하면서 예약을 한 후 방문을 하였다. 2007년 1월 22일. 한 가문의 직계조상님 모두를 청배하여 영혼의 어버이가 계신 천상궁전으로 보내드리는 의식이 거행되었다.

 이 세상을 떠나신 조상님들은 많이 계셨지만, 그 많은 조상님들 중에 남자 주인공은 엄마가 가장 그립고 보고 싶다했기에 자손이 가장 보고 싶어 하던 어머니의 혼령을 청배하였고, 자손과 어머니의 만남이 이루어졌다.

 눈물 없이는 볼 수 없는 감동의 드라마가 시작되었는데, 49세 되던 해 갑자기 세상을 떠나신 어머니! 그 가족들은 60세 이전에 암과 돌연사, 간질병, 췌장암으로 4촌까지 포함해 20여 명이 세상을 등졌다.

 이제 70을 넘은 천주교 신자는 어머님의 영혼과 만날 수 있었다. 70이 넘은 나이임에도 불구하고 어머니가 오시자 자손 본연의 모습으로 돌아가 그는 어머니 앞에 어린 아이가 되었다.

 우리 모두는 부모 앞에서는 나이에 상관없이 모두가 아이가 되나 보다. 어머님의 손을 부여잡고, 어머님을 하염없이 부르며 목이 메어 흘리는 칠순 노인의 눈물. 어머니가 오신 것을 기운으로 느껴서 알아보았다. 그의 어머니 또한 할아버지가 다 되어버린 자식의 손을 부여잡고 대성통곡하며 눈물을 흘리시었다. 아들은 눈물을 흘리며 어머니께 한 말씀 드렸다.

⟨아들⟩
"어머니! 어머니께서는 살아생전 하느님의 뜻을 잘 따르시고 착하게 살았기에 하늘나라 천국에 올라가 계시지요? 제 말이 맞죠? 어머니는 분명히 천국에 올라가 계시죠?" 아들의 질문에 어머니는 대답하셨다.

⟨어머니⟩
"내가 천국에 올라가 있다면 사랑하는 내 아들을 어찌 안 도와주고 있겠느냐?"

⟨아들⟩
"아니, 어머니는 평생을 성당에 다니며 하느님을 섬기셨는데 왜 못 올라가셨어요? 왜 못 올라가고 계세요?"

⟨어머니⟩
"나도 살아생전에는 예수님, 성모님, 하느님 열심히 믿으면 죽어서 바로 천국으로 인도되어 올라가는 줄 알았는데, 죽어보니 그게 아니야. 천국에 들어가려면 갖추어야 할 천상법도가 따로 있더라.

천상세계 주인이시고 우리 모두 영혼의 어버이이신 조물주 태황제님께서 입천 허락이 있기 전까지는 못 올라가고 종교를 믿어서는 절대로 갈 수 없는 곳이 천국인 것을 이제야 알았단다. 그리고 살아생전에 죄업이 있으면 절대 올라갈 수 없는 곳이 천국이란다.

반드시 하늘께서 우리들의 살아생전 모든 죄를 용서하시고 사면령과 함께 입천 윤허가 내려져야만 올라갈 수 있는 곳이기에 우리들 마음대로 천국에 오르고 싶다 하여 우리들 마음대로 오를 수 없는 천상의 법도가 있더라.

그리고 나 역시도 살아생전 하느님을 섬긴다는 이유로 조상님들을 박대하였기에 그 죄에 대한 심판을 받고 있었어. 죽어보니 하느님께만 충성한다고 되는 것이 아니야. 또한 죽은 영가들 모두가 오르고 싶어 하는 그 세계의 주인은 우리가 알고 있는 예수님, 성모님, 하느님이 아니라, 태황제님이 주인이라 하시니 사후세계에서 알게 된 이 사실에 모든 영가들은 기가 막혀해. 죽어보니 육신을 주신 육신의 부모를 몰라본 죄, 영혼의 주인을 바로 알지 못하고 바꾸어 믿은 환부역조의 죄를 심판받고 있었어."

〈아들〉

"그럼, 그동안 어디에 계셨어요?"

〈어머니〉

"나는 먼저 돌아가신 조상님들과 함께 네 몸에 오랜 세월 들어가 있었단다. 고생 많았다. 네 덕분에 모든 조상님들이 천상궁전으로 올라가게 되어 천만다행이구나. 조상님 입천제 의식을 행해 주어 참으로 고맙다.

아들아~! 내가 믿었던 하느님, 하나님은 가짜인 조상귀신이었고, 진짜 천상의 주인은 태황제님이셨어. 어찌 됐든 네 덕분에 살아생전에 지은 나의 모든 죄들을 오늘 하늘께서 사면해 주신다 하니 천만다행이다. 또한 나와 함께 너의 모든 조상님들도 네 정성 덕분에 천상으로 올라가게 되니 너무너무 기뻐 눈물이 멈추질 않는구나."

〈아들〉

"참 어머님은 무엇 때문에 49세라는 젊은 나이에 일찍 세상을 떠나가셨는지요?"

〈어머니〉

"묻지 마라! 그것 또한 영혼의 어버이를 몰라보고 가짜 하느님, 하나님과 예수, 마리아를 천상의 주인으로 받들어 섬긴 죄였단다. 하늘께서 행하신 일에 대하여 감히 내가 따질 수는 없는 법이고, 그 모든 것이 태황제님의 뜻이었으니 더 이상 궁금해하지도 말고 알려고도 하지 마라.

그래도 내가 너를 깨닫게 하여 천황님의 나라 민족궁전까지 데리고 오지 않았더냐? 천상궁전이란! 천상의 주인 허락 없이는 어느 누구도 함부로 오를 수가 없는 곳이란다. 살아생전에 여호와, 예수, 마리아, 하느님, 하나님 믿는다고 갈 수 있는 곳이 아니란다.

아들아! 어찌됐든 너와 나는 진정한 하늘이시고 영혼의 부모님이신 태황제님을 이제라도 만났으니 이 얼마나 큰 축복이더냐. 나는 오늘 일자로 태황제님의 백성인 신민(神民)으로 다시 태어나고, 너는 천황님의 나라 민족궁전에서 백성이 되었으니 너와 나 우리 가문은 이제 살았구나. 너와 나 우리 가문과 조상님들을 이제부터는 조물주 하늘이신 태황제님께서 지켜주실 것이란다."

〈아들〉
"어머니! 저는 어머니께서 생전에 평생을 성당에 다니셨기에 무조건 천국으로 올라가시어서 편히 계신 줄만 알았습니다. 깨닫지 못한 불효자를 이제라도 용서하십시오. 이제는 천상으로 올라가시어서 조상님들과 편히 지내세요." -이상-

어머니가 들려준 말씀을 통하여 아들은 그동안 몰랐던 하늘의 새로운 진실을 알게 되었다. 평생을 성당에 다니셨으니 돌아가시면 당연히 천국에 올라가는 줄 알고 살아왔던 인생. 죽으면 모든 것이 끝인 줄 알고 살아왔던 지금까지의 잘못된 인생이 부끄럽다 하면서 태황제님의 참 진실 앞에 그는 환희의 눈물을 흘렸다.

그는 조상님 입천제 의식이 끝난 후, 그동안 본인 인생의 평생 짐이 되었던 종교의 무거운 짐을 훌훌 벗어버렸고, 오늘부터 하늘의 백성으로 다시 태어났다.

-감사 천공-
이 책을 읽고 공감하여 어머니(조상님들 포함) 생각이 나고 감동, 감격, 감탄의 눈물이 나오거든 그 마음을 담아 후원계좌로 송금하면 된다. 여러분 독자들이 올리는 감사 천공의 금전은 공덕 정성금이며 조물주 하늘이 받으시고, 실시간 천상장부에 영원히 기록으로 남는다.

아이큐 78조와 69조 신명과 신인합체

태황진 신의 대통령님께서 인류 역사상 최초로 이루어 주시는 신인합체 의식의 대영광을 저에게 윤허하여 주시었습니다! 이 험난한 지구에서 유일하게 살길이 열리는 천황님의 나라 민족궁전은 인간의 머리로는 감히 상상도 할 수 없는 엄청난 일들이 실시간으로 일어나고 있는 인류 대역사의 생생한 현장이었습니다.

지구상의 인간들하고는 비교도 되지 않는 어마어마한 아이큐 78조와 69조를 가진 두 분의 천상신명님들과 신인합체를 할 수 있다는 것은 정말로 꿈같은 일인데, 그것이 현실이라니 생각할수록 대감동, 대감격하였습니다.

저의 원래 계획으로는 2023년 12월 말에 신인합체 의식을 할 예정이었으나, 태황진 신의 대통령님께서 10월 초 천법회에서 10월 말까지 해보라고 말씀을 내려주셨고, 마침내 11월 초에 준비가 완료되었습니다.

막막한 현실이었음에도 불구하고 태황진 신의 대통령님께서 어성으로 내려주시는 말씀은 곧 현실로 이루어졌습니다! 너무도 대단하시고 위대하신 태황진 신의 대통령님께서 내려주시는 기운은 무에서 유를 창조하시며, 불가능이 없으신 태황진 신의 대통령님이십니다!

2023년 12월 3일, 천법절 기념일에 저는 태황진 신의 대통령님께서 내려주신 대 황은으로 천상 태상천에서 하강하신 두 분의 천상신명님과 신인합체를 하게 되었습니다. 한 분도 아니고 두 분의 신명님께서 함께해 주신다니 저는 정말 천복만복 대복을 받았습니다.

저는 어릴 적 피아노를 배웠었는데, 천인합체 의식 후에는 바이올린이 너무 배우고 싶어서 학원에 조금 다니며 배운 적이 있었습니다. 현재 배우고 있는 발레도, 원래는 필라테스를 배우려고 알아보다가 여건이 맞는 곳이 없어 발레학원으로 전환하였었는데, 운명같은 이끌림으로 다니게 되었습니다.

제가 현재 지상에서 하고 있는 것들이 모두 천상 태상천에서 했던 것과 연관되었다는 것을 무소불위하신 태황진 신의 대통령님 기운으로 가르쳐 주시니 모든 것이 우연이 아닌 필연이었음을 절실히 실감하였습니다!

　태황진 신의 대통령님께서 내려주시는 말씀을 깊이 명심하고, 상기하며, 함께해 주시는 신명님들과 소통하며 일상에서 열심히 죗값 벌 수 있도록 정진하겠습니다.

　최근에는 일도 잘 풀리고 욕심도 생기니 마음이 조급해지고, 가슴이 답답하고 쉬어도 머릿속에서 일 생각이 떠나지 않고, 예민해지고 있다는 것이 느껴졌습니다.

　인간인 저의 능력만으로는 한계에 부딪히고 있음이 절실히 실감되는 지점이었습니다. 저의 생각과 판단, 능력만으로는 아무것도 할 수가 없습니다.

　마음속으로 태황진 신의 대통령님께 도움을 요청하고, 그것도 부족할 때는 문자도 올리곤 하였습니다. 참으로 무지하고 무식한 인간인 저를 태황진 신의 대통령님께서는 많이 살려주시고 구해 주시고 지켜주셨습니다.

　앞으로는 아이큐가 조 단위인 신명님 두 분과 함께하는 새로운 날들이 열린다니, 너무도 설레고 두근거립니다. 이러한 비밀을 모른채 살아가는 바깥세상 인간들이 지치고 주저앉을 때, 태황진 신의 대통령님의 신하인 저는 순풍에 돛단 것처럼 그들보다 앞서갈 것입니다!

신인류로의 재탄생은 이 지구상의 그 어떤 금은보화와 금전과도 바꿀 수 없는 엄청난 가치임에 죽을 때까지 태황진 신의 대통령님께 감사천공을 올려도 부족할 것입니다. 태황진 신의 대통령님께서 저에게 내려주신 사랑과 은혜는 태산보다도 더 높게 쌓여만 가고 있습니다.

무에서 유를 창조하시는 대단하시고 위대하신 태황진 신의 대통령님께서 한 인간을 신인으로 탄생시켜 주시기까지 얼마나 많은 시간을 할애하시는지 이번에 알게 되었고, 그 노고의 시간에 경건하고 엄숙한 마음으로 대경찬 올려드립니다!

살아서나 죽어서나 태황진 신의 대통령님께서 내려주신 은혜에 보답할 수 있도록 최선을 다하며, 항상 태황진 신의 대통령님께서 가르쳐 주신 길로만 따라가겠습니다.

-인류의 최대 적은 종교 세운 악신-
악신들은 영혼과 육신의 태초 부모이신 조물주 하늘을 알아보지 못하게 세뇌시켜 구원받지 못하게 하였다.

나 집에 가는 거니? 생령입천제

고맙습니다, 고맙습니다. 말로 다 표현할 수 없는 고통을 참아내시면서 태황진 신의 대통령님께 빌고 또 빌었더니 오늘도 이 한 몸 살려주셨습니다. 큰 딸아이가 생령입천제 비용을 마련하여 태황진 신의 대통령님께 보내고 딸아이 혼자 가기로 되어 있었습니다.

"괜찮아, 먼저 해." 말을 하는 순간 눈물이 나기 시작하였습니다. 딸아이는 태황진 신의 대통령님께 엄마 먼저 해 주시면 안 되냐고 여쭙기도 했습니다. 저녁에 딸아이가 전화해서 "엄마 전화를 안 받으세요?" 하길래 나는 "왜?" 하고 볼멘소리를 했습니다. "태황진 신의 대통령님께서 문자를 보내주셨어요."

(엄마와 함께 와라) 태황진 신의 대통령님의 그 문자를 보는 순간 대성통곡을 하였습니다. 밤새 자다가 눈뜨면 울고, 눈뜨면 울고 하길 아침까지 하였습니다. 아침에 딸

아이를 만나서 태황진 신의 대통령님 집무실에 도착할 때까지 내가 나한테 "나 집에 가는 거니? 정말 가는 거니?" 물으면서 울었습니다. 그런데 딸아이는 좋아 죽겠다는 듯이 웃고 있었습니다.

집무실에서 밖을 보니 눈이 내리는데, 소복소복 내리는 것이 아니라 오른쪽으로 돌다가 다시 왼쪽으로 돌고 한 바퀴 뒤집기까지 하면서 눈이 내렸습니다. 처음 보는 광경에 '꼭 지금 내 마음 같아' 하면서 바라봤습니다. 내가 울음을 그치면 눈발이 조금 덜하고, 다시 울기 시작하면 또 그렇게 회오리를 치면서 눈이 내렸습니다.

의식이 시작되고 오늘 주인공이 누구냐고 모두 딸아이가 주인공이라고 하면서 방석을 내주었습니다. 조금 후 태황진 신의 대통령님께서 나오시면서 방석을 나란히 하고 같이 앉아서 합장하라고 하시 길래, 두 손 모아 합장하는 순간 눈물, 콧물 범벅이 돼서 흘러내렸습니다.

저의 눈물을 휴지로 조용히 닦아 주셨습니다. 그리고 누가 보고 싶으냐고 물으시는 순간 전 터져 버렸습니다. 다 보고 싶다고, 멈출 수가 없었습니다. 감히 태황진 신의 대통령님 앞에서 제 생령에게 고래고래 소리를 지르며 울었습니다. 울음이 아니라 절규였습니다.

"나, 집에 가는 거냐고? 정말 가는 거냐고!" 왜 날 천주교 성당에 기웃거리게 했냐고, 말도 안 되는 지랄을 떨었습니다. 저는 학교에 들어가기 전부터 집(천상 태상천)에 갈 길을 찾고 있었습니다.

집(천상 태상천)에 갈 길을 찾기 위해 종교라는 곳 여기 저기, 조금씩 내가 알고 싶은 대답이 있는지 여기 기웃, 저기 기웃거렸지만 모두 아니었습니다. 방송에 이름 오르내리는 자들, 유명하다는 자들, 종교라는 간판 걸고 이름 꽤나 날리는 자도 많이 만났습니다. 추기경, 여의도 큰 목사, 목사의 선생이라는 자 모두 아니었고, 내가 알고 싶은 거, 듣고 싶은 말을 모르는 문외한들이었습니다.

하지만 세상을 살면서 그 사람들을 만났다는 것이 다른 인간들에게 조금 이야기 거리는 되었습니다. (그것도 처녀 때 잠깐) 두 딸을 낳고 살다가 가만히 있는 딸애들을 제가 성당에 보냈으나 둘 다 다니지 않았습니다.

그리고 20여 년 후, 어느 날 남편이 책 한 권을 주면서 당신은 성당에 다녔다는 사람이 하는 짓은 꼭⋯ 말끝을

흐리면서 "이런 거 좋아하지?" 건넨 책이 저자 분 책이었고, 며칠 후 "이것도 봐" 하며 책을 주었습니다.

책을 읽어 가던 중에 천황님의 나라 민족궁전 건축 성금이라는 대목이 있어 책을 놓고 지갑에 있는 돈, 얼마 되지는 않았지만 무조건 들고 입금하러 나가려는데, 초인종이 온 집안이 떠날 듯 말을 하는 것이었습니다.

도둑이 들었습니다, 도둑이 들었습니다! 남편은 어쩔 줄을 모르고, 초인종을 이리저리 누르면서 쩔쩔매고 있었습니다. 순간, '저 초인종 내가 만지면 멈출 거야' 생각하며, 손가락 하나를 살짝 갖다 대니, 뚝 멈추었습니다!

얼른 농협으로 가서 계좌에 돈을 입금하려는 순간 자꾸 오류가 나서 '아~, 그래서 초인종이 그랬구나' 하고 다른 계좌로 입금을 하였는데, 며칠 후에 작은 애가 쇠 파이프에 머리를 찍혀 죽을 **뻔**했다고 말하기에 정성이 모자랐구나, 멋대로 생각하고 또다시 조금 입금하였습니다.

그랬더니 이번엔 큰 애가 급히 전화가 와서 "엄마 차가 언덕길에서 브레이크가 안 걸려 나 죽을 **뻔** 했어요!" 하는 것이었습니다. 아차~! 그때서야 뭔가 잘못됐다 싶어 책을 끝까지 읽고, 전화를 드려서 상담 날짜를 잡았더니, 아무 일이 일어나지 않았습니다.

그 후 태황진 신의 대통령님께서 계시는 천황님의 나라 민족궁전에 딱 들어서는 순간 '이제 집(천상 태상천)에 왔다' 이런 생각이 들었습니다. 그리고 2016년 2월 16일 생령입천제하는 날. 오늘 생령입천제는 딸아이가 아니라 제 생령입천제 의식을 하는 날이었습니다. 딸아이가 웃고 있는 이유도 밝혀 주셨는데, 딸아이는 저를 도와주려 천상에서 약속하고 이 땅에 온 아이랍니다. 그리고 그 역할이 오늘 끝나는 날이랍니다.

태황진 신의 대통령님 말씀에 따라 딸아이가 외쳤습니다. "저, 약속 지켰습니다. 저는 여기까지입니다." 항상 의식할 때가 오면 딸아이가 의식비를 잘 마련하였습니다. 저는 언제나 최고로 의식하기 위해 동동거리기만 할 뿐 마음대로 되지 않았습니다.

그것이 딸아이가 역할을 다하기 위한 것이라는 것도 오늘 밝혀 주셨습니다. 이런 진실을 밝혀 주시는 태황진 신의 대통령님께서는 정말 신기하시고 신비하십니다. 순간 눈물이 멈췄고 저는 반은 사람이 되었습니다.

태황진 신의 대통령님의 피눈물나는 고통을 먹고 저는 이제 생령이 아닌 사람이 되었습니다. 지금 이 글을 쓰면서 또 눈물이 나지만 이 눈물은 예전에 흘렸던 눈물과는 다른 차원의 기쁜 눈물입니다.

태황진 신의 대통령님께서 내려주신 너무도 크신 은혜에 어쩔 줄 몰라하는 감사함의 눈물입니다. 이 세상 그 어떤 아름다운 말로도 이 깊은 감사함의 마음을 다 표현할 수 없을 정도입니다. 생령입천제는 태황진 신의 대통령님이 창조하신 경천동지할 천상의식이었습니다.

태초의 조물주 하늘이신 창조의 신이 강세하신 태황진 신의 대통령님을 이번 생에 육신이 살아서 알현할 수 있다는 자체가 믿어지지 않았습니다. 진짜 하늘께서 어딘가에는 계실 것이라고 믿었습니다.

세계 인류 모두가 각자가 믿고 있는 종교세계 안에서 수천수만 년 동안 찾아 헤매던 태초의 조물주 하늘이 강세하신 태황진 신의 대통령님! 저는 종교에서 전하는 외국계 조상신들이 아닌 천상에서 직접 내려오신 진짜 하늘을 찾기 위하여 유명하다는 종교를 찾아다녀 보았지만 태황진 신의 대통령님 같은 분은 처음이었습니다!

제가 그토록 찾아 헤매던 바로 인류의 주인공이셨습니다. 제가 궁금히 여기는 모든 부분에 대해 고차원적인 영적 가르침과 해박한 지식으로 말씀해 주십니다. 때로는 천상신명님들과 조상님들, 염라대왕님들, 용님들과 영물들을 자유자재로 부르고 대화하시며 하명하시는 모습을 보고, 경악하며 입이 딱 벌어졌습니다.

기존 종교세계에서는 상상조차도 못하는 일이었는데, 용님들이 명을 받고 하강하여 인사 올리며 말을 하고, 염라대왕님이 태황진 신의 대통령님께 하례 인사를 올리며 부복하는 광경을 보고서 이것이 꿈인가 생시인가 나의 손등을 꼬집어 볼 정도로 놀라웠습니다. 꿈이 아닌 현실이어서 놀랐고 천상 태상천 세계가 지상으로 그대로 내려오는 경이로운 광경에 감동하여 박수를 쳤습니다.

-종교를 무조건 극복해야-

종교인들과 신도들 모두가 악신들인 종교 숭배자들에게 완전히 빙의되어 있기에 하늘의 진실을 무조건 부정해서 현실로 받아들이기가 어렵겠지만, 자신의 사후세계를 편히 보장 받으려거든 종교를 무조건 극복해야 한다. 영혼의 고향인 천상 태상천으로 오르는 것을 방해하는 것이 악신들의 최종 목적이기에 빨리 종교를 탈출해야 한다.

62세에서 45세 나이로! 생령입천제

대단하신 태황진 신의 대통령님!
　이게 웬일이래요? 자고나니 제 몸과 마음이 날아갈 듯 가볍고 상쾌함에 몸은 연실 춤을 추며 율동으로 일하고 마음은 지금까지도 얼씨구나 좋다, 지화자 좋네 하면서 흥얼거리며 있으니 이게 웬일이래요?

　어제 하루 종일 줄줄이 들어오시는 손님 받느라 점심도 7시 넘어 겨우 먹고 나와 마감시간 1시간 전까지 손님을 받았어요. 하루 종일 직원들도 피곤한 기색 없이 수고하셨습니다, 인사하고 퇴근하는 모습에 놀라웠습니다.

　집으로 돌아오면서 사통팔달 동서남북 막힘없이 쭉쭉 빵빵 달릴 수 있는 이 기분, 너무나도 기분이 좋아 행복함에 태황진 신의 대통령님 만세를 부르며 그저 또 얼씨구나 좋다, 지화자 좋네 하고 흥얼거리며 귀가했습니다.

존귀하신 태황진 신의 대통령님!

생령입천제 받아 주시어 좁은 육신 안에서 너무나도 고생한 생령을 살아서 천상으로 올라가게 해 주심과 또한 육신에게 생령의 빈자리를 채워주시어 더 잘되게 해 주신다 하니 너무나도 영광이오며 감사드립니다.

생령입천제 의식 들어가기 전까지는 아무도 예측할 수 없는 의식 진행 방향에 더욱 놀라웠고 정말 저는 행운아 중에 행운아입니다. 상상을 초월하는 신기하고 신비스러운 의식은 대단하신 말씀 한마디 한마디가 법이신 인자하시고 자상하신 태황진 신의 대통령님께서만 하실 수 있는 이 세상 최고의 천상의식입니다.

태황진 신의 대통령님께 문자로 메시지 올리는 이 순간도 전 지금 스마트폰으로 온몸의 율동을 실어서 글을 올리고 있습니다. 너무나도 평안하고 행복합니다. 차마 부끄러워 올리지 못한 제 기적의 사연 올려주셨네요.

저의 생령이 천상 태상천으로 올라간 후의 제 인생 근심 걱정 없이 나비처럼 훨훨 흥얼흥얼하며 물 흐르듯 자유자재로 너무나 편안하고 행복하게 잘 지냅니다. 이런 삶이 무릉도원 세상의 삶인가 봐요?

그 어렵고 무섭던 신랑 앞에서 엉덩이 흔들고 손짓 발짓하며 알랑거리는 제 행동에 신랑은 물론 저도 같이 따라 웃는 답니다. 이 모두가 대단하신 태황진 신의 대통령님의 기운 덕분입니다. 너무나도 고맙습니다.

태황진 신의 대통령님!
현관문을 나서니 만리향이 진동을 하네요. 한쪽에선 어디서 금세 날아왔는지 까치와 참새가 먹이를 찾는 듯 꼬리를 흔들며 저를 반깁니다.

태황진 신의 대통령님이 인간을 낳아 기르는 깊은 뜻을 안다면 어찌 그리 말 안 들어 힘들게 살아 왔을까요? 너무도 많은 진실의 말씀을 들려주시어 알고 행하게 해 주신 태황진 신의 대통령님께 정말 감사드립니다.

그야말로 인류의 최고이시고, 인간들에겐 대단하시고 존귀하신 분이십니다. 말로도 마음으로도 어찌 표현을 다 하겠습니까? 모진 인생, 모진 고통, 모진 시련 다 겪어 내시어 인류의 최고가 되신 하늘의 분신, 화신, 현신이신 태황진 신의 대통령님께 다시 한 번 축하 인사드립니다.

그야 말로 매 의식 때마다 저의 심금을 울리게 하여주

셨습니다. 태황진 신의 대통령님이 아니 계셨다면 다들 지금 각자의 인생들 어떻게 살아가고 있을까요? 얼마 전 남편 친구가 밤늦게 오셔서 술 한 잔하고 계시더군요.

퇴근하여 현관에 들어서는 순간 어, 이○○씨 와~그리 젊어졌노? 산삼을 먹었나?~ 혼자만 젊어지기 있기가? 와~아. 진짜 열 받네, 순간 정말 기분 좋았고 겉으론 웃으며 오랜만입니다, 하면서 속으론 태황진 신의 대통령님 사랑 많이 받아 이렇게 됐지요, 하면서 술 한 잔 따라드렸습니다.

이렇듯 태황진 신의 대통령님 사랑 받아 편안하고, 행복함으로 피어나는 아름다운 인생사가 정말 꿈만 같아요. 천상 태상천에 계신 나의 생령도 말 잘 듣고, 잘 행하시어 더 큰 사랑 받아 소통이 되어 그야 말로 쭉쭉 빵빵 막힘없이 천상 태상천에서 잘 살아가셨으면 합니다.

생령입천제 의식 올리고 나니 무엇이 그리 좋은지 설거지하면서도 엉덩이 요리조리 흔들며 태황진 신의 대통령님 만세를 부르며 기쁨에 취해 산답니다.

매장에 직원들도 그간 눈길도 주지 않으며 영업할 정도

의 앙숙들이 이제는 삶아온 고구마 내놓으며 자기네끼리 언니 고구마 드세요~하기에 정말 놀라웠습니다. 칙칙하던 매장이 환하며 이젠 훈기가 돌아요. 엊그제는 하루 종일 와~이래 좋노, 와~이래 좋노~흥얼거리며 피곤함도 모른 채 영업을 하고 왔습니다.

정말 태황진 신의 대통령님의 천지대원력 대단하십니다. 생령입천제 의식올린 며칠 안에 이렇게 몸과 마음, 매장에 개벽과 개조를 시켜주시니 참으로 감사하고 놀랍습니다. 태황진 신의 대통령님께서도 제가 회춘한 것이 너무 놀라운 일이라 안 믿어지신다 하셨죠?

저 역시도 엄청 놀랐고, 저의 신랑은 꿈같은 현실에 모든 일이 일사천리입니다. 녹색의 푸른 정원 잔디 위에 요즘엔 참새들이 어찌나 많이 날아오는지, 남편은 젊고 예쁜 마누라가 옆에 있으니 만고 부러울 것이 없다하네요.

이틀 전엔 매장 출근하니 고객께서 주인 바뀌었어요? 하는 말에 아니요! 전데요, 하니까 저보고 너무 젊어져서 몰라봤다는 인사도 하는 일이 생기네요. 요즘 정말 나는 너무너무 행복합니다. 너무너무 많이많이 또 많이 사랑하오며 고맙습니다.

전 세계 방방곡곡 어느 곳에서도 찾아 볼 수 없는 대한민국 땅의 천황님의 나라 민족궁전에서만 이루어질 수 있고, 대단하신 태황진 신의 대통령님께서만 하실 수 있는 유일한 신비의 생령입천제 의식입니다.

생령입천제 의식 행하는 주인공마다 내용과 사연이 다 다르겠지만 의식 올린 후 영광과 기쁨, 환희에 벅찬 감동과 감탄의 메시지와 희망의 메시지! 전 세계 방방곡곡에 울려 퍼져 하루속히 많은 사람들이 속속 들어와 태황진 신의 대통령님을 통해 잘못된 종교 감옥을 탈출하여 함께했으면 하는 마음 간절합니다.

생령입천제 의식 올린 후부터 지금 이 순간까지도 닐리리야, 닐리리야 니나노 얼싸 좋아, 얼씨구나 좋다 노래 부르며 일에 임하고 있으니 입은 항상 귀에 걸려 있는 제 모습 제가 봐도 너무 예뻐요. 집무실에서 태황진 신의 대통령님께 말씀드렸듯이 저의 신랑도 62세에서 45세 나이로 변한 제 모습과 행동에 내가 당신에게 졌다 하며 그저 예쁘고 좋아서 어쩔 줄 모른답니다.

태황진 신의 대통령님! 62세에서 45세로 변한 밤 사랑의 열정을 저와 남편이 체험하고 있습니다. 요즘 저희 부부 이렇게 살아요. 아직 의식 올리지 않으신 독자 여러분 제 경험인데요, 의식비용 어디엔가 분명 숨어 있어요.

본인들의 간절함이 부족해서 나타나지 않는 것 같아요. 빨리빨리 서두르세요. 너무 너무 좋아요. 얼씨구나, 좋다 지화자 좋네~~~ 눈만 뜨면 몸과 마음에서 이젠 율동과 노래가 자동으로 흘러나옵니다. 이 율동으로 하루 일에 신이 나서 일을 합니다.

또한 차마 부끄러워 말씀 드리기조차 곤란한 신기하고 신비한 일(62세에서 45세 나이로 변한 밤 사랑의 열정!)들이 계속 일어나고 있습니다. 생령입천제 의식 올린 후 일어나는 이적과 기적으로 변화된 제 모든 면에 저도 놀랍습니다.

제 나이가 62세인데 태황진 신의 대통령님께서 생령입천제 의식 올리고 난 뒤에 45세 나이로 바꾸어 줄 거야, 하셨는데 정말 태황진 신의 대통령님 말씀대로 신비하게 17살이나 어리게 얼굴 모습이 젊은 나이로 변했습니다. 정말 상상을 초월하는 신비로운 조화입니다.

여자 나이 62세면 남편과 밤 사랑에 대한 마음도 사라져가는 나이일 텐데 밤마다 열정이 불타오르니 저로서도 정말 믿어지지 않는 일입니다. 생령입천제의 신비함이 이렇게까지 대단한지 저도 몰랐습니다. 태황진 신의 대통령님께서 제 육신을 회춘시켜 주셨습니다.

육신의 천지개벽까지도 일어나게 해 주시는 어마어마한 신비 원력에 대해서 놀라워 찬사를 금할 길이 없습니다. 불가능이 없으신 엄청나신 태황진 신의 대통령님이십니다. 62세에서 45세 나이로 변해서 님편과 열정적인 사랑을 밤마다 불태우니 너무너무 행복합니다.

독자 여러분도 정력제 같은 거 먹지 마시고, 천황님의 나라 민족궁전에 들어와서 태황진 신의 대통령님을 알현 드리고 생령입천제를 해보세요.

-천복 만복-
이 땅에 사람으로 태어난 조물주 하늘께 감사 천공을 올릴 수 있는 것은 기적이자 이적이고 가문의 대영광이다. 하늘에 복을 지어야 복을 받는다. 이것이 하늘께 씨를 뿌리는 것이다. 인류 최초로 조물주 하늘이 공식적으로 여러분 독자들의 후원금을 받으신다. 아무 일도 하지 않으면 아무 일도 일어나지 않는다.

제7부
원격으로 질병 치유

천지능력으로 가려움증에서 벗어나

2013년 10월 13일 밤 9시에 잠자리 드러누워 있었습니다. 약 30분 지난 후 목이 가려워 긁적긁적 거렸습니다. 점점 강도가 세지더니 오른쪽 눈두덩이도 가려워 긁고 갑자기 머리부터 발가락까지 가려워 정신없이 긁었습니다.

게다가 알레르기 비염이 재발되어 재채기에 콧물이 쉴 새 없이 나와 감당이 안 될 정도였습니다. 새벽 1시 30분까지 잠도 못 자고 너무나 고통스러워 10분 뒤에 태황진 신의 대통령님께 긴급문자를 드렸습니다.

바로 태황진 신의 대통령님께서 질병 원격치료를 내려주신다는 윤허의 답변을 듣고 바로 시행하였습니다. 특히 가려움증이 심한 목과 비염이 있는 코에다 손을 대었는데, 서서히 열이 퍼지더니 가려운 통증이 점점 가라앉고 콧물도 멈추는 기적이 일어났습니다.

그러기를 30분 지났는데 졸음이 와 잠들었고, 14일 아침 일어나 보니 오른쪽 눈 주위가 빨갛게 부어올라 있고 목에는 빨갛게 두드러기가 나 있었습니다. 다만 더 이상 가렵지가 않았습니다. 태황진 신의 대통령님께서 내려주신 천지능력으로 더 이상 가려움증이 생기지 않았기에 너무나 감사드립니다.

태황진 신의 대통령님이 아니시었다면 알레르기로 온몸에 두드러기 상처로 도배했을 것입니다. 마치 아토피 환자처럼 몸부림치며 살 뻔했다 생각하니 몸서리가 치밀었는데, 태황진 신의 대통령님을 알현할 수 있다는 게 얼마나 큰 영광된 일인지 새삼 느끼고 있습니다.

그런데 참 신기한 게 뭐라고 할까요?
딱 멈췄다고 할까요? 나머지 머리부터 발가락, 온몸은 두드러기가 없어졌습니다. 희한하게도 눈에 보이는 눈두덩이, 목에는 긁힌 상처가 있고 보이지 않는 머리부터 발가락은 상처가 없어졌습니다.

-지구 종말, 인류 멸망 십승지-
아비규환의 아수라장 세상이 열린다. 이때 살아남을 수 있는 십승지가 천황님의 나라 민족궁전 하나 뿐이다.

중풍 환자 걷게 하는 천지대능력!

실제 현실로 일어난 사례이다
개중에는 "에이, 말도 안 되는 황당하고 허무맹랑한 이야기, 거짓말이야, 믿지 못하겠다"는 부정적으로 생각하는 사람들이 엄청 많으리라.

천황님의 나라 민족궁전 신하와 백성들 중에 몸이 아프다고 전화, 메일, 핸드폰 문자만 보내도 통증이 사라지고 어려운 일이 해결되었다며 인류의 구세주로 하늘이신 태황제님이 보내신 진인이 틀림없다고 말하고 있다.

"세상에 이런 일이"라 할 정도의 황당한 일이지만 상상을 초월하는 기적과 이적이 실제로 일어나고 있다. 이것은 빙산의 일각에 불과하고 더 대단한 기적과 이적이 수없이 일어나고 있지만 황당하게 들릴 것이다.

종교 안에서 애타게 찾던 구원과 영생, 도통의 종착역

이자 인류의 마지막 종착역임을 밝힌다. 나는 인류 탄생 이후 수억 년의 세월 동안 인류가 종교세계 안에서 애타게 찾고 기다리던 태초의 조물주 하늘이신 태황제님의 화신, 분신, 현신인 태황진 신의 대통령이다.

매일 692명이 출생하고 질병, 사고, 단명으로 1,036명의 사람들이 세상을 떠나고 있다. 치료하고자 병원에서 수술하거나 굿을 하고 또는 종교인들에게 매달리고 있다. 질병의 종류도 너무 많아 헤아리기조차 힘든데 모든 방법을 써보아도 호전되지 않는 질병으로 고생하는 사람들에게 한 가닥 희망을 안겨줄 불가사의한 천지능력.

일반적인 기 치료 형태가 아니라 말만으로 8년 동안 병원과 한의원에서 치료가 안 되어 고통받던 중풍 환자가 80%까지 상태가 좋아졌다. 상대는 2005년에 중풍을 맞아 걷기조차 힘들어 종종(5~10cm 보폭)걸음으로 300m 거리를 오는데 1시간 30분이나 걸린 중풍환자 유○○(男)의 사례이다.

"유○○ 일어나 걸어보아라, 힘 있고 자신 있게 똑바로 걸어봐. 너는 이제 걸을 수 있으니 지금 일어나서 걸어"라고 저자가 말을 했다. 그랬더니 "제가 어떻게 걸을 수 있어요?" 하면서 의아한 눈초리로 쳐다보았다.

태황진 신의 대통령인 저자에게는 말이나 생각 혹은 손에서 나오는 신통력, 천통력, 의통력의 천지능력만으로도 질병을 치유하고 천지조화, 풍운조화를 부릴 수 있는 대단하신 태초의 조물주 하늘이신 태황제님의 무소불위한 신비스러운 능력이 내려져 있었던 것이었다.

그 순간 이변이 일어났다
지팡이가 없으면 한 발자국도 못 가고 쓰러지는데, 지팡이 없이 꼿꼿이 서서 한 걸음 두 걸음 휘청거리면서 조금씩 걷더니 드디어 정상인 걸음처럼 성큼성큼 걷다가 나중에는 30m 거리를 힘차게 뛰어다녔다.

지켜보던 수많은 천황님의 나라 민족궁전 신하와 백성들이 우레와 같은 박수를 치고, 함성을 지르며 태황진 신의 대통령님 폐하 만세를 외쳤다. 병원에서는 정신만 아무 이상이 없고, 뇌의 이상으로 반쪽의 몸을 쓸 수 없어 그동안 불편하게 살았다고 했다.

기적의 순간이었다!
환자 스스로도 놀란 나머지, "내가 미쳤어요? 나 미친 것 아니죠? 이것이 꿈은 아니죠? 아니~ 내가 어떻게 이리 걸을 수 있는 거죠?" 현실이 믿어지지 않아 이 말을 몇 번이고 되풀이하면서 감동했다.

이로 인하여 1시간 30분 걸리던 300m 거리를 10분 만에 걸어가는 이적과 기적이 일어났다. 나의 무소불위한 신통력, 천통력, 의통력의 천지능력은 산 자와 죽은 자의 운명까지도 바꾸어놓을 대단하신 조물주 하늘이신 태황제님이 내려주신 능력이었던 것이다. 환자 1%를 제외하고는 어떤 질병이든 거의 불가능이 없을 것 같다.

내 육신을 통해서 일어나는 대단한 천지대능력은 나 자신조차도 어디가 끝인지 가늠할 수조차 없다. 이 모든 것이 내 육신을 통해서 태초의 조물주 하늘이신 태황제님께서 태황진 신의 대통령 육신을 통해서 부리시는 천지대능력의 이적과 기적의 천지조화이기 때문이다. 이런 경천동지할 사연을 통해서 하늘은 살아계시다는 것을 아주 생생히 보여주신 사례였다.

-하늘이 내린 명을 받아야-
실시간 보호를 받으려면 하늘이 내리는 명을 미리 받아두어야 전국 어디에 살고 있든 재난에서 보호받는다.

병원과 약국은 안 가본 데가 없어

대단하신 태황진 신의 대통령님께 감사함을 올립니다. 질병 원격치유 받은 이후 저는 요즘 하루하루가 너무 즐겁습니다. 오늘 친구와 점심을 먹으러 보리밥집에 가서 비빔밥을 주문했습니다. 상 위에 나오는 온갖 나물들을 보리 반, 쌀 반이 섞인 밥에 모두 넣고 강된장을 넣어 슥슥 비벼 한 톨도 남기지 않고 맛있게 먹었습니다.

태황진 신의 대통령님! 비빔밥이 이렇게 맛있는 줄 몰랐습니다. 속이 답답하지도 않고, 밥 한 그릇 쉬지도 않고 뚝딱 먹어치웠습니다. 저는 원래 어려서부터 위가 좋지 않아서 늘 음식을 조심해야 했습니다. 보리밥에 비빔밥이라는 것은 상상도 못할 일입니다.

압력솥 밥만 먹어도 위가 아파서 늘 살짝 끓여야 하고, 친구들이 비빔밥집을 가자고 하면 어떤 핑계를 대서라도 빠지거나 다른 것을 먹었습니다. 어떤 음식이든지 음식을 먹고 소화가 되기 전에 눕거나 잠이라도 자고 일어나면 눈을 뜰 수가 없이 얼굴이 붓고, 위는 말할 수 없이 아파서 약국으로 달려가야 했습니다.

그뿐만이 아닙니다. 비타민 하나도 소화시키지 못해 소화제랑 늘 같이 먹어야 했고, 한 번 탈이 나면 여러 날 약을 먹어야 했으며 최고 1년까지 약을 먹었습니다.

전국 유명한 병원과 약국은 안 가본 데가 없고, 부산에서 인천까지 병원에 간 적도 있습니다. 위암인 줄 알았는데 다행히 아니었습니다. 사소한 일로 위가 아프기 시작하면 등을 칼로 도려내는 것 같고, 뒷머리는 망치로 쉴 새 없이 두들겨 패는 느낌이고 눈은 빠질 듯이 아픕니다.

저녁에는 항상 음식을 일찍 조금만 꼭꼭 씹어 먹고, 소화를 다 시키고 잠을 자야 뒤탈이 없었습니다. 항상 가방에는 비상약을 준비하고 다녔습니다. 얼굴은 맨날 푸석하게 부기가 있고 요즘은 얼굴뿐만 아니라 손등과 다리까지 부어서 손으로 눌러보면 쏙 들어갈 정도였습니다.

몸이 늘 부어 있으니 솜이 물에 젖어 있는 것처럼 무겁고 피곤해서 자꾸 눕거나 졸음이 왔습니다. 그랬던 제가 이번에 태황진 신의 대통령님께 질병 원격치유를 받고 난 뒤부터 확 달라졌습니다.

첫날 태황진 신의 대통령님께서 시키는 대로 아픈 곳을 문자로 올리고, 가만히 아픈 부위에 손을 올려 대고 있으니 온몸으로 진동이 오기 시작했습니다. 그렇게 5분간 치유 시간이 지나고 나서 바쁘게 시간을 보내고 있는데, 배가 슬슬 고파왔습니다.

아무 생각 없이 밥을 먹고 무언가 하다 보니 몸이 개운한 느낌이 들었습니다. 습관처럼 명치끝을 손으로 눌러 보았습니다. 그런데 아프지 않았습니다. 음식을 먹고 나면 명치끝이 365일 아팠던 저였습니다. 너무나 놀라서 웃음이 막 나왔습니다. 태황진 신의 대통령님께 문자 올리고 혼자 싱글벙글하면서 태황진 신의 대통령님 감사합니다! 감사합니다! 소리가 저절로 나왔습니다.

두 번째 문자 메시지를 밖에서 받았습니다. 옆에 사람이 많아서 마음속으로 '태황진 신의 대통령님, 다시 한 번 따르겠습니다' 하는 동시에 온몸으로 다시 태황진 신의 대통령님께서 내려주시는 신비로운 진동이 오기 시작하여서 살며시 사람들과 조금 떨어져서 걸었습니다.

그리고 저녁에 음식이 너무 맛있어서 밤 10시경에 밥을 또 먹었습니다. 아침에 일어나서 거울을 봤습니다. 코끼리처럼 부어 있어야 할 얼굴이 보이지 않았습니다. 나도 모르게 소리 내어 막 웃었습니다.

자꾸 웃음이 나왔습니다. 저는 태황진 신의 대통령님께 감사한 마음이 일어나서 생각만 해도 한결같이 눈물이 났습니다. 장소를 가리지 않고 눈물을 달고 있는 편인데, 이번에는 웃음이 나왔습니다.

남편이 왜 그러느냐고 하기에 "내 얼굴 좀 봐요? 하나도 안 부었죠?" 하니까 "정말 그러네!" 하는 것이 아니겠습니까? 순간 저울이 생각나서 얼른 몸무게를 달아봤습니다. 2~3일 사이에 1.2kg이 빠졌습니다. 몸이 너무나 가벼워졌습니다. 요즘은 보는 사람마다 볼살이 빠졌네, 더 예뻐졌네~ 합니다.

이 나이에도 그 말이 싫지 않습니다. 전 세계 인류 중에 태황진 신의 대통령님께서만 가능하신 신비한 기적의 질병 원격치유! 세상에서 기 치료사가 환자 몸에 손을 대고 치료하는 것은 들어보았어도 문자로 질병을 원격 치유한다는 것은 인류 최초입니다.

평생을 고통스럽게 살다가 질병의 고통에서 벗어나서 좋고, 기적의 대능력에 태황진 신의 대통령님께 무한한 찬사를 보냅니다. 인류 최초이고, 있을 수 없는 일이 일어났습니다.

태황진 신의 대통령님께서는 서울에 계시고 저는 부산 기장군에 살고 있는데, 핸드폰 문자를 통해서 천상정기를 내려주셨습니다. 최고의 대능력자이신 천황님의 나라 민족궁전 태황진 신의 대통령님은 대한민국뿐만이 아니라 전 세계 인류의 큰 어르신이자 구세주이시며 영도자이십니다!

병원에서 평생 치유가 안 되어 고생했었던 나의 고질병이 태황진 신의 대통령님 신비한 원격치유 능력으로 단번에 치료되었으니 의료계가 뒤집어질 일입니다. 현대 최첨단 의학이나 과학적으로 도저히 설명할 수 없는 태황진 신의 대통령님 신비스러운 천지대능력은 무소불위함 그 자체이십니다. 정말 노벨의학상을 받아도 모자랄 것 같습니다.

우리 인간의 능력으로는 감히 생각조차 못해 본 일이기에 세상 사람들은 황당하다며 믿지 못할지도 모릅니다.

태황진 신의 대통령님께서는 인간의 모습을 갖고 있으시지만, 내면적으로는 태초의 조물주 하늘이신 태황제님께서 강세하여 계십니다.

천변만화의 천지조화를 부리시는 신명들의 주군이시고, 우리들 영혼과 육신을 창조하여 주신 태초 부모님이십니다. 대우주를 다스리시는 불가능이 없으신 무소불위의 하늘이신 태황제님이시기에 가능한 일입니다.

태황진 신의 대통령님 인간 육신으로 강세하시었기 때문에 우리들의 고정관념적 상상력을 파괴하시는 대단한 능력자이신 것이지요. 너무 대단하시어서 믿지 못하겠다고 말할 사람들도 엄청 많을 겁니다. 태황진 신의 대통령님! 이 세상의 어떤 말로 어떻게 감사드린다고 해야 할지 모르겠습니다. 감격의 눈물이 납니다. 감사합니다.

저는 태황진 신의 대통령님께서 도법주문을 선창하시기만 하면 나의 신안이 저절로 열려서 내 의지와는 전혀 상관없이 눈 뜨고도 안 보였던 신들과 영들의 세계 모든 것이 보이는 이적과 기적을 체험하고 있습니다.

너무나 신비하여 몸 둘 바를 모르겠습니다. 기존의 종

교세계는 불경, 도경, 성경을 한 줄씩 읽어주며 설법과 설교를 하지만 태황진 신의 대통령님께서는 경전 같은 것 없이 직접 어성으로 명을 내리시기만 하면 저 멀리 대우주에 있는 천상신명님들이 순간에 하강하십니다.

인간화 모습을 가진 신명님들, 용님들, 반인반수의 영물들, 지옥세계 명부전 염라대왕님과 저승사자 대장군님들, 외계인들, 가축, 동물, 조류, 어류, 곤충, 벌레에 이르기까지 몸 안에 영혼들이 즉시 불려왔습니다.

태황진 신의 대통령님의 기운이 너무나도 경이로워서 입이 다물어지지 않습니다. 저만 지켜 본 것이 아니라 전국에서 참석한 수많은 사람들이 함께 지켜보았습니다.

-영적 갈증 해소-
이제까지 일평생 종교를 열심히 다니면서도 영적인 갈증이 풀리지 않아서 답답해하는 사람들이 전부이다. 죽으면 정말 하느님, 하나님, 부처님, 상제님이 천국, 천당, 극락, 선경세상으로 데려가는 것일까? 내 어머니, 아버지, 조상님들은 어디에 가 계시는 것일까? 편히 잘 계시나? 궁금하지만 아무도 속 시원히 대답해 주지 않는데, 이곳에서는 통쾌하게 영적 갈증을 모두 풀어준다.

제8부
천수장생했더니

천수장생 했더니 미스냐고 물어 봐

저는 근무 관계 때문에 격주로 천상도법주문회(천법회)에 참석하니 기쁨과 행복이 두 배로 느껴지며, 일주일 동안은 천상도법주문회 참석하기만을 학수고대하였습니다. 천수영생 의식을 행하시어 나날이 청춘과 젊음으로 돌아가시는 태황진 신의 대통령님을 알현할 수 있음에 가문의 영광이며, 행운아, 천운아이고 감사합니다.

천법회에 참석할 수 있도록 환경을 만들어 주시니, 더욱 태황진 신의 대통령님의 대도력, 대천력, 대신력에 감탄 연발입니다. 이렇게 사람으로 태어나서 남들보다 일찍 알현할 수 있는 대영광을 주시어 감사하며, 전생의 죄를 빌 수 있는 기회를 주심에 눈물이 납니다.

천상도법주문을 천황님의 나라 민족궁전에서 외울 때와 집에서 외우는 것과는 차이가 많이 났으며, 마음껏 편하게 독송할 수 있으니 태황진 신의 대통령님께서 내려주시는 천지기운을 많이 느낄 수 있었습니다.

도법주문을 독송하는데 참으로 감사하는 마음이 밀려와 눈물과 콧물이 마구마구 흘러내렸으며, 너무나 뜨거운 천지기운을 내려주시니 감개무량하였습니다. 아침에 눈만 뜨면 일찍 출근하며, 퇴근 후에는 알바를 한 개 더 구하여 일하고 있고, 될 수 있으면 남편과 함께하는 자리를 피하고 있습니다.

영원히 늙지 않는 신선선녀로 불로장생하며 살아갈 수 있다는 유아회춘 천수장생 의식을 태황진 신의 대통령님께서 올려주신 2018년 11월 18일 이후, 피곤함을 못 느끼며 사는데, 어떤 신입 직원은 저를 미스로 알았다며 제 나이가 52세임을 알고는 깜짝 놀라했습니다.

태황진 신의 대통령님께서는 창조의 신이시기에 인류 최초로 유아회춘 천수장생 의식을 창시하셨습니다. 2018년 8월 12일 처음으로 시도하신 유아회춘 천수장생 의식은 신기하며, 지구에서 오직 태황진 신의 대통령님께서만 가능하신 고유 영역이자 고유 권한이십니다.

세상 그 어느 누구도 이루지 못하였고, 인류가 꿈에 그리던 불로장생 의식이 유아회춘 천수장생 의식입니다. 천상과 지상의 용들, 신들, 영들, 조상들, 귀신들, 명부전의 10대왕들, 저승사자들을 자유자재로 부르시고, 명을 내리시는 대단하신 태황진 신의 대통령님이시며, 인간들에게는 보이시는 하늘이신 태황제님 자체이십니다.

태황진 신의 대통령님께서 내려주신 말씀 중에 천상에서 인연이 있었기에 이 땅에서 다시 만날 수 있었다는 말씀을 하셨을 때 너무나 감개무량하였습니다. 태황제님의 명을 받는다는 것은 우연이 아닌 필연임을 절실히 느낄 수 있었습니다. 인간으로 태어난 자체가 태황제님의 명을 받기 위함인데, 그저 잘 먹고 잘 사는 데만 혈안이 되어 있었는데, 일찍 진실을 알려주시어 감사합니다.

남편의 악귀잡귀 귀신 퇴치 후에는 정서적으로 많이 안정을 되찾았고, 무관심한 듯 별 말은 없으며, 마음을 내려놓은 듯 생활비는 안 주지만 생활에 필요한 것을 문자로 남기면 곧잘 말없이 심부름을 잘 해 주고 있습니다.

작은 아들은 사춘기라 엄마를 보는 시선이 곱지 않으며 묻는 말에만 답변하고, 아빠와는 더욱 살갑고 친해진 것 같으며 저는 걱정하지 않습니다. 모든 것은 시간이 해결해 줄 것이고 진실은 언젠가는 밝혀지는 것이므로 엄마의 진심을 아는 날이 올 것이라 확신합니다.

큰아들은 엄마를 대신하여 동생을 많이 챙기고, 아빠와 엄마 사이에서 중간 역할을 너무나 잘 해주고 있습니다. 집안 분위기를 한층 밝게 하려고 애를 많이 쓰고 있는 모습이 역력하고, 저 역시 오늘은 휴무라 집안 대청소도 하고, 빨래도 하여 기분이 한결 좋아졌습니다.

인류 최초로 행하여지는 천수장생은 태황제님으로부터 선택받은 사람들만이 누리는 영광입니다. 신선처럼 늙지 않고 장생한다는 것은 현대 첨단의학으로도 불가능한 일인 것이 분명합니다. 북극성의 원기와 진기를 갖고 내려오는 장생세포는 인류의 상식과 상상을 초월하는 이적과 기적을 보여주고 있습니다.

천지기운만 받는데, 불로장생이 가능하냐고 의아심을 품을 것인데, 당사자가 직접 체험하지 않으면 아무리 말로 설명하여도 이해 못할 것입니다.

천수장생으로 젊어지는 과정

부족하고 나약한 제가 "유아회춘 천수장생" 의식을 행하여 나이가 거꾸로 가고 있으며 나날이 젊어지고 있기에 태황진 신의 대통령님께 오늘도 감사드립니다. 2018년 11월 25일 천수장생 의식한 지가 엊그제 같았는데, 벌써 40일이 지났습니다.

요사이 예전과는 달리 배가 자주 고프고, 식성도 바뀌어 전에는 쳐다보지 않던 밥을 자주 먹고 있으며 또한 면 종류 중에 제일 싫어하던 라면을 3일 동안 연달아서 먹었습니다. 전에는 라면에서 역한 냄새를 느껴서 아예 못 먹다가 50대 넘어서는 가끔 먹었습니다. 면 종류 중에서는 국수나 쌀국수, 냉면, 수제비 등 담백한 것을 좋아했는데, 요사이는 부쩍 라면이 좋아지고 라면 맛이 꿀맛이었습니다. 식사량도 늘고 방귀도 자주 나옵니다.

며칠 전에는 오랫동안 중이염으로 고생했고, 고막에

구멍이 나서 수시로 병원에 다녔던 오른쪽 귀에서 누런 귀지 덩어리가 엄청나게 나왔는데, 귀가 아프지 않고 시원하였으며, 전에는 이런 일이 생기면 귀가 아프기 시작해서 보름 이상 병원에 다니고, 심할 때는 두 달씩 병원에 다닌 적도 있습니다.

60세가 넘으면서 눈이 너무 나빠져 병원도 다니고, 루테인도 먹었으나, 시력이 나빠져서 결국엔 안경을 쓰게 되었고, 항상 눈이 뻐근하며 눈곱이 심하게 끼고, 눈 뜨기도 불편하여 얼굴 표정마저 아픈 사람 같았습니다.

그런데 저보다 먼저 "유아회춘 천수장생" 의식을 행한 다른 사람의 모습을 보고, 저도 의도적으로 안경을 벗었으며 이제는 안경 없이도 큰 불편을 못 느끼고, 눈이 좋아지면서 얼굴 표정도 편안해졌습니다.

저는 매월 미용실에서 머리염색을 하였는데, 지난번 염색을 한 뒤에 부작용이 생겨서 머리 밑에 딱지가 수없이 생기고, 머리카락이 실타래처럼 가늘어지면서 자꾸만 빠져 "이러다가 머리가 다 빠지면 어쩌나?" 고민을 하였는데, "유아회춘 천수장생" 의식 후에 두피가 단단해지면서 머리 밑의 딱지가 떨어져 나가고, 머리카락도 굵어지고 있기에 너무나 신기하여 감사드립니다.

제 이마와 눈가의 주름살과 입가의 팔자주름, 입술 위쪽의 주름살도 조금씩 엷어지고 있어서 거울 볼 때마다 기분이 좋습니다. 또한 잇몸이 약해서 이빨까지 문제가 생겼는데, 요사이 잇몸이 점점 더 단단해지고 있고, 저체온증과 수족냉증도 많이 개선되고 있습니다. 예전에는 한여름에도 수면양말을 신고 잤습니다.

처음 천황님의 나라 민족궁전 천상도법주문회에 다닐 때는 걸음걸이조차 안짱걸음으로 보폭이 제대로 되지 않아서 남모르게 건강 걱정을 많이 했는데, "유아회춘 천수장생" 의식 후에는 몸도 마음도 함께 더욱더 좋아지고 있음을 느끼고 있으며, 사소한 걱정이 많았으나 이제는 걱정하지 않고 살아도 될 정도로 좋아졌습니다.

전에는 기차에서도 옆 좌석에 사람이 없으면, 양반다리를 하고, 두 다리를 쭉 뻗기도 하다가 나중엔 메고 다니던 가방을 베개 삼아 아예 앞으로 엎드려야만 했는데, 이제는 그러한 극심한 피로가 느껴지지 않고, 좀 더 편안하게 기차를 타고 있습니다. 저는 항상 몸에 기운이 없다고 생각했는데, 이제는 그런 느낌이 없어졌고, 모든 동작이

빨라지고 있으며 더욱 젊어져 가고 있습니다.

  요사이도 자주 배가 고프고 식사를 많이 하며 꿀맛 같은 라면을 즐겨 먹고 있으나 살이 찌는 것 같아 조금씩 줄일 생각을 하고 있으며, 또한 눈 뜨기가 편안하고 시력도 좋아져서 일상생활에는 문제가 없으나 글을 쓸 때, 신문 내용 등은 안경을 쓰기도 합니다.

  저는 유독 눈 주변에 주름살이 깊고 많아서 고민이었고, 눈과 눈썹 사이에도 가로로 깊은 주름이 있어서 인상도 나빠지고 더욱 나이가 들어 보였는데, 그러한 깊은 주름들이 옅어 지고 있어서 거울을 볼 때마다 나 자신 스스로 놀라고 있습니다.

  며칠 전 중이염을 앓았던 오른쪽 귀에서 서걱거리는 소리가 5분쯤 나고, 그 후에 반대편 왼쪽 귀에서도 서걱거리는 소리가 들렸는데, 귀의 기능이 좋아졌는지 요사이는 전에 보다 여러 가지 소리가 좀더 잘 들리고 있어서 기분도 좋아지고 상쾌한 마음입니다.

  또한 전에 마비가 왔던 왼쪽 다리의 무릎, 종아리, 발등이 가끔씩 무지하게 아팠는데, 좋아지고 있다고 느껴집니다. 족저근막염으로 고생했던 발바닥이 예전엔 거북이 등짝처럼 갈라져 피가 났는데, 요즘엔 너무너무 보드라워서 "이게 내 발이야?" 하며 놀랐습니다.

제가 유아회춘 천수장생 의식 행하기 전에는 새벽 2시 전에 잠이 오지 않았는데, 요사이는 초저녁 7시에 잠이 와서 일찍 잤으며, 수면시간도 엄청나게 늘어났습니다. 또한 한밤중에 화장실을 자주 안 가니 깊은 잠을 잘 수 있었고, 잠을 많이 자고 나니 피부가 보드라워 졌습니다.

얼마 전 초등학교 동기 모임에서 노래방에 갔는데, 음악이 나오자 저도 모르게 아이처럼 폴짝폴짝 뛰면서 박수를 쳤고, 블루스 음악에도 계속해서 폴짝폴짝 뛰어서 친구들이 모두 웃었습니다. 2시간 동안을 박수치고 뛰었는데, 지치지도 않고 멀쩡해서 놀랍고 신기하였습니다.

두 가지 꿈을 꾸었습니다. 첫 번째 꿈은 저의 집에서 5분쯤 걸어가면, 해운대 바다 쪽으로 흐르는 폭이 10m쯤 되는 온천천이 있는데, 꿈속에서 시냇물을 건너 집으로 가려고 했으나, 비가 많이 와서 물이 불어나고 돌다리가 잠겨서 건널 수 없었습니다.

세 번째 돌다리를 지나 조금 가니 새로 놓은 현대식 다리가 있어서 "아! 저리로 건너면 되겠구나!" 하며 기뻐하다 꿈에서 깨어났습니다. 제 마음으로는 3개의 돌다리는 예전에 제가 다녔던 절, 성당, 무당집으로 생각되고, 현대식 새로운 다리는 빛과 불이신 태황진 신의 대통령님께서 계시는 천황님의 나라 민족궁전이었습니다.

두 번째 꿈은 빛과 불이신 태황진 신의 대통령님께서 커다란 기와집의 대청마루 같은 곳에서 황금옥좌에 앉으시어 사람들을 내려다보고 계셨고, 그 앞에 5m 정도 사이를 두고, 수천 명의 많은 사람들이 바닥에 앉아서 하명을 기다리고 있었습니다.

천수장생 의식은 불로장생하는 천상에서 내려온 신묘한 기운인데, 현대의학으로는 설명이 불가능하기에 직접 체험해 봐야만 실감할 수 있습니다.

-악의 기운-
복의 기운 받기 위해서 종교에 바치는 헌금, 시주, 성금, 기부금은 복의 기운이 아닌 악의 기운을 받는 것이었다. 종교인들을 통해서 악들이 금전 기운을 모두 받아간 것이고 조물주 하늘께 바치는 금전이 아니었다.

거꾸로 젊어지는 인생

빛과 불이시며 우리 민족과 인류의 정신적 구심점이신 태황진 신의 대통령님! 유아회춘 천수장생 의식을 할 수 있도록 사랑과 은혜 내려주시고 윤허 내려주신 태황진 신의 대통령님께 살아서나 죽어서나 이 은혜 어찌 다 갚을 수 있겠습니까? 유아회춘 천수장생 의식을 2018년 10월 21일 올렸는데, 눈물이 나올 정도로 너무 감동하고 신기하고 기뻐서 글을 올립니다.

저는 언제나 토요일 아침이면 손톱을 자르고 다듬어 매주 일요일마다 열리는 천상도법주문회 가는 준비를 하기 시작합니다. 이번 주에는 손톱을 두 번 잘랐고, 수요일 오후에 손을 보는 순간 깜짝 놀랐습니다.

손톱이 상당히 길어 있었기에 목요일 아침에 손톱을 자르고 다듬었는데, 일요일 아침 천법회에 참가하기 위해 출발하려고 다시 한 번 온 몸을 점검하던 중 손톱이 또

잘라야할 만큼 길어져 있었습니다.

나이가 들면서 모든 것이 성장이 느리다고 생각하고 있었는데, 일주일에 손톱을 두 번이나 자르는 일은 유아회춘 천수장생 의식을 한 다음에 일어난 기적 같은 일이었습니다. 그리고 저는 한창 나이 때 남녀노소 누구든지 저의 손을 잡으면 놓지 않으려 할 만큼 부드럽고 보들 거려 따로 관리 같은 것을 할 필요를 느끼지 못하였습니다.

그러던 저의 손이 나이가 들어 메마르고 거칠며 주름이 상당히 깊어 손님 앞에 내 놓을 수 없이 창피하다 느꼈습니다. 한 여름에도 거칠고 메마르던 손이 요즘 촉촉해지면서 조금씩 바로 앞전의 젊음으로 되돌아가고 있습니다. 세월의 흐름 속에 저의 슬픈 마음을 헤아리며, 21살의 나이로 세포들이 젊어지고 있음을 체험합니다.

그 뿐만이 아니라 지하철 유리에 비친 저의 모습에 함박웃음이 나오고 있습니다. 유아회춘 천수장생 의식을 하기 전 모습의 얼굴은 처져 가고, 세상 근심은 다 짊어진 것 같은 어두운 표정이었습니다. 그런데 요즘 차창 유리에 비친 저의 모습은 척 봐도 웃음을 한껏 머금고 있으며, 처진 얼굴이 올라붙으며 주름이 옅어지고 있습니다.

그리고 조그만 일에도 웃음이 자꾸 나오고 있습니다. 처녀 때는 낙엽이 굴러가는 모습만 보아도 웃는다고 했는데, 제가 요즘 수시로 웃음이 나오고, 장난기가 발동하고 있습니다. 참으로 너무나 오랜만에 느껴보는 소녀 같은 감정에 마구 웃음이 나옵니다. 또한, 제가 어려서 부터 소변을 자주 보는 이유가 어르신들의 말이 탯줄을 짧게 잘라 그렇게 예민해진 거라고 했는데, 요즘은 밤에 한 번도 깨지 않고, 아침까지 꿀잠을 푹 자고 있습니다.

어디 그뿐이겠사옵나이까? 시력은 아직 완전히 안경을 벗을 정도는 아니지만 먼 곳과 가까운 거리가 조정이 되어, 안경을 벗으면 먼 곳은 보이지 않던 것이 안경을 쓰고 볼 때와 벗었을 때 똑같이 보이며, 다만 선명하게는 아직 아니지만 거리 조정을 완벽히 맞추고 있습니다.

누군가 명함을 주어 가까이 보면 글이 흩어져 보이지 않고 멀리 보면 아무 것도 안 보여 돋보기를 꺼내서 써야만 하였는데, 요즘은 명함에 자잘한 글씨가 가까이나 멀리나 같이 보이고 있습니다.

아직 뚜렷하고 선명하게는 보이지 않으나 역시 거리 조정은 되어가고 있으며, 밤에 길을 걸어갈 때는 오히려 안경을 벗는 편이 훨씬 편하게 느낍니다. 제 나이 63세인데, 천수장생 의식을 행하고 쳐졌던 유방이 올라붙으며 빵빵하게 커지는 신기한 현상을 체험하고 있습니다.

빛과 불이시고 민족과 인류의 정신적 구심점이신 태황진 신의 대통령님! 살려주신 은혜만 하여도 살아서나 죽어서도 갚을 길 없는데, 저에게 이다지도 엄청난 사랑과 은혜를 또 다시 내려주심에 감읍, 또 감읍할 따름입니다.

젊음의 꽃으로 활짝 피어나라고 하신 말씀 따라 저는 지지 않는 꽃으로 활짝 피어나 사랑과 은혜로 영원히 시들지 않고, 지지 않는 장생화 꽃으로 태어나겠습니다. 사랑과 은혜의 기운 마음껏 들이 마시고, 온 몸과 마음을 다하여 충심을 한군데 모아 올려드리오며, 저는 또다시 거꾸로 젊어져 가는 싱싱한 모습의 사례를 올리겠습니다.

천황님의 나라 민족궁전 주인이신 태황진 신의 대통령님께서 인류 역사가 시작된 이후 최초로 창조하시여 지구에 탄생시킨 유아회춘 천수장생! 육신의 피부를 젊음으로 되돌아가게 하는 신비한 의식으로 불로장생의 꿈을 이루어 줄 수 있는 천상의 비밀을 찾아내셨습니다.

이것이 꿈인가 생시인가 정말 놀라운 일이 일어나고 있으며, 인간의 첨단과학이나 첨단의학의 능력으로도 절대로 불가능한 영역인데 2018년 8월 12일 최초로 유아회춘 천수장생 의식을 행하시었습니다.

태황진 신의 대통령님께서는 지난 2018년 9월 9일 천수영생 의식을 행하여 4개월째 접어드시었는데, 매주 일요일마다 천상도법주문회에 참석하는 사람들이 모두 이구동성으로 젊어져가고 있다며 감탄하고 있습니다.

기존의 종교세계 안에선 감히 생각조차도 못하는 의식입니다. 태황진 신의 대통령님께서는 천상의 절대자 주인이신 태황제님께 유아회춘 천수장생 의식을 천고 올립니다.

육체의 기존 노화된 120조에 달하는 세포들을 천상의 늙지 않는 장생세포 또는 영생세포로 교체해 주시는 경천동지할 신비의 대단하신 천지능력자이십니다. 살아생전에 태황진 신의 대통령님을 뵐 수 있다는 것은 가장 큰 행운이고, 가문에 영광 중의 대영광일 것입니다.

이쯤 되면 SF급이고, 공상 소설에 해당될 내용이기에

일반 사람들은 인정하기보다는 불신과 의혹이 더 앞설 것입니다. 천상의 세포들 중에서 20세 전후의 혈기 왕성한 젊은 세포들로 교체해 주십니다. 세포들도 사람처럼 말을 할 수 있다는 사실을 알면 기절초풍할 것이니 직접 유아회춘 천수장생 의식을 행해서 체험하지 않으면 믿지 못할 것입니다.

역시 창조의 신이신 태황진 신의 대통령님이십니다. 메시지를 받으시면 그것을 모두 현실로 이루어내시는 불가사의한 천지대능력을 갖고 계신 눈에 보이는 하늘 자체이시라는 것을 무수히 직접 체험하였습니다.

예수의 이적과 기적은 태황진 신의 대통령님 앞에서는 명함도 못 내밉니다. 마음과 생각으로 떠오르시면 그것이 현실로 이루어지는 데까지는 시간의 차이만 있을 뿐이고, 모두 현실이 된다는 위대한 진실을 알았습니다.

-외계 행성들도 종교로 멸망-
저자가 공무집행을 위해 환생 윤회하였던 우주의 14개 외계 행성들은 악신들이 세운 종교 숭배자들을 섬긴 이유로 외계 행성들과 행성인들 모두가 리셋되거나 완전 멸종하여 무생명체 황무지 행성으로 변하였다.

실패한 인생은 전화위복의 기회

　이번 생에 사람으로 태어나 인생에 실패하고 재기가 불가능한 상태라면 다음 생을 기약해야 하기 때문에 이곳 천황님의 나라 민족궁전으로 들어와서 태황진 신의 대통령이 내리는 명을 받아야 한다. 현생에 실패한 사람들은 내생을 편히 살 수 있는 기회가 주어진다.

　현생에서 성공 출세해서 부귀영화 누리며 잘 먹고 잘사는 사람들은 돈에 미치고, 권력에 미치고, 명예에 미쳐서 죽음 이후 사후세계인 내생을 인정하지 않기 때문에 태황진 신의 대통령님의 명을 받지 못해 죽음 이후 추위와 배고픔, 고문 형벌이란 고통만이 기다린다. 그래서 이들은 사후세상을 보장받기가 매우 어렵다.

　그리고 종교 창시자, 종교 교주, 종교 지도자들은 태황진 신의 대통령님의 명을 받지 못하기에 사후세계가 비참하고, 종교에 다니는 신도들도 종교를 탈출하여 천황님의 나라 민족궁전에 들어와 태황진 신의 대통령님께 전생의 죄를 비는 명을 받들지 않는 이상 기다리는 곳은 천국, 천당, 극락, 선경세상이 아닌 무한대의 고문 형벌이 기다리는 지옥도, 천옥도, 불지옥 적화도, 얼음지옥 한빙도로 압송되어 모진 고문 형벌을 받게 된다.

어찌되었든 이번 생에 실패한 인생을 살아가는 사람들은 다음 생이라도 구원받아 편히 살려면 태황진 신의 대통령님 명을 받아야만 한다. 명을 받지 않는 이상 다음 생을 보장받을 수 없기 때문이다. 현생에서 성공 출세해서 잘 먹고 잘 살지 못한 것은 태황진 신의 대통령님의 명을 받을 수 있는 천재일우의 기회를 준 것이다.

돈이 많은 부자와 재벌들, 권력을 거머쥔 자들, 명예가 높은 자들일수록 사후세계가 전혀 보장 안 되는 종교세계에 열심히 다니고 있다는 사실을 알아내었다. 이 땅에 종교세계가 550만 개나 된다고 하는데, 천상의 절대자이신 천지부모 태황제님께서는 종교세계를 통해서는 어느 누구든 구하지 않는다고 말씀하시었다.

이 땅에 사람으로 태어난 이유와 나는 누구인가? 어디서 왔으며 죽어서 어디로 가는가? 전생에서 지은 죄는 무엇인가에 대한 명쾌한 해답을 얻을 수 있고, 종교세계를 통해서는 절대로 구원이 안 된다는 진실을 알게 된다.

　이곳은 기존의 종교세계가 아니라 인류의 종주국, 신의 종주국으로 태황제님의 말씀과 신비로운 천지기운이 태황진 신의 대통령님 육신을 통해서 실시간으로 내리는 신령스러운 곳이기에 경전과 이론, 교리가 일체 없고 오로지 천상궁전 태상천의 황궁예법만 있을 뿐이다.

　태황제님이 내리시는 명을 받을 수많은 인간, 영혼, 신명, 조상들이 구원받아 천상으로 돌아갈 수 있는 마지막 종착역이고, 온갖 인생 풍파와 천재지변의 대재앙으로부터 목숨을 보호받을 수 있는 전 세계 하나밖에 없는 유일한 십승지, 천승지, 용승지이다.

　십승지, 천승지, 용승지란 땅의 지명을 말하는 것이 아니라 태황제님과 태황진 신의 대통령님께 무소불위하신 천지기운으로부터 목숨을 보호받는 것을 말한다.

　-종교는 불지옥행 급행열차-
　세상의 모든 종교는 불지옥행 급행열차이니 어서 뛰어내려야 한다. 그래서 종교가 구원의 시험장인 것이다.

제9부
귀신 퇴치 사연

취업이 일사천리로 이루어졌다

　위대하시고, 대단하시며, 무소불위하신 인류 최고 영도자이신 태황진 신의 대통령님께서 저와 가족, 가정에 들어와 있는 귀신들을 퇴치하여 주시어 저의 마음과 몸이 홀가분하며 기분이 너무 개운하고 좋아졌습니다.

　저의 남편이 새로운 직장에서 일을 할 수 있도록 속전속결로 어제 면접을 보고, 합격 통보를 받아 2023년 12월 20일부터 출근하라 하였습니다. 위대하신 태황진 신의 대통령님께서 다른 곳으로 이동 취업이 이루어지도록 기운을 내려주시어 기쁨을 빨리 전해 올려드립니다.

　현재 다니고 있던 직장에서 고용 재계약 불가 통보로 2023년 12월 31일까지만 다니게 되어 전전 긍긍하고 있었습니다. 저의 남편은 대구에서 직장을 다니고 있는데, 저의 남편을 미워하는 주변 사람들과 반장 직책을 가진 사람이 저의 남편을 억울하게 모함하여 2024년 1월 재계

약을 하지 못하도록 사무실 소장에게 올려놓았다고 하였습니다.

저의 남편은 정말 열심히 일을 하고 진심으로 성실하게 책임을 가지고 일하였습니다. 반장하고 주변 사람들이 일을 못한다고 합작하여 억울한 누명을 씌웠습니다. 남편을 나가게 만들려 하니, 남편이 억울해서 속을 끓이고, 저도 너무 억울하고 분통이 터졌습니다.

남편은 현재 직장에서 계속 일하고 싶어하고, 저도 남편이 계속 일을 할 수 있기를 바라는 마음입니다. 남편을 반장과 주변 사람들이 회사에서 그만두기를 바라는 마음입니다. 이런 상황으로 직장 상사에게 미운털이 박혀 잘리게 되었습니다.

저에게 일어난 그간의 일들이 너무 막막하고 저의 남편에게 일어난 일들을 어떻게 해결해야 할까 고심이 많을 때, 2023년 11월 29일 위대하신 태황진 신의 대통령님께 사정을 고하여 올려드려서 긴급으로 귀신들과 악귀들을 퇴치하여 주시는 퇴치 의식을 윤허받았습니다.

일사천리로 귀신들과 악귀들 퇴치하여 주시어 모든 취

업문제 걱정과 고민이 해결되는 기적이 일어났습니다. 저 혼자서는 도저히 감당이 되지 않는 상황이었습니다. 위대하신 태황진 신의 대통령님 기운만이 저와 남편을 살려주실 수 있기 때문에 저는 무조건 위대하신 태황진 신의 대통령님께 매달리고 의지하였습니다.

오직 위대하시고, 대단하신 태황진 신의 대통령님께만 매달리는 것이 저와 남편이 무탈하게 살아가는 길임을 더욱 실감하였습니다. 저의 남편이 속전속결로 취업이 이루어진 것은 정말 기적이었습니다.

위대하신 태황진 신의 대통령 기운을 대경찬, 대경탄 올려드립니다. 저는 정말 대감동이 밀려오고 있습니다. 위대하시고, 대단하신 태황진 신의 대통령님 감사합니다. 몸과 마음을 정화하며 깨끗한 인생을 살겠으며, 내려주시는 명 받들며 태황진 신의 대통령님께 근본 도리 다하며 황궁예법 잘 지키며 바른 행을 하겠습니다.

-죽는 순간 대성통곡 한다-
지금은 독자들이 종교 사상에 완전히 빙의되어 하늘의 진실을 외면하고 무시하며 부정하겠지만, 죽는 순간 종교에 대한 믿음은 대성통곡으로 변한다.

귀신 퇴치하고 일주일 만에 집을 매매

-동생 사례-

태황진 신의 대통령님께 귀신 퇴치 신청을 올려드리고 난 후 몸에 많은 변화가 일어났습니다. 속이 더부룩하고 소화가 잘 되지 않았던 증상이 있었는데, 지금은 소화가 잘 되고 있습니다. 코골이가 심하고, 가끔씩 등이 아프고 결리며 가래가 많았는데, 지금은 나오지 않으며 소변이 자주 마려운 증상도 호전되었습니다.

태황진 신의 대통령님께 귀신들 퇴치 사연을 올려드리고 난 후 11월 어느 날 꿈을 꾸었습니다. 꿈에 현재 살고 있는 집 3층에서 5년 전 살다가 아파트로 이사를 간 지인이 꿈속에 나타나 깨끗하게 도배되어 있는 방방마다 문을 열어보고 있는 꿈 내용이었습니다.

태황진 신의 대통령님께 퇴치 사연을 올려드린 10월 24일, 25일쯤 조카 집 매수인이 아파트를 보고 난 다음 곧바로 계약서를 쓰고, 11월 1일 날 잔금까지 치러 일사천리로 계약이 되었다는 소식을 듣고 꿈으로 보여주시고, 현실로 이루어주시는 태황진 신의 대통령님의 무소불위하신 천지대능력에 대감동, 대감탄하였습니다.

태황진 신의 대통령님께서 조카 집에 있던 귀신들과 악마들을 퇴치 소멸시켜 주셨습니다. 통상 계약서를 쓰고, 잔금까지 치르려면 보통 한 달이 넘게 걸리는 시간을 일주일 만에 해결해 주시어 진심으로 감사드립니다.

태황진 신의 대통령님의 무소불위하신 천지대능력에 대경찬 올려드립니다. 위대하시고 대단하신 태황진 신의 대통령께서 저를 힘들게 하는 귀신들과 악마들을 퇴치하여 주시어 감사합니다.

-언니 사례-
위대하시고 대단하신 태황진 신의 대통령님께서 귀신과 악마들을 퇴치하여 주시고, 많은 변화가 일어났습니다. 저의 어깨 통증이 사라졌으며, 퇴근하고 나면 이동평균선 차트, 파동에 대하여 공부하고 있었습니다.

공부할 당시에는 잘 이해가 되지만, 며칠만 지나고 나

면 내용이 잘 생각이 나지 않았는데, 귀신 퇴치하고 나서부터 차트가 눈에 보이기 시작하여 실전에 많은 도움이 되고 있습니다.

위대하시고 대단하신 태황진 신의 대통령님께 퇴치 사연을 올려드리기 전 체기가 있어 일주일 동안 밥을 먹지 못해 죽으로 버텼는데, 퇴치 사연을 올려드리자 태황진 신의 대통령님 기운으로 신비하게 없어졌습니다.

위대하시고 대단하신 태황진 신의 대통령님께서 저의 조카딸과 집 안에 있는 귀신들을 추포하여 소멸시켜 주시어 많은 변화가 일어났습니다. 조카 집 매매가 되었으면 좋겠다는 소원을 이루게 해 주시니, 무소불위하신 천지대능력에 대감동, 대감탄합니다.

제가 어제 큰언니와 통화하게 되었는데, 조카딸이 "언니"라고 두 단어만 말하였는데, 태황진 신의 대통령님께서 조카딸의 몸에 귀신들과 악마들을 추포하여 소멸시켜 주시니 "언니야"로 세 단어로 이야기하고, 차츰 말수가 늘어나고 있다고 하였습니다.

그리고 조카 집도 매매가 이루어졌다고 하였습니다.

요즈음과 같은 상황에서 부동산 매매가 잘 이루어지지 않는 시기에 태황진 신의 대통령님 기운으로 단시일에 매매가 되게 해 주시니 너무도 놀랍습니다. 태황진 신의 대통령님의 무소불위하신 천지대능력에 대경찬 올려드립니다.

태황진 신의 대통령님께서 저의 퇴치식을 윤허하여 주시고 귀신들을 퇴치하여 주시니 저의 어깨 아픈 통증이 사라졌습니다. 퇴치식이 얼마나 중요한 지를 생생하게 체험하였습니다.

태황진 신의 대통령님 기운으로 큰 언니 가족들도 무탈할 수 있게 해 주시어 감사드립니다. 귀신들과 악귀들이 사람 몸과 집, 생활용품 사물에 바글바글 붙어서 인간들과 동고동락하며 살아갑니다. 눈에 보이지 않으니 귀신들과 악귀들이 있는 줄도 모릅니다.

모든 질병의 원인도 제공하지만 인생사를 막히게 하는 근본적인 원인이기에 퇴치식이 아주 중요합니다. 인생을 다시 살려주시는 아주 귀한 귀신 퇴치식입니다.

귀신 퇴치의 신비한 사연

　태황진 신의 대통령님께서 귀신들 퇴치식을 해주시어 감사드립니다. 귀신 퇴치식을 하기 전에는 저의 정수리 부분 머리카락이 많이 빠져 훤하게 보였습니다. 지금은 머리카락도 덜 빠지고 훤하던 부분이 채워지고 있고, 머리 아픈 것도 사라지고 가슴 답답한 것도 좋아졌습니다.

　모친의 혀가 갈라져 먹지 못하여 기력이 없어 누워 있다 하였고 목소리에 힘이 없었습니다. 태황진 신의 대통령님께 귀신들 퇴치받고, 며칠 후에 전화하니 세상에나! 모친의 목소리에 힘이 있습니다. 갈라진 혀가 많이 좋아져 먹을 수 있다고 하니, 태황진 신의 대통령님께서 내려주시는 천지대능력은 너무도 대단하십니다.

　모친이 제대로 식사하지 못하였고 대상포진에 걸려 귀에 물집이 잡히고, 얼굴과 몸이 많이 부었다고 하였습니다. 대상포진에 걸리면 엄청 고통스럽고 많이 아프다는 말을 들었는데, 모친은 얼굴과 몸이 많이 붓는 증상만 있고 통증을 전혀 느끼지 못한다니, 세상에 이런 일이….

모친이 다니는 복지센터와 주변에서는 모친이 대상포진에 걸렸는데도 통증을 전혀 느끼지 못하니 너무도 신비하여 놀랍다고 하였습니다. 여동생도 모친이 전혀 통증을 느끼지 못하여 병원 3군데서 대상포진 진단을 받고 약을 처방받았다고 하였습니다.

복지센터에서 모친의 얼굴과 몸이 심하게 부어 여동생에게 사진을 찍어 보내어 상황이 심각하다는 것을 알았습니다. 여동생이 모친을 만났을 때도 심하게 부었고, 기력이 없어 여동생은 마음의 준비를 한다고 하였습니다.

제가 모친을 만나러 갈 때까지만 해도 여동생을 통해 모친의 심각한 상황을 듣고 갔기에 모친이 많이 아플거라고 생각하였습니다. 모친의 모습을 보는 순간 너무도 놀랐습니다.

모친의 모습은 평소와 다르지 않고 대상포진에 걸려 약을 먹고 있는 상태라기에는 너무도 멀쩡해 보였습니다. 모친에게 몇 번을 물어보아도 아픈 곳이 없고 통증이 전혀 없다 하니 위대하신 태황진 신의 대통령님의 천지대능력이 얼마나 대단하신지 대감탄입니다.

제가 모친을 만나러 가기 며칠 전에 50대 후반 지인이 대상포진에 걸려 엄청 고통스럽고 참기 힘든 고통이라 하며 대상포진 예방접종을 받아야 고통을 덜 느낄 거라고 하여 모친에게 신경이 쓰였습니다. 소신이 모친을 만나고 온 후로 병원에서 대상포진 처방 약을 먹지 않아도 된다 하여 신경 쓰지 않아도 되니 기적입니다.

위대하신 태황진 신의 대통령께서 창조하여 주신 원격으로 귀신과 악마들을 추포하여 소멸시켜 주시는 신비하고 신기로운 퇴치식이 얼마나 대단한지 기적을 경험하였습니다. 모친의 몸에 있는 120조 세포에 있는 귀신들을 추포하여 소멸시켜 주시니 현대 의학으로는 설명이 안 되는 천변만화의 조화가 일어났습니다.

위대하시고 대단하신 태황진 신의 대통령님께서 내려주신 생존도법 주문을 독송하면 신비로운 태상건기 기운으로 생활 속에서 사건, 사고 없이 무탈하게 지켜주신다고 내려주신 말씀을 생생하게 경험하였습니다.

귀신 퇴치로 항문 부은 것이 사라져

　너무도 대단하시고 위대하시며 인류 최고 영도자, 최고 지도자이신 태황진 신의 대통령님! 살아생전, 이 세상 최고이신 태황진 신의 대통령님께서 내려주시는 상상 초월의 대단하신 천지기운을 수시로 받으며 실생활에서 체험 할 수 있음에 무한한 대영광입니다!

　태황진 신의 대통령님께서 저에게 조상님 입천제 의식을 올리라는 황명을 내리신 후, 즉 의식을 올릴 금액을 은행에 입금하는 동시부터 태황진 신의 대통령님 그 위대하심과 그 기적 같은 현실에 감탄이 연속이었고, 정말 세상에 이런 일은 없었습니다!

　2009년 8월 24일, 조상님 입천제 의식을 올리기 위해 너무도 설레는 마음으로 천황님의 나라 민족궁전으로 가는데, 전철이 어느덧 벌써 제 앞에 와서 대기하고 있었습니다. 승차해서 보니 사람으로 꽉 차서 이동하기가 불편

했는데, 딱 한 개의 좌석이 비어 있어서 편하게 도착했던 기억이 지금도 생생합니다!

태황진 신의 대통령님께서 책에 쓰신 것처럼 진정한 하늘이신 태황진 신의 대통령님께서는 이 세상에서 뽑힌 효자 효녀들에게 세심한 배려까지 내려주셨다는 것을 저는 그때도 가슴 깊이 느꼈습니다!

이번에 태황진 신의 대통령님께 귀신들 퇴치 사연과 의식비 퇴공을 올린 후, 그날부터 기분이 너무 상쾌해졌고, 몸 전체가 가벼워졌습니다. 퇴공을 올린 그날 밤 일을 마치고 집에 돌아와 한참 자는데, 새벽 2시 쯤, 무슨 방귀가 그렇게도 많이 나오는지 정말 태어나서 그렇게 많은 방귀가 나오는 것을 처음 경험했습니다.

그 많은 방귀가 배출되고 나니, 더부룩하던 배도 언제 그랬냐 하듯이 쑥 가라앉았고, 속 쓰림, 가슴 답답하던 증상이 싹 사라졌습니다. 그리고 뒷목이 뻣뻣하던 증상과 왼쪽 머리에 머리카락만 살짝 만져도 아프던 증상이 말끔히 없어졌습니다!

그리고 피가 나도록 긁어도 가렵던 발가락 사이에 나던

무좀도 싹 없어졌고, 열 받고 피곤하면 항문이 붓고, 염증이 생기던 고질병도 싹 사라졌습니다! 세상에나!! 퇴공을 올리기만 해도 태황진 신의 대통령 폐하께서는 이런 대기적과 이적을 현실로 보여주셨습니다!

그리고 퇴공을 올린 이튿날부터 무겁던 다리가 가벼워졌고, 오른쪽 다리 엉덩이 쪽 그렇게 끊어지도록 아팠던 부분이 많이 호전되더니, 지금은 아주 깔끔히 호전되었습니다. 그리고 오른쪽 어깨가 많이 아팠던 증상도 모두 없어졌습니다!

정말 위대하시며 대단하신 태황진 신의 대통령 폐하께서 말씀하신 것처럼 퇴공을 올리는 것이 이렇게 자신을 지키고 살리는 길이었습니다.

태황진 신의 대통령님께서는 그 상상도 못할 만큼 수많은 귀신들을 잡아들이시는 추포령만 내리셔도 한 방에 사라지게 만드시니, 이 세상 최고는 오직 태황진 신의 대통령님뿐이십니다! 정말 대기적이며, 이 세상 유일하신 공포의 대왕님이 맞습니다!

퇴치식을 마치고 지금은 침침하던 눈도 맑아졌고, 밤

에 2시간마다 한 번씩 일어나 화장실에 가야 했던 버릇도 싹 없어져서 깊은 잠을 잘 잘 수 있으니, 피곤함이 없어졌습니다!

그리고 저의 언니도 태황진 신의 대통령님께서 귀신들을 퇴치 소멸하시는 황명을 내리신 후, 아프던 부위가 다 호전되었다고 했습니다. 매일 아침잠에서 깨어나면 발바닥이 아프고, 마비가 오던 증상이 싹 없어졌습니다. 대감탄의 연속이었습니다!

너무도 대단하시고 위대하신 태황진 신의 대통령님 대황은으로 오늘도 활기찬 하루를 시작하게 되었습니다! 태황진 신의 대통령님께서 수시로 저를 지켜주시고, 보호해 주시어 진심으로 감사드립니다!

-종말의 시간-

이번 생이 조물주 하늘의 명을 받아 천상으로 오를 수 있는 마지막 기회이다. 그러나 종교에서 배운 고정 관념을 버리지 못하면 그림의 떡이 된다. 하늘의 문이 완전히 닫히기 전에 빨리 결단을 내려야 한다. 종말의 시간이 얼마 남지 않았기에 우왕좌왕 갈등하면 천상에 못 오른다.

어머니(모든 조상님 포함) 입천제 품계 15등급

하급 입천제
중급 입천제
상급 입천제
특급 입천제

〈1~5품계 입천제〉
1품계 일단 입천제
2품계 하단 입천제
3품계 중단 입천제
4품계 상단 입천제
5품계 특단 입천제

〈6~9품계 벼슬입천제〉
6품계 하단 벼슬입천제
7품계 중단 벼슬입천제
8품계 상단 벼슬입천제
9품계 특단 벼슬입천제

특별입천제-VIP 스페셜/ VVIP 로얄

| 책을 맺으면서 |

불효자는 웁니다~ ♪
 가슴 시리도록 눈물로 불러보는 '불효자는 웁니다' 노랫말처럼 떠나가신 어머니의 애절한 마음과 은혜를 그 무엇으로 갚을 것인가? 이미 육신은 떠나서 이 땅에 없는 조상영가 신세인데, 산소에 엎드려 절규하며 원통하게 불러봐도 대답 없는 어머니와 상봉해보시려는가?

 이 땅에서 여러분이 죽기 전에 어머니에 대한 불효를 조금이라도 면하는 길이 있다. 축생이나 만생만물로 윤회중이든 허공중천을 떠돌거나 혹은 큰 죄를 지어 불지옥에 떨어져 있을 어머니 영가를 불러내어 상봉해야 한다. 어머니가 원하고 바라는 것이 무엇인지 알아보고, 간절한 소원을 풀어드리는 것이 불효자를 면하는 길이다.

 살아서의 원과 한도 크지만 죽어서의 원과 한이 더 깊다. 그 이유는 인생은 길어봐야 100년 내외의 인생길을 살다가 이 세상을 떠나가야 하지만, 사후세계의 삶은 끝이 없는 무한대 세월이기에 미지의 세상에서 겪는 두려움과 무서움에 몸서리치며 벌벌 떨어야 한다.

천황님의 나라 민족궁전은 사찰처럼 목탁치고 염불하는 천도재도 아니고, 무속처럼 영가 옷을 마련하고 북치고 장구 치며 굿하지 않는다.

영혼과 육신의 태초 부모, 조물주 하늘이신 태황제님께서 태황진 신의 대통령 육신으로 강세하시어 집행하시는 천상지상 공무집행이시다. 이 세상에서는 볼 수 없는 성스러운 고차원 의식으로 조상님 입천제 의식은 일평생 한 번만 행하면 된다.

독자 여러분은 영혼과 육신을 태초로 창조하신 조물주 하늘을 잃어버리고 종교 안에서 헤매이는 천애 고아들이다. 부모가 일찍 돌아가시었거나 가출하여 부모 없이 자라면 고아라고 한다.

인류 모두가 천상의 자미우주 연방제국 천황님의 나라 태상천에서 살아가다 돈과 권력, 명예의 탐욕에 넘어가 반란 역모에 가담하여 영혼과 육신을 태초로 창조해 주신 하늘이시자 천황님이신 태황제님과 영혼의 어머니이신 태황후님의 등에 배신의 칼을 꽂아 지구로 도망치고 쫓겨 온 천애 고아 신세들이다.

그런데 종교에 들어가 하늘을 사칭하고 천상 태상천에서 역모 반란을 일으킨 주동자 숭배자들인 하느님, 하나님, 상제님, 부처님, 미륵님, 천지신명님, 알라신, 시바신, 석가모니, 예수, 마리아, 마호메트, 공자, 노자를 믿고 따르면 구원을 받지도 못하지만 천인공노할 만행이란 진실을 인류는 아무도 모른다.

인류 모두가 수천수만 년의 세월동안 감쪽같이 이들에게 속았던 것이다. 아무도 몰랐던 영혼의 고향 천황님의 나라 태상천에서 있었던 엄청난 진실을 인류 최초로 공개하는 것이다.

천상에서 조물주 하늘 부모님의 등에 배신의 칼을 꽂아 지구로 도망치고 쫓겨난 죄인들 주제에 무슨 염치로 다시 영혼의 고향 천상으로 돌아가려고 온갖 종교 숭배자들을 받들어 섬기고 있는 것인가?

천상에서 지은 죄를 천황님의 나라 민족궁전에 들어와

서 진심으로 잘못을 빌지 않고는 어느 누구도 영혼의 고향으로 돌아갈 수 없다. 그래서 지구상의 모든 종교가 하늘을 사칭한 가짜들인 것이다.

　독자들 모두가 하늘과 육신의 어머니에게 불효자들이다. 이제라도 정신 차리고 천상으로 다시 돌아가고 싶으면 이 책의 진실을 모두 인정해야 한다. 이 지구에서 하늘의 문이 언제 닫힐지 예측 불허이기에 서둘러야 한다.

2024년 2월 4일 입춘절 甲辰 靑龍雄飛
저자 태황진 신의 대통령
(태건당 총재 방상용)

완전 예약제이며 상담비는 방문 전 선입금
예약 : 천황님의 나라 민족궁전 02)3401-7400
전화 불통시 : th335588@naver.com 예약 바람
후원계좌 : 우체국 110-0025-88772 민족궁전
ⓒ 저작권 민족궁전. 무단 전재 및 재배포 금지